筑摩選書

小坂井敏晶
Kozakai Toshiaki

社会心理学講義

〈閉ざされた社会〉と〈開かれた社会〉

社会心理学講義　目次

第4部　社会心理学と時間

社会心理学講義

〈閉ざされた社会〉と〈開かれた社会〉

はじめに

本書は、私が勤務するパリ第八大学で修士課程の学生を対象に行った講義を基に構成しました。社会心理学講義とはいえ、概説や入門書ではありません。影響理論を中心に話を進めますが、個々の内容よりも社会心理学の考え方について批判的に検討します。そのために二つの重心を選びました。生物や社会を支える根本原理は同一性と変化です。ところで、この二つの相は互いに矛盾する。あるシステムが同一性を保てば変化できないし、変化すれば同一性は破られる。同一性を維持しながら変化するシステムは、どのように可能なのか。

このテーマを軸にレオン・フェスティンガーとセルジュ・モスコヴィッシという二人の社会心理学者を中心に据え、先達の発想を学びます。彼らは同世代の研究者で、ニューヨークとパリという離れた土地に生きながらも、お互いに深い友情で結ばれていました。しかし認識論的立場というか、彼らの研究を支える哲学はかなり異なります。

フェスティンガーはホメオスタシス・モデルに基本的に依拠し、人間や社会の生態を把握しました。ホメオスタシスというのはサーモスタットのように、内外の原因により変化が生まれると、それを相殺する方向に力が働いて元の状態に戻るシステムのことです。そのため、秩序維持が彼の研究の中心に置かれます。それに対しモスコヴィッシは、新しい価値が生まれるプロセスに関心を持ちました。同一性と変化をめぐる彼らの問題意識は、システム内で多様性が発生する意味、そして歴史や時間に関する考察にもつながります。

フェスティンガーとモスコヴィッシの理論が生まれた事情や、背景に潜む哲学に光を当て、社会心理学の可能性と限界を検討します。社会心理学の教科書を繙くと、彼らの理論の相違には言及されても、その認識論的意味にまでは記述が及ばない。しかし、その点の理解を欠くと彼らの理論の本当の意義がわかりません。なぜフェスティンガーは社会秩序維持のメカニズム解明に向かい、モスコヴィッシは社会変革に関心を持ったのか。当時の学界のどのような状況がこれらの理論を生んだのか。彼らが解こうとした問題は何だったのか。

同一性と変化の矛盾が本書を貫く縦糸ならば、副題に選んだ〈閉ざされた社会〉と〈開かれた社会〉の対立は横糸として、形を変えながら執拗に顔を出します。フランスの哲学者アンリ・ベルクソン（Bergson, 1932/2003）とオーストリアの哲学者カール・ポパー（Popper, 1979）が提示した有名な構図ですが、本書は異なる角度から迫ります。閉じたシステムとして社会を把握したフェスティンガーと、開かれたシステムとして理解したモスコヴィッシ。普遍的価値に支えられた〈正しい世界〉という全体主義と、システムを内部から切り崩す少数派の存在意義、時間を生み出す源泉としての多様性。〈部分〉と〈全体〉の関係をどう捉えるか。変化しないから変化する、そして変化するから変化しないという矛盾に満ちたテーゼもシステムの閉鎖／開放の問題です。

本書の構成を簡単に示しましょう。まず「序」で社会心理学の現状を批判的に検討します。社会心理学とは何か。個人と社会の相互作用を研究する学問として教科書には定義してあります。しかし、この出発点にすでに大きな誤解がある。社会心理学の可能性や使命について私見を述べましょう。

第1部「社会心理学の認識論」では科学のアプローチについて議論します。社会心理学は今日、自然科学を真似て実験を多用しますが、それにともなって拍車がかかった実証偏重の傾向と並行して、理論的考察がますます疎かになりました。社会心理学を理科系の学問に含める是非以前に、社会心理学者は自然科学を勘違いしています。科学的思考とは何か。データとは何を意味するのか。そんな話から始めましょう（第1講）。次に人格論を批判的に取り上げます。人間の行動は当人の性格だけでは理解できない。社会条件は想像以上に我々の行動を規定する。この点を考えるためにホロコーストと対人恐怖症を題材に選びます（第2講）。この問題意識に続けて、さらに主体について考察します。主体は心理学最大の難問ですが、社会心理学者はほとんど取り上げない。そこにまさしく、今日の社会心理学の貧困が表れています（第3講）。社会心理学は、その名が示すように社会と心理に同時に関心を寄せる。しかし、その方法が中途半端です。個人の心理が社会構造を生み出し、また逆に社会制度が個人の行動を規定するというのでは常識をなぞっているだけです。社会学と心理学の分裂状態を止揚して真の人間学を打ち立てよう。これが社会心理学を興した先達の願いでした。本書では、そのための方向を模索します。個人と集団の不可分なつながりについて考えましょう（第4講）。

第2部「社会システム維持のパラドクス」では、フェスティンガーの認知不協和理論に依拠して、社会秩序が維持される仕組みに注目します。二十世紀前半に心理学を席巻していたのは行動主義と精神分析でした。条件反射や性衝動を中心に据えるこれら主流に対抗して、より合理的な人間像に基づくアプローチが求められて生まれたのが態度概念です。この概念が出てきた歴史的意義、そして問題を明らかにした後（第5講）、フェスティンガーの認知不協和理論を紹介します。どのような学問的要請によって、この理論は生まれたのか。フェスティンガーの提案に対して学界は、どのような反応を示したのか（第6講）。態度変化を説明するための学説として認知不協和理論を理解する社会心理学者が多いのですが、それは誤解です。彼の理論は変化ではなく、逆に社会秩序が維持されるメカニズムを明らかにしています。フェスティンガー理論の真相を捉え直すと共に、その認識論的射程を示します（第7講）。以上の検討を支えに考察をさらに進め、自由と支配の逆説的な関係を分析します。人間という存在の限界を知らず、自由だと錯覚する時、まさしく社会システムの虜になる。このメカニズムを解明し、民主主義が陥れる罠に光を当てます（第8講）。

第3部「変化の謎」ではモスコヴィッシの少数派影響理論に依拠して社会システムの変化を考察します。まず影響理論の歴史を振り返り、従来の立場では何故、社会変化が説明できないのかを確認します。各理論の背景に潜む哲学や人間像を抽出し、学説が変遷した理由を考えます（第9講）。モスコヴィッシは何を問題視し、どのような解決をもたらしたのか。彼の理論に焦点を当て、社会変化を説明するために必要な条件を検討します（第10講）。それから変化の認識論を取り上げます。変化とはそもそも何なのか。新しい価値は、どのようにして社会に発生するのか。

モスコヴィッシ理論が生まれた背景に迫ります（第11講）。
第4部「社会心理学と時間」では、より一般的な立場から変化について敷衍します。変化は難しい概念です。あるモノが変化すれば、同一性が破られ、他のモノになってしまう。それなのに何故、同じモノの変化に言及できるのか。まずは、この同一性と変化の矛盾について考えます。集団の構成員はどんどん入れ替わるのに、集団自体はなぜ同一性を保つのか。ここでは私が従来から主張している虚構論を提示します（第12講）。このメカニズムの具体例として日本の西洋化を検討し、社会が変化しないからこそ文化が変化するプロセスを抽出します（第13講）。そして最後に時間の意味を考察します。政治哲学や法学は社会関係を空間的に捉える。共同体に生きる人々の権利関係は、どう調整すべきか。公正な社会は、どのような原理に依るべきか。しかしこのような空間的発想だけでは政治原理の正統性が確保できません。政治空間として水平的にアプローチするだけでなく、そこに時間を導入し垂直的な切り口も加えないと人間関係は把握できない。政治学や法学を基礎づける近代合理主義の落とし穴を指摘し、社会心理学が貢献する余地について提言するつもりです（第14講）。

私の立ち位置についても少し説明しておきます。科学的思考は客観性を重んじますが、それは中立性とは違います。学問においても政治においても中立な立場は存在しない。客観性の追求は、主観性の絶え間ない相対化の努力に支えられます。ですから、どのような環境で社会心理学を学んだかを示すことで考察の背景が明白になり、本書の是非を読者が判断する材料になるはずです。

私は日本の大学に入学はしたものの、授業にほとんど出席せずに中退しました。そしてアルジェリアにて一年間の技術通訳を経て一九八一年にフランスに移住し、勉強をやり直しました（詳しい経緯は小坂井2017）。その当時は社会心理学に関心がないどころか、その名前さえ知りませんでした。パリの社会科学高等研究院（Ecole des Hautes Etudes en Sciences Sociales）という学校に入ったのですが、ここのやり方は特殊で、授業もなければ試験もありません。日本の大学院に相当する後期課程と、学部に相当する前期課程とに分かれ、中学や高校を出ていなくても前期課程には入学できます。数年かけて論文を書き、合格すれば、後期課程に編入できるという仕組みです。

社会科学高等研究院では指導教授と相談しながら自由に研究を進めます。基礎知識を学ぶための授業は一切ない。各教員はそれぞれの関心に応じてセミナーを開いているので、学生は自分の研究に役立ちそうなものを選んで出席します。まったくセミナーに出ずに図書館や自宅で勉強しても問題ない。

それに、この学校では学部や学科という発想が希薄です。例えば社会学の教員が退官すると、空きポストにはすべての分野から公募する。社会心理学者の後釜に経済学者や歴史家が入るわけです。それにセミナーの内容は自由ですから、社会学者が生物学や倫理学のセミナーを開いても問題ありません。元を辿れば、ソルボンヌ大学の縦割り構造を批判する動きの中で設立された学校です。

前期と後期課程の合計で一〇年間、こんな自由な環境で私は社会心理学を学びました。セルジュ・モスコヴィッシから受けた様々な教えは私のその後を決定づけましたが、セミナーを別にすれば、個人的に会ってもらったのは毎年ほんの数回だけでした。その頃、教授はパリの社会科学高等研究院とニューヨークの社会科学新研究院（New School for Social Research）を兼任しており、彼のセミナーや個別指導が行われるのは二月から六月までだけでした。

時々しか相談にのってもらえませんから、面会時間を有効に使うために、私は面会に先だち、報告書を送って、悩んでいる問題を明確にしておきました。教授は必ず読んでくれていて、的確で本質的な指摘をくれました。彼の宿題に答えるだけで数カ月かかりましたから、一年に数回会うだけで十分だったのです。博士論文がほぼ完成に近づいた頃は、かなり頻繁に助言をもらいましたが、それ以前はそんな感じです。

ですから私は独習者です。専門を持たない素人として育てられました。高等研究院の自由な雰囲気に励まされ、歴史・社会学・人類学・哲学・心理学・生物学などという領域区分を始めから私は無視して、自分の研究テーマに関連ありそうな論文や本を見つけては読んでいました。そんなやり方をしているものですから、社会心理学なる学問の全貌が私にはわからない。モスコヴィッシのセミナーに出ても、たいていは哲学と社会学と心理学、そして自然科学とを混ぜたような話でしたから、社会心理学がどんな学問なのか明らかになりません。大学に就職して自分自身が社会心理学の授業を担当し始めた時、普通の大学で教えている内容と、自分が思い描いていた社会心理学とのずれに驚きました。

私の本を手にとって下さる読者の中には、私の発想を学際的だと評したり、引き出しをたくさん持っていると言う人がいます。しかし哲学とか心理学とか社会学とか分けて考えるから、学際的という表現が発明されるのであり、哲学・社会学・心理学・文化人類学・経済学・大脳生理学・進化論など、実はどれもつながっている。私は自分のテーマに必要な本や論文を読むだけであり、学問領域なんて考えたことがありません。

ソクラテス・パスカル・キリスト・シッダールタ（仏陀）・親鸞など、思想家の多くは素人です。哲学者のウィトゲンシュタインや物理学者のアインシュタインも好きなことばかりやって遊んでいたアマチュアでしょう。今日の社会心理学は細分化され、技術的になりすぎた。科学ですから厳密な分析はもちろん大切ですが、本質を忘れて些末な部分にばかりこだわっています。社会心理学を育てた戦前の先達が目指したように、もっと広い見地から人間存在と対峙すべきです。本書の狙いの一つも原点回帰への誘いです。

私が素人学徒として育てられたもう一つの理由として、モスコヴィッシ自身の生い立ちを挙げなければなりません。彼はかなり特異な思想家です。現在、社会心理学の王道をなす実験研究の分野で膨大な量の論文を発表し、世界的権威として認められながらも、もっと一般的な問題にも関心を示し、認識論・生態学・社会学などの分野で多くの著作を上梓してきました。ルーマニアの片田舎に生まれた少年は貧困だったり、戦争中にユダヤ人として強制労働に駆り出されたりで、まともな教育が受けられませんでした。戦後まもなくパリに住むようになりますが、バカロレア試験に合格していないので大学に入れない。そこでバカロレアに代わる制度、日本の大学検定試験のようなものを受け、一年目は不合格だったそうです。翌年には大学に入り、心理学・社会学・言語学・人類学・哲学・物理学・生物学などに関心を示し、広い教養をむさぼるように身につけていきました。彼が師として仰いだアレクサンドル・コイレはフランスに帰化したロシア出身の科学哲学者ですが、モスコヴィッシは社会心理学の分野で独創的な仕事を続けながらも、コイレが亡くなる一九六四年まで彼の薫陶を受け、ものの考え方や発想の基本を伝授されたと言います。このようなモスコヴィッシの学際的姿勢に私は強い影響を受けました。

本書は社会心理学を俯瞰する教科書ではありません。人間を理解するためには、どのような角度からアプローチすべきか。それを示唆するのが本書の目的です。そんな方法論は社会心理学ではない、そのようなテーマは社会学の領域だ、思弁的考察は哲学に任せろと反論する人もいるでしょう。でも、そんな制度上の区別は私にとってどうでもよいことです。人間を知るためには心理と社会を同時に考慮する必要がある。というよりも、社会と心理とを分ける発想がすでに誤りです。問いの立て方や答えの見つけ方、特に矛盾の解き方について私が格闘した軌跡をなぞり、読者と一緒に考えたい。人間をどう捉えるか。願いはそれだけです。

講義という性格上、今までに発表した材料も多く出てきます。「序」で説くように、学問で最も重要なことは新しい知識の蓄積ではなく、当たり前だと普段信じて疑わない常識の見直しです。そのためには、これまでに私が上梓した本で議論した事項の一部を繰り返さざるをえませんでした。考え方の筋道を提示せず、結論を要約するだけでは何の役にも立たないからです。それでも、できるだけ新しい角度から、あるいは異なる文脈の中で取り上げ、それらの意味を敷衍しましたから、かえって重複が活きているはずです。社会心理学の枠を超えて、読者が自分自身の問いに立ち向かう上で、この小著がお役に立てれば幸いです。

序

社会心理学とは何か

社会心理学が何を対象に研究するのか、一般に知られていません。言葉通り、社会学と心理学を折衷した学問だと思う人も多いでしょう。ところが社会心理学がどんな問題を扱い、どのようなアプローチをするのか、社会心理学に従事する研究者や教員にも実はよくわからないのです。

本論に先立って以下では社会心理学の現状や、過去にどのような理想が求められたのかを確認して、この学問の可能性やあるべき姿について議論します。社会心理学に限らず、人文・社会科学が一般に抱える問題、そしてその役割について私の考えを述べましょう。

現代社会の人間学

社会心理学の教科書を開くと、たいてい最初にそのアプローチや射程が説明されています

(Baggio, 2006, p. 7, 11. 断りのない限り、外国語文献からの引用はすべて拙訳)。

人間と社会の関係をめぐって、ギリシア時代から二つのアプローチがしのぎを削ってきた。個人の資質から社会制度が生まれるという方向と、社会条件が個人の行動を決定するという方向だ。第一の発想は、心理要素が社会の原因をなすと説き、その逆に第二の発想は、社会条件が心理を決めると主張する。しかし、これら二つの方向を分離するのは単純すぎて問題がある。ある行動を解釈するためには主体（人格）を考慮するだけでなく、同時に行動を（社会・文化・言語的）文脈に位置づける必要がある。

［……］社会心理学は自律する学問ではなく、心理学と社会学の両方に依存しており、それら二つの学問を結ぶ蝶番の役を果たす。この結節点的位置づけを理由に、社会心理学を雑種的学問と理解する向きがある。一部の社会心理学者は我々の学問を心理学の一領域と考え、社会学の成果を斥ける。しかし心理学に閉じこもる態度を批判する社会心理学者もいる。社会心理学が占めるこの曖昧な地位のために多くの論争が展開されてきた。

この説明は平均的なものです。もう一つ例を挙げましょう（Aebischer & Oberlé, 1990, p. 5）。表現は違いますが、ほぼ同じ内容です。

我々が提案する集団研究の目的は、個人力学と集団力学の間の恒常的な相互効果を強調し、集団が個人を形成・社会化し、行動および思考形式を刷り込むと同時に、集団も個人によって生み出される事実を明らかにすることである。個人は単に集団に服従する存在ではない。

集団環境によって人間の社会条件や表象は規定される。しかし同時に、これら社会条件を個人が変化させる（そして時には拒絶する）場合もある。

これら定義にあるように社会心理学は個人と社会の相互作用あるいは循環関係を研究すると主張します。しかし実情はどうか。現在、社会心理学研究のほとんどは、社会環境に置かれた個人の心理を対象にします。社会心理学という学問は字義通り、社会と心理、つまり集団現象と個人現象との関係を考察する目的で提唱されたのであり、社会状況に置かれた個人の心理を研究する学問ではなかった。ところが今や心理学の一分野として社会心理学は位置づけられています。社会・文化・歴史と独立に人間の普遍的な心理過程がまずあり、社会状況に置かれると人間の行動はどう変化するのかという発想が取られるようになりました。

しかし、このように社会と心理を分離して考えるのは誤りです。社会心理学の生みの親クルト・レヴィンは、アリストテレスとガリレイの立場を分析し、前者の本質主義的アプローチと、後者の関係論的アプローチとを対比しました。

アリストテレスによると、すべての物体は固有の性質を持つ。重い石が落下するのは、その本来の場所、すなわち下方に戻ろうとするからです。確かに、同じ重さの石を落としても空中と水中とでは落下速度が異なるように、当該の物体を囲む環境も物体運動に影響を及ぼします。しかし落下速度の違いを物体と環境との相互作用の結果だとアリストテレスは考えず、あくまでも物体固有の性質を攪乱する要因として環境を把握しました。

反してガリレイは物体を環境から切り離さない。物体がおかれている環境との相互作用として物理現象を分析する。レヴィンの論文から引用します（Lewin, 1935, p. 28–29）。

アリストテレス的理解においては、当該の物体が本来持つ性質から生ずるプロセスを無理に変更し、「攪乱」するという意味でのみ環境が考慮される。物体運動を起こすベクトルは物体固有の特性によって完全に決定される。つまりベクトルの状態は物体と環境との関係に依存しない。どの時間における環境条件にも無関係な、物体だけに固有な性質として把握される。軽い物体が上方に向かう傾向は、その物体自体の性質に由来する。［……］しかし近代物理学においては、軽い物体の上方への移動を、この物体とそれを取り巻く環境との関係から引き起こされる現象だと考える。それだけでない。物体の重量自体が環境との関係に依存する概念なのである。

重量とは物体に作用する重力の大きさですから、同じ物体でも地上と月面では重量が異なります。月の重力は地球の六分の一しかないので、重量も六分の一になる。物体の重量自体が環境との関係に依存する概念であるとは、こういう意味です。

歴史的に社会心理は異常状態として理解されてきました。象徴的なエピソードを紹介しましょう。一九〇六年に精神科医モートン・プリンスが*Journal of Abnormal Psychology*という学会誌を発刊します。名称に表れているように、テーマは異常心理学です。その後、一九二一年になると社会心理学者フロイド・オールポートを編集陣に加えて、*Journal of Abnormal Psychology and Social Psychology* と改名する（一九二五年に *Journal of Abnormal and Social Psychology* と短縮）。そして一九六五年に *Journal of Abnormal Psychology* と *Journal of Personality and Social Psychology* に分けられ、この状態が現在も続いています。このように、異常心理と社会心理は密接な関係にあると従来から了解されてきました。個人の合理的な判断を社会や集団が誤らせるという了解が、そこに透けて見えます。

人間の普遍的な心理過程がまずあると理解し、その上で、社会状況に置かれた人間の行動や判断が影響される様子を研究する態度は、レヴィンの分析によるとアリストテレス的アプローチです。心理プロセスが独立して存在すると了解され、それにバイアスをかける撹乱要因としてのみ社会環境が考慮される。しかし、このような発想は社会心理学のものでないはずです。個人心理と社会環境との相互作用が人間の判断や行動を規定するのであり、両者をいったん分けた上で双方向の影響を検討するという、すでに見た教科書の定義は誤りです。

「現代社会の人間学」として社会心理学を発展させるべきだとセルジュ・モスコヴィッシは説きます。**anthropology**（人類学／人間学）は、**anthropos**（人間）の **logos**（論理）を意味する造語です。しかしモスコヴィッシがこの表現を使った一九六〇年代まで、文化人類学と呼ばれる学問は未開社会の研究が主で、現代社会に生きる人間はほとんど分析対象になりませんでした。そこでモスコヴィッシは「現代社会の人間学」の使命を社会心理学に託しました。一九九三年にスペインのセビリアで行われた講演から引用します（Moscovici, 2012, p. 17. 強調モスコヴィッシ）。

現代世界の人類学になるのが社会心理学の使命だと私は［……］三〇年前に主張しました。［……］文化人類学という名の学問が、いろいろな意味で他文化の社会心理学であるのと同様に、［……］どのような意味において社会心理学が我々の文化人類学であるかを説明しました。

社会心理学の現状

社会心理学を心理学の一領域に据える発想がすでに問題です。人間は社会・歴史条件に規定される存在です。言語を始めとして、思考枠を基礎づける範疇や概念を我々は文化から受け継ぐ。嗜好・美意識・倫理観、どれをとっても社会から学んだものです。社会性を排除したら、人間は言語も持たず、道徳観もない野生児になってしまう。だから社会から切り離された状態の人間心理を想定しても無意味です。先に見た教科書が挙げる社会心理学の定義を思い出して下さい。ここで言及される個人とは何でしょうか。裸で街を歩かない、泥棒をしない、他人を殺さない、そんな存在です。つまり言語や道徳を持たない野生児ではなく、すでに社会化された存在として個人が想定されている。したがって結局、〈内在化された社会〉と〈外在する社会〉との相互作用を研究するだけで、社会性の意味が議論の最初から棚上げされています。

人間を知るためには社会を知らなくてはならない。しかし逆も真です。人間の心理を無視して社会は理解できない。その意味で社会心理学は、社会学と心理学の分裂状態を止揚するはずでした。心理学の課題は、すでに社会化された個人と、外部にある社会の関係を研究することではありません。すでにできあがった精神を出発点に据えるのではなく、精神活動を生み出す身体と社会の関係こそを分析の根本に置かなければならない。確かに、これは非常に難しい問題です。精神と身体の関係の謎は結局、精神と物質の関係の謎に他ならない。精神は空間的広がりを持たず、その位置を同定できません。対して物質は広がりを持ち、空間のどこかに位置づけられる存在です。異質な両者がどう結ばれるのか。

主体とは何か、心理現象とは何か、精神とは何か、これが心理学の究極的問いです。しかし、そんな疑問に今日の社会心理学者は関心を示しません。同僚や学生に話しかけても、「そういう問題は哲学者に任せておけばよい」とか「心理学が扱う問題ではない」と聞き流され、真剣に取り合ってくれません。しかしそんな態度では社会心理学は現代社会の人間学に成長することなく、心理学の周辺的位置づけに甘んじるだけでしょう。

社会心理学の教科書を開くとすぐにわかりますが、小さな実験がたくさん並んでいるだけで、社会学・言語学・経済学などに見られるような本格的な理論は見つかりません。各実験の仮説と結果、そしてそれらに関する短い解説が載っているだけです。様々な分野の研究と多様なアプローチが紹介されますが、人間とは何か、社会はどう機能するのかという社会心理学本来の問いは不在です。日本だけでなく、アメリカ合衆国やフランスも事情は同じです。

一九五〇年代までに出版された社会心理学の教科書を見ると、今日の教科書との質の違いが歴然とします。例えばソロモン・アッシュが一九五二年に出版した『社会心理学』は六五〇頁の厚い教科書ですが、「人間の理論（doctrine of Man）」という導入部から理論的考察が最後まで続き、実証研究はほんの少ししか出てきません。フリッツ・ハイダー『対人関係の心理学』（Heider, 1958）も同様です。

社会心理学の教科書が実験の羅列になった理由はいくつか考えられます。臨床心理学と発達心理学にはフロイトとピアジェという巨人が君臨しているが、社会心理学にはそのような礎《いしずえ》になる思想はない。これも一因でしょう。また近年になって学問の裾野が広がり、実証研究の数が増え、扱われるテーマも多様化しました。したがって膨大な知識を俯瞰するために各研究分野の記述が浅くなるのは仕方ないかも知れません。

しかし原因はそれだけではない。一九六〇年代頃までは社会心理学者にも思弁的な傾向が残っていて、当時の心理学者は哲学の素養を身につけていました。しかしそれ以降、コンピュータの発達と共に大きな力を持つようになった認知科学の吸引力を受けて実験アプローチが主流になります。この流れの中で研究対象と方法の個人主義化が進行すると同時に、社会心理学は社会科学から切り離され、理科系の学問としての性格を強くしてゆく。また、それに伴ってマルクス・デュルケム・ヴェーバーなど社会学に見られる大きな射程を持つ理論は放棄され、細切れの小理論ばかりが提唱されるようになる。これも教科書が総花的になる原因の一つでしょう。

このような細分化のために社会心理学はますます辺境に追いやられました。アメリカの重鎮ジェローム・ブルーナーの嘆きを聞きましょう。これは一九九〇年に発表された著書の「まえがき」からの引用ですが、今日の状況は当時よりもさらに悪化しています（Bruner, 1990, p. ix-xi）。

心理学が今ほど細分化された時代はない。［……］心理学を構成する各分野の間に交流があってこそ分業が意味を持つというのに、心理学は重心を失い、一貫性もなくなろうとしている。それぞれの分野ごとに固有の組織が生まれ、その内部だけでしか通用しない理論枠に縛られている。研究発表も内輪でしか行われない。専門分野がそれぞれ孤立し、外部に輸出できる研究の数はますます減少した。［……］精神や人間の条件を理解しようと試みる他の学問領域から心理学はますます隔離された。［……］広義の知識人共同体は我々の研究に興味を持たなくなった。「外部」の知識人にとって、我々の研究は射程が狭いだけでなく、歴史と社会の条件から遊離したものでしかなくなった。［……］「射程は貧弱でも厳密さを求めよ」という心理学の根強い習慣や、ゴードン・オールポートが方法論崇拝症［methodolatry］と揶揄した状況は依然として変わらない。

物理学・化学・生物学を始め、どの科学も哲学から独立し、専門化しながら成立・発展しました。人文・社会科学も同様です。そのため、社会心理学は哲学に対抗意識を持ちがちです。自分たちの学問は単なる思弁ではなく、データを基にする客観的科学だと主張する者は多い。しかし、たいていは哲学者の難解な議論についてゆく訓練ができていないが故の劣等感や強がりにすぎません。科学は事実の単なる羅列ではない。フランスの数学者アンリ・ポアンカレの有名な言葉があります。二十世紀初頭に書かれた『科学と仮説』に出てくる警句です（Poincaré, 1902/1968,

p. 158)。

石を集めて家が造られるように、事実を集めて科学は営まれる。しかし石の単なる集積が家でないのと同様に、事実の単なる寄せ集めも科学ではない。

学際的アプローチ

名称からして社会心理学は雑種的です。自律した学問ではないと社会心理学者自身が教科書で認める始末です。この雑種性を否定的角度から見るのではなく、もっと積極的に捉えられないでしょうか。

学際的研究の重要性が認められるようになって、すでに久しい。しかしそれは一般に信じられるように、様々な分野の学者が集まるおかげで問題が総合的に分析されるからではありません。異質な見方のぶつかり合いを通して矛盾に気づく。そして矛盾との格闘から新しい発想が生まれる。これが学際的アプローチ最大の利点だと私は思います。多様な領域にまたがる考察の意義を示すためにヨハネス・ケプラーの例を挙げましょう（Holton, 1988, p. 53–74 ; Koestler, 1959, tr. fr., p. 244–247)。

天文学の世界では地動説のコペルニクスが脚光を浴びやすい。しかし、より画期的な発想を打ち出したのはケプラーです。惑星運動に関する彼の三法則は数学的に表現された明確で検証可能な命題であり、近代的意味における天文学最初の法則です。ケプラー以前の学者にとって惑星運動の研究とは、周転円と呼ばれる円形の歯車を組み合わせて惑星の動きを描写するだけでした。それはコペルニクスも同様です。地球の周りを太陽と他の惑星が回るという従来の天動説を覆し、理論値と観測値との誤差を飛躍的に小さくしました。しかし歯車を組み合わせる発想自体は変わっていません。

今でこそ天文学は物理学の一分野になっている。しかしアリストテレス以来、神が定める天の運行と、不完全な人間世界に起きる出来事は違う性質の現象であり、したがって同じ原理で説明できるとは考えられませんでした。タブーを犯し、物理学的法則で天文学の現象を説明しようとしたケプラーは、それまで誰も疑問に思わなかった矛盾に初めて気づく。惑星の公転周期と、太陽から惑星までの距離は当時すでに正確に知られていました。水星の公転周期は三カ月弱、金星は七カ月弱、火星は二年弱、木星は約一二年、土星は約三〇年というように、太陽から離れるにつれて惑星の公転周期は当然長くなる。しかしよく注意すると、遠くの惑星は長い距離を回るだけでなく、速度も遅い。太陽から土星までの距離は、木星までの距離の二倍あるので、惑星が一周する距離も二倍です。ところが時間は二倍の二四年間でなく、六年も余分の三〇年間かかる。何故なのか。

当時の天文学者の仕事は歯車の組み合わせにすぎません。だからケプラーのような疑問は誰も抱かなかった。天文学の現象を物理学的手法で解こうとして初めて起きる疑問です。太陽から何らかの力が出ていて、その力が惑星を動かしている。しかし遠くの惑星に達するまでには力が次第に弱くなる。だから太陽から遠く離れた惑星の運行が遅くなるのにちがいない。これがケプラーの見つけた答えでした。彼の発想はニュートンによって継承され、後に万有引力の概念として結実する。

「正言若反（真理は偽りのように響く）」という老子の言葉があります（第七十八章）。老荘思想は常識を反転するモチーフに貫かれていますが、常識を疑問視する大切さは科学や学問においても変わりありません。矛盾する二つの現象がある。しかしそこに矛盾が見えるのは、単に我々が常識に囚われているからかも知れない。

リンゴが落ちるのを見てニュートンは万有引力の理論を思いついたと言われます。この話が史実かどうかはわかりませんが、このエピソードにおいて重要なのは、「リンゴが落ちる」という事実と、それに真っ向から反する「月が落ちてこない」という事実との間に実は矛盾がないことを示し、異質な二つの現象を単一の法則で捉えた点にあります。

スコットランド生まれの経済学者アダム・スミスは、社会の人々が各自勝手に私欲を追求することで、かえって社会に均衡が生まれる、国の富が増し、ひいては全員の幸福が生み出されると説きました（Smith, 1776/1976）。利己主義と他者の利益擁護は相反する矛盾として普通は理解される。しかしスミスは、いわば毒を以って毒を制すというか、利己主義を徳に変換する錬金術を編み出したのです。

矛盾に対して妥協的な解決を求めるのではなく、逆に矛盾を極限まで突き進める姿勢から画期的な発想が生まれる。アインシュタインも同じです。光を粒子の束と捉えるニュートン力学と、波動として理解するマックスウェル電磁気学との矛盾を前に、どちらかの理論がまちがいだと考えず、両方とも維持しながら矛盾を解こうと努力する。その結果、時間と空間の性質という、より根本的な概念の見直しが行われる。相対性理論の誕生です（Balibar, 1992）。

社会心理学も折衷的な態度を改め、心理と社会の矛盾を正面から見つめる勇気を持たねばならない。そうすることで逆に、心理と社会の相補性が見えてくる。このテーマは第４講で具体的に検討します。

最大の敵——常識

物理学・化学・生物学などで提唱される理論に比べて、社会学や心理学の理論は説得力が弱い。何故でしょうか。自然科学では実験が厳密に行われるので、理論の正しさが検証される。しかし人文・社会科学の場合は、そもそも実験の実施が難しい。社会心理学のように実験を多用する分野でも、物理学や化学のように白黒のはっきりした結果は得にくい。だから理論に説得力がない。普通はこう答えるでしょう。

しかし自然科学の強みは厳密な検証可能性だけではない。逆に現実を無視して理論の先走りを許す知的環境のおかげで発展しました。自然科学では研究対象が高度に抽象化されるため、我々の素朴な感覚とのずれが深刻な問題とならない。例えば我々は重力に絶えずさらされているが、ニュートン理論の正否が日々の生活において検証されるわけではない。万有引力は本当に存在するのかと、散歩のたびに悩む人はいません。

自然科学の知の強みは、机上の空論になる危険を恐れない態度に基づきます。具体例を一つ挙げましょう。十八世紀初頭のこと。燃焼を説明するために、フロギストンと呼ばれる物質がドイツの化学者ゲオルク・シュタールにより発案されました。材料が燃焼すると、その中に含まれるフロギストンが消費されるという説で、広く科学者の間で受け入れられた。ところで燃焼後に金属が重くなる事実はその当時すでに知られていました。後にフランスの化学者アントワンヌ・ラヴォアジエが証明するように燃焼は酸素と化合する現象ですから、金属の重量が燃焼後に増加するのは当たり前です。しかしシュタール説によるとフロギストンが消費されるのだから、逆に軽くならなければならない。そこで面白いのは、理論に忠実であろうとして常識にあくまでも抵抗し、フロギストンは負の重量を持つという詭弁のような仮定が採用された点です。十八世紀末にラヴォアジエ理論によって取って代わられるまで、負の重量というおかしな概念が科学界において認められていたのです（村上1985、二五―二七頁）。

このような理論先行型の自然科学に比べて、人文・社会科学の世界では理論が完全に崩れるまで論理を突き進めずに、すぐに常識と妥協してしまう。具体的で日常感覚に密着した事象を研究するために、理論を生み出す時点ですでに学者の世界観＝常識に邪魔され、自由な発想を取りにくいからです。だから人文・社会科学をより厳密な学として発展させるためには実証強化を目指すよりも、逆に事実をいったん棚上げにして、もっと大胆に理屈をこねるべきです。

物理学では理論が数式で表現されます。ある条件を導入して計算した時、例えば虚数の解が得られる。ところで理論すなわち方程式が正しければ、その結果として導かれた解は正しいはずです。したがって、いかに常識に反する結論であっても、それを受け容れ、その意味を解釈しなければなりません。しかし、こういう思考法が人文・社会科学では取りにくい。

自然科学者は常識から見ると、滅茶苦茶なことを平気で提言します。今でこそ、誰にとっても当たり前になりましたが、地球が丸いだけでなく、それが太陽の周りをものすごい速度で回るとか、人間がサルから進化したなどという、当時の世界観からすれば非常識としか言えない主張がなされてきました。時間や空間が伸び縮みするなどという相対性理論の考えも嘘のような話ですし、量子力学などにいたれば、ふざけたような学説が提唱されている。

エネルギーと質量の等価性を示す $E=mc^2$ というアインシュタインの有名な方程式は、ある一定量の物質がエネルギーという非物質すなわち質に等しいことですから、例えばリンゴが赤い色に変化するような奇妙な事態を意味している。手品ではハンカチが鳩に変化したり、美女がトラに変身したりしますが、これはモノが他のモノに変わるだけのことで、不思議ではあっても常識的な変換に留まります。ところがアインシュタインの方程式においてはリンゴがミカンに変わるのでもなければ、リンゴの色が青くなったり白くなったりするのでもない。リンゴというモノが赤い色あるいは甘いとか酸っぱいとかいう性質に変換されるというのです。

常識をいったん括弧に括り、理論に一人歩きさせる余裕が大切です。そして珍妙な結論が引き出されても、すぐには斥けないで、常識の誘惑や圧力にねばり強く抵抗する勇気が必要です。

読書は批判的にせよという、幼い頃から繰り返されてきた教訓に対しても、その意義を考え直すべきです。批判の意味を誤解してはならない。まずは素直に最後まで読んでみる。そこに展開される論理を突き詰めた時に、どんな世界が現れるだろうか。些末な揚げ足取りなどせず、細かい事実の誤りにも目をつむり、中心の論理をどこまでも追う。その結果、より根本的な次元で生じる問題や内部矛盾との格闘から、より豊かで新しい見方が現れてくる。現在知られている事実・知見に合わないからといって、すぐに仮説を斥けるような態度はつまらない。それではダーウィンもフロイトも生まれようがありません。

ライバル意識も手伝って、他人の粗を探しがちなのは人間の習性ですが、このような脆弱な姿勢は戒めなければならない。重箱の隅をつつくような批判をする学生に対してモスコヴィッシは、「下らないことをするな。他人の欠点を見つけるのは、お前でなくともできるんだ」と厳しく叱りました。我々の貴重なエネルギーは、そんな空しい作業に費やさず、もっと大切なところに向けるべきです。

考え方を学ぶ

フランスの社会心理学者は、「哲学と科学は違う。実証データに支えられない説明は意味がない」とよく学生に言います。しかしこれは科学の浅薄な理解です。哲学と科学は分離できない。物理学・化学・生物学・経済学・社会学・心理学・言語学……どの学問領域も、かつてはすべて哲学の一部門でした。近代になり、それらは専門化して哲学から独立していく。あまりに多くの領域が独り立ちしたので、哲学という母屋はほとんど空き家になってしまいました。だから哲学科では過去の思想家の文献解釈や解説ばかりしているのでしょう。

もちろん、哲学が闘ってきた問いの多くは今でも答えが見つかっていない。生命とは、物質とは、時間とは、精神とは、存在とは何か、社会はどうして可能なのかなど、これからも問われ続けるにちがいありません。しかしこれらの難題は哲学だけでなく、生物学・物理学・心理学・経済学・社会学なども別のアプローチで担当するようになりました。ですから哲学と科学を分ける発想自体がまちがっている。もし区別すべきならば、哲学に支えられた深淵で美しい真の科学と、哲学の欠落した浅薄で貧困な似非科学とがあるだけでしょう。

他人の知識の受け売りでなく、自分の頭で考えるためには、どうしたらよいか。その第一歩は専門用語をできるだけ避けて平易な言葉で語ることです。科学でも哲学でも基礎的な事柄ほど難しい。術語に頼らず、日常語で表現しようと努力する時、分かっていたつもりの部分に論理飛躍があると気づいたり、問題解決の新しい道が発見されたりします。

アインシュタインは私が模範にする科学者で、彼の伝記や想い出を読むつどに、自分の頭を使って考える彼の姿勢に感服します。私の書斎に飾ってあるアインシュタインの肖像写真には「想像は知識より重要である」という言葉が添えられています。アインシュタインと共同研究を行ったポーランド出身の物理学者レオポルト・インフェルトは、相対性理論を生み出した科学者の想い出をこう語ります（インフェルト1975、武谷三男・篠原正瑛訳、二五五―二五六頁。一部ひらがなを漢字に替え、句読点と段落を省略）。

どんな仕事でもすべて自分の力で自主的にやりとげよう。これがアインシュタインの習慣であったが、この習慣は極端にまで守られていた。あるとき私は、ある計算をやらされることになった。この計算はたくさんの本に引用されているので、改めて計算してみるまでもなかったのである。そこで私はアインシュタインに向かって、こう言った。「それよりも本から引用しましょう。その方がうんと時間の節約になりますから……」

しかしアインシュタインは自分で計算を続けた。そして一言、こういっただけだった。「その方が速くゆくでしょう。しかし私は本を調べて引用するというやり方をとっくに忘れてしまったのでね」

我々が共同の論文を発表しようとした時のことであった。私は、同じ問題についてすでに研究してきた科学者たちの論文を文献目録にまとめようと思いついた。これを聞いてアインシュタインは大きな声で笑いながら、こう言った。「そう、そう。ぜひやってください。その点では私はもうずいぶん横着をきめこんでしまっているのですから」

一九〇五年に*Annalen der Physik*に掲載された有名な論文「運動物体の電気力学」で、特殊相対性理論と後に呼ばれる新理論をアインシュタインは発表しましたが、そこには一本たりとも参照論文が挙げられていません。ニュートン力学とマックスウェル電磁気学の間の矛盾を解く上で、両者の本質あるいは原点に戻り、理論を単純化するためには、どうすればよいか。これが彼の問いであり、アプローチの仕方です。

権威に頼ってはならない。ソクラテス・デカルト・フロイトが言おうと、隣のおばさんや横町のご隠居が言おうと同じこと。勝負するのは内容です。それが誰のアイデアなのかは重要でない。

中島義道『観念的生活』は厳しい言葉を浴びせます（二〇八―二〇九頁）。

［……］権威に盲従する輩に限って、権威を崇め奉っておりながら、その権威の言葉――あえて言えば言葉の背後の精神――を踏みにじってもなんともないのだ。デカルト研究者が同時にカルテジアン（デカルト主義者）であろうとするなら、デカルトの存在など吹けば飛ぶほど不確実なものではないか。［……］デカルトの懐疑をただの「方法」と割り切っている気楽なデカルト研究者が、なぜにこうも大量に発生しているのか、理解に苦しむ。

仏文出の研究者に多いが、彼らは、自分の身体さえ、すべての数学的真理さえ確実ではないかもしれない、という奈落を覗き込む体験をデカルトと共有することがない。その体験がないのならそれに悩むべきであるのに、いやせめてそれを問題にすべきであるのに、微塵もそうすることなく、せっせとデカルトを「研究している」のである。しごく安定した世界に住みながら、ただよくできたモデルとしてデカルトを学んでいるだけなのだ。

社会心理学の学術誌を見ると引用文献が満載です。文献をたくさん挙げると偉くなったような気がしますが、それは錯覚です。出典が多ければ多いほど、よく勉強したことにはなるので、学校の先生には褒められるかも知れない。しかし、今までに私が上梓した本への反省も込めて言うのですが、出典が多いのは創造性がない証拠ですから、実は恥ずかしいことなのです。

今日の社会心理学者はあまり読書をしません。自分の研究テーマに関する最新の論文は漏らさず追いますが、哲学・歴史・文学・社会学・経済学など他の分野の知識には関心を示さない。その最大の理由は、心理学が自然科学の真似をするようになったからです。数式化と実験が可能な自然科学では理論の正否が明確なため、正しいと判断された知識が累積されるとともに、誤った理論やデータは淘汰されていく。したがって研究分野における最新論文の検討が重要です。しかし文科系の学問ではそうはいかない。自然科学のような厳密な検証は不可能ですから、すでに顧みられなくなった知見が誤っているとは限りません。

哲学を見ると、それは一目瞭然です。プラトンやアリストテレスなどの古典を読み直すと、また新しい発見があるものです。社会学でも同様です。マルクス・ヴェーバー・デュルケム・ジンメルなど十九世紀から二十世紀初頭に活躍した大学者の豊かな思想に触れることで多くのインスピレーションを受ける。社会心理学でも一九六〇年代までの著作には、それ以降に著された論文や本とは別次元の深い哲学がありました。

過去の遺産は宝の山です。もっと本を読めと心理学部の学生に言うと、また宿題かと嫌な顔をする。しかし、それは勘違いです。自分の頭で考えることは大切ですが、無からアイデアは生まれない。カントやウィトゲンシュタインのように難解な哲学書でも、同じ内容を自分で書くことに比べれば、読んで理解するのは、はるかに簡単です。ローマン・ヤコブソンの言語学をヒントにレヴィ＝ストロースが構造主義人類学を打ち立て、社会心理学の父クルト・レヴィンが物理学を基に位相心理学を提唱し、デュルケムの集団表象概念を批判的に継承したモスコヴィッシが社会表象理論を考えだしたように、他の学者のアイデアを借用して新しい理論を生み出す例はたくさんある。目の前に埋もれている金の鉱脈を活用しない手はありません。

文科系学問の意義

医学は科学ではなく、技術だとよく言われます。医学部を卒業する人の圧倒的多数は臨床医になるために、正しい治療の仕方を大学で学ぶ。自分の創意工夫で勝手な治療をされては危険です。医学が技術だと言われる所以です。

それに対して哲学や人文・社会科学では、答えよりも問いの立て方、つまり考え方自体を学びます。法学・語学・経営学などの実学を除けば、文科系学問は実際の生活にほとんど役立ちません。しかし、これは悲観論ではない。人間の世界は謎ばかりです。それなのに性急な答えを無理に求めると、問いが小さくなってしまう。極端に言えば、材料は社会学でも心理学でも経済学でも何でもよい。個々の知識よりも、どのように問いを立てるかを学ぶ方が大切です。この講義では影響現象をテーマに選びましたが、それは単なる例にすぎません。社会心理学を材料にしながらも、そこから、より一般的な問い、自分自身の問いを見つけなければ、勉強の意味がありません。

西洋の哲学はどれもプラトンの脚注にすぎないと言ったのはイギリスの哲学者アルフレッド・ホワイトヘッドです。二五〇〇年前にすでに基本的問いが提示され、答えもほぼ出尽くしているならば、学問の進歩という考え自体が意味を失います。なぜ我々は繰り返し古典を学び、先達が格闘した問いに改めて立ち向かうのか。生老病死・存在・時間・愛・悪など、どのテーマをとっても究極的答えがあるとは思えません。それでも問い続けるのは何故か。

過去に培われた知識の伝達よりも、自ら思考する主体の生産が大学に課せられるべき任務だとドイツの哲学者フリードリヒ・シュライアマハーは説きました（Schleiermacher, 1808, tr. fr., p. 253-318）。この意味をよく考えましょう。知識を得るだけなら、教科書を参照すればよい。大学教員の役割は、本や論文の内容をわかりやすく嚙み砕いて繰り返すことではない。そんなことをしてもらわなければ勉強できない学生が大学にいるのが、そもそもおかしい。それに、時間をかけて練り上げられた教科書以上に上手く説明できる教員は多くないでしょう。

知識は加算的に作用して我々の世界観を豊かにするのではない。逆に、今ある価値体系の見直しにこそ、教育の真価があると思います。知識の獲得とは、空の箱に新しいものを投入するようなことではありません。記憶と呼ばれる箱には様々な要素がすでに詰まっている。何らかの論理にしたがって整理された要素群の中に、さらに他のものを追加する状況を想像しましょう。そのままでは余分の空間がないから、既存の要素を並べ替えたり、知識の一部を破棄しなければ、新しい要素は箱に詰め込めない。

知識の欠如が問題なのではなく、その反対に知識の過剰が理解を邪魔します。外国語学習や海外留学の真の目的は情報収集ではない。異なる発想に接する機会の方が重要です。グローバル化に対応できる国際人を養成するという目的で国際文化学部・国際教養学部・国際学部などという名称の組織が多く作られました。しかし、どこの文化でも生きられる国際人の養成など本当はどうでもよい。逆に、どこにいても常識に疑いのまなざしを向ける異邦人への誘いこそ、学生のために大学がなしうる最高の贈り物だと私は信じます。

我々は答えを早急に求めすぎる。大切なのは答えよりも問いです。思考が堂々巡りして閉塞状態に陥る時、たいてい問いの立て方がまちがっている。授業で私がよく挙げる、こんな話があります。

ある夜、散歩していると、街灯の下で捜し物をする人に出会う。鍵を落としたので家に帰れず困っていると言う。一緒に捜すが、落とし物は見つからない。そこで、この近くで落としたのは確かなのかと確認すると、落としたのは他の場所だが暗くて何も見えない、だから街頭近くの明るいところで捜しているのだと。

我々は捜すべきところを捜さずに、慣れた思考枠に囚われていないか。我々の敵は常識です。常識の中でも倫理観は特にしぶとい。感情に流されていては、人間の本当の姿は見えません。

社会は開かれたシステムです。それは究極的真理や普遍的価値が存在しないという意味です。開かれた社会という表現は誰でも好ましく感じます。殺人や強姦が悪であるのは普遍的真理だとほとんどの人が信じています。しかしこの二つは論理的に両立しないのです。開かれた社会とは、社会内に生まれる逸脱者の正否を当該社会の論理では決められないという意味です。キリストやガンジーは正しく、ヒトラーやスターリンは間違いだというのは後世が出した審判にすぎない。当時はキリストもガンジーも社会秩序に反抗する逸脱者でした。対してヒトラーやスターリンは当初、国民の多くに支持されました。時間を超越する価値は存在しない。本書の叙述が進むにつれて、善悪の基準は我々が信じているほど堅固でないことが納得されるでしょう。社会の論理に抗し、社会を破壊する要素が必ず内部に発生する。これが、社会が開かれた系をなすという意味であり、時間が流れるという意味でもあります。社会の開放性と時間の存在は実は同じことです。

真理はどこにもない。正しい社会の形はいつになっても誰にもわからない。だからこそ現在の道徳・法・習慣を常に疑問視し、異議申立てする社会メカニズムの確保が大切です。今日の異端者は明日の救世主かもしれない。無用の用という老子の言葉もあります。〈正しい世界〉に居座られないための防波堤、全体主義に抵抗するための砦、これが異質性・多様性の存在意義です。

良識と呼ばれる最も執拗な偏見を、どうしたら打破できるか。なるほどと感心する考えや、これは学ぶべき点だと納得される長所は誰でも受け入れられる。しかし自分に大切な価値観、例えば正義や平等の観念あるいは性タブーに関して、明らかにまちがいだと思われる信念・習慣にどこまで虚心に、そして真摯にぶつかれるか。自己のアイデンティティが崩壊する恐怖に抗して、信ずる世界観をどこまで相対化できるか。

異質な生き様への包容力を高め、世界の多様性を受けとめる訓練を来る世代に施す。これが人文学の果たすべき使命ではありませんか。

第1部

社会心理学の認識論

第1講

科学の考え方

この講では、科学のアプローチについて考えます。科学理論が提示されて時間が経つと、理論に合わないデータが少しずつ見つかる。最初は、都合の悪いデータを無視するだけです。科学哲学者トーマス・クーンの『科学革命の構造』が示したように、支配的理論に綻びが出ても研究者はなかなか認めようとしない。実験のやり方がまちがっていたのだろうとか、何か他の要素が混入していたのではないかというように、理論自体を疑うのではなく、逆に、理論を救うためにデータを都合の良いように解釈するのが普通です（Kuhn, 1962/1996）。

今日の社会心理学は自然科学を模範として、実証データを重視する。それ自体はまちがっていません。しかし表面的な真似をしているだけで認識論的考察に欠けるため、浅薄な議論に終始する。それでは本末転倒です。理論と実証データそれぞれの役割の再確認から始めましょう。

理論の正否を決める要素

同じ現象を説明する上で複数の理論が拮抗することがあります。実験結果を自陣に有利なように解釈する方法を見つけ、双方の反論合戦はなかなか終わらない。それは、理論の正しさを判断するために実証研究をするという考えが、そもそも誤りだからです。

獲得形質の遺伝を信じる学者は今日ほとんどいません。それは、ネズミ一五〇〇匹の尾を二〇世代にわたって切り続けたドイツの動物学者アウグスト・ヴァイスマンの実験を始めとして、獲得形質の遺伝を証明する試みがどれも失敗したからではありません。それならば、もっと他の方法で実験すれば、獲得形質が遺伝するデータがいつか見つかるかも知れない。しかしＤＮＡの発見により、獲得形質の遺伝可能性は理論的に否定されました。実験結果は様々な解釈が可能です。理論の正否を最終的に決めるのはデータではなく、理論自体の説得力なのです。

物理学の例を挙げましょう。アリストテレスによると、すべての存在は固有の本質をもちます。自然落下させると、重い物体ほど速く落下し、軽い物体ほど遅い。したがって軽い物体と重い物体を高い場所から同時に落下させれば、重い物体の方が先に地面に着く。こう考えました。それに対してガリレイは、物体が自由落下する時間は落体の質量に依存しないと主張しました。そこで自説の正しさを証明するためにピサの斜塔に登り、重さの異なる二つの物体を落下させたところ、予測通り両方とも同時に着地し、従来からのアリストテレス説が覆された。これが有名なピサの斜塔の実験です。

しかし実のところ、ガリレイはこのような実験を行っていません。教科書に載っている説明は後代の捏造です。アリストテレスに対する彼の反論を読むと思考実験のみが挙げられ、実験結果にはまったく触れられていない。ガリレイの証明はこうです。アリストテレスの説が正しければ、一〇キロの物体と一キロの物体を同時に落とす時、前者の方が後者よりも先に地面に届くはずだ。さて、これら二つの物体を縛り付けて一つの塊にしてから再び落下させると、どうなるか。一〇キロの部分に対して一キロの部分がブレーキをかけ、結局この物体の速度は、一〇キロの物体単独の速度よりは小さく、一キロの物体単独の速度よりは大きいはずだ。ところで今、この合成物体は一一キロの重さがある。したがって一〇キロの物体よりも大きな速度で落下しなければならない。つまり合成物体は一〇キロの物体よりも速く落下し、かつ、より遅く落下するという論理矛盾に陥る。ゆえにアリストテレス説は誤りである。

ガリレイは、このような思弁のみによって最後まで反駁したのであり、実験結果は一度たりとも議論に登場しない。それに、ガリレイの反論が発表される以前に、実際に実験を行った学者は何人もいました。そして結果はアリストテレスの説く通り、重い物体の方が軽い物体よりも先に落下したのです。空気抵抗があるからです。その当時、真空状態で長い距離を落下させる方法はなかった。だから、ガリレイが実験をしなかったのは当然です（Koyré, 1973, p. 213–271）。

理論が正しくとも、理論が導く予測に実験結果や観測値が一致するとは限らない。空気抵抗や摩擦などが存在しない理想状態を想定し、体積を持たない単なる質点として物体を単純化した上で力学理論は構成される。したがって理論値と実際の計測値との間にずれがあるのは当たり前です。

科学理論の正否は実験結果だけでは決まらない。それは、オーストリアのエルヴィン・シュレディンガーの逸話が如実に物語っています。彼は量子力学における波動方程式を提唱し、一九三三年にイギリスのポール・ディラックと共にノーベル賞を授与されましたが、この波動方程式は実証を経ずに直観から生み出されたものでした。ところが実際に実験してみると残念ながら、方程式が予測する理論値と実験値が一致しない。そこでシュレディンガーは方程式に手を加えて修正版を発表します。思弁的に生み出された方程式は簡潔で美しかった。しかし実験結果に合わないので理論を修正したのでした。ところが後になって、実は初めの式の方が正しいことが判明する。電子が地球のように自転する事実が当時はまだ知られていなかったために誤差が生じたのです。そしてこのスピンを考慮に入れると、シュレディンガーが頭の中だけで考えついた式の方が正しかった。この逸話を踏まえて後ほど、ディラックは語ります（**Koestler, 1965, p. 228 ; Farmelo, 2010, p. 376**）。

実験結果と一致する方程式を得るよりも、美しい方程式を見つける方が大切だ。［……］少々実験値に合わなくとも、がっかりしたり、諦めたりしてはならない。というのも、理論値と実験値のズレは、まだ理解されていない二次的原因から生じているだけで、その後、理論の発展と共に明らかになるかも知れないのだから。

事実から出発し、理論を事実に合わせよとよく言われる。しかしこの素朴な戒律は誤りです。事実といっても、それは各実験の結果にすぎず、他の角度から実験をすれば、また他の結果が得られる可能性があるからです。スピンを考慮に入れたデータを事実として採用するためには、スピンの存在を予測する理論あるいは仮説がまず要る。見えている事実は、ある特定の視点から切り取った部分的なものにすぎない。

各時代における科学者集団の知見に照らして理論が整合性を持ち、説得力がある、そして実験値が理論の予想とあまり大きくずれない場合に、正しいと暫定的に認定される。科学者たちが合意する理論にしたがって適切な実験方法が定められ、実験機器が出す結果の意味が解釈される。この解釈以外に事実は存在しない。観察された事象が世界の真実の姿なのかどうかを知る術は、我々人間には閉ざされている。科学の成果が信じられるのは、この分野で事実が生み出される手続きが信頼されるからです。どの理論が正しいかを決定するのは結局、科学者共同体のコンセンサスにすぎません。

実証研究の役割

科学の本質は反証可能性にある。オーストリア出身の科学哲学者カール・ポパーは、こう主張しました（Popper, 1973）。科学的真理は定義からして仮説の域を出ない。命題を満たす全要素の検討は不可能です。Ａという種の生物はすべての個体が白いという命題を証明するためには、世界中に現存するＡを見つけて、それらがすべて白い事実を確認する必要がある。それだけではありません。観察した個体以外にＡが存在しない保証はない。どこかに隠れている個体が黒いかも知れない。さらに言えば、死に絶えたＡの中に黒い個体が含まれていた可能性も否定できないし、将来生まれてくるAの中に黒い個体がないとも言い切れない。しかし逆に命題を否定するのは簡単です。黒いAがたった一匹見つかるだけで、命題の誤りが証明されます。

今見たような全称命題ではなく、存在命題の形で科学理論が提示される場合もある。湯川秀樹が存在を予想した中間子などは、それに当たります。当初、彼の考えはあまり関心を引かなかったようです。実際に中間子が発見されてはじめて、彼の理論の正しさが認められ、ノーベル賞授与に結びつきました。湯川理論が正しければ、中間子が存在する。しかし、その逆は真ではない。中間子の存在が証明されても、他の部分で彼の理論が誤りである可能性は否定できません。全称命題と同様、存在命題でも、理論の正しさを実験や観察によっては証明できない。それは原理的に不可能なのです。

科学とは実証である前に、まず理論的考察です。物理学のような厳密な学問でもそうなのだから、心理学や社会学において、実証研究の結果だけで理論の正否を判断できるはずがない。科学が発展する上で実証以上に哲学的思索、そして自由な想像力が重要な役割を果たす点を見落としてはなりません。

理論の正しさを確かめるために実験をするのだと普通信じられていますが、その発想自体がつまらない。逆に、理論の不備を露わにすることで、慣れ親しんだ世界像を破壊し、その衝撃から、さらに斬新な理論が生まれるきっかけを提出することこそが実験に本来期待されるべき役割です。

驚きに満ちた物理学や化学の世界はもちろんのこと、未成熟で辺境に位置する社会心理学においてさえ、歴史に残る画期的研究の多くは、実験結果が仮説を覆し、研究者自身を驚嘆させる経験から出発しています。研究者の予想と希望を裏切る結果が、その後の発展を導きました。「私にとって実験は発見を可能にする技術であり、証明するための道具ではない」とモスコヴィッシは言い切ります（Moscovici, 2001, p. 266）。世界観変革の可能性が視野から抜け落ちた実験など、単なる数値の測定にすぎない。机を製作するために設計図を描いて、各部品を組み立てた時に実際に机ができるかを確認するのと変わりません。そういう低次元の認識では、学問の発展は期待できない。知識とは固定された内容ではありません。世界像を不断に再構築し続ける運動です。驚きをもたらさない知識などは、その正しさが証明されても、たかが知れている。

大学院の学生に研究計画を立てさせると、実に平凡でつまらない仮説を提案してきます。当たり前のことを改めて証明しようとするのは何故なのか。その理由は、彼らの知識や訓練の不足よりも、あまりにも実証主義に毒されているために、確実に証明される仮説を選ぶ傾向があるからです。何のために実験をするのかという根本的な点がわかっていない。仮説とは実験結果の予測ではありません。暫定的な説明のことです。天気予報に喩えて言えば、明日の天気の予測と仮説は違う。気圧・気温・湿度・風力などの諸条件が与えられた時、どのような仕組みで晴れになるか、雪が降るのかを説明する試み、これが仮説です。ところが仮説の意味を誤解するから、「実験をしたら予想通りの結果が出た。したがって仮説（予測）の正しさが確認された。そのプロセスの分析に関しては、また他の実験をして検討する」などという馬鹿げたことを言い出しかねない。予測と実験結果だけが列挙され、何故そうなるのかという肝心の説明が抜けた試験答案も多く見かけます。

ホメオパシーの実態

理屈さえ整えば、データはどうでもよいというのではありません。ホメオパシー（同毒療法）を例に取って科学の考え方を敷衍しましょう。まずホメオパシーの原理を確認し、次の節で問題点を検討します。

この治療法はドイツ人医師ザムエル・ハーネマン（一七五五―一八四三）によって始められました。最近、日本でも知られるようになり、物議をかもしています。健康なのにマラリアの特効薬キニーネをハーネマンが誤って飲んだところ、マラリアと同じ症状が現れた。そこで浮かんだアイデアがホメオパシーです。有毒物質を健康者に投与すると病気の症状が現れる。しかし病人が摂取する場合は逆に症状が抑えられ、健康状態が改善される。これがホメオパシーの第一原理「類似の法則」です。

第二原理は活性物質の希釈です。普通の薬と異なり、ホメオパシーは薄ければ薄いほど効果があるとされます。純水で一〇〇倍に薄めた希釈液の一部を採り、また純水で一〇〇倍に薄める。二回薄めれば一万倍、三回で一〇〇万倍と順に薄められていく。一二回希釈すると一〇〇の一二乗（一〇の二四乗、一〇〇〇〇〇〇〇〇〇〇〇〇〇〇〇〇〇〇〇〇〇〇〇〇分の一）に薄められる。一モルに含まれる粒子の数、つまりアボガドロ定数が六・〇二二一×一〇の二三乗ですから、これほど希釈された溶液に元物質の分子が残存する可能性はない。少量でもよく効く薬ならば、どんなに薄めても効果がありそうですが、分子の半分とか一部というものは存在しないから、希釈を続ければ、薬用成分の分子を一つも含有しない状態にいつか必ず達します。

ホメオパシーの本場フランスでは、処方されるホメオパシーのほとんどが一〇〇の三〇乗以上に希釈されている。これは途方もない数字です。わかりやすい例と比較しましょう。総水量約二七五億立方メートルの琵琶湖に活性物質を一滴（〇・〇五ミリリットル）だけ加えると、一〇〇倍の希釈を一〇回繰り返した場合に相当する。一〇〇の三〇乗には、まだほど遠い状況です。次には地球上のすべての海に含まれる水を集めて、そこに分子を一つだけ加えたとしましょう。地球に存在する水分子の総数は八・四×一〇の四五乗ほどなので、希釈度は一〇〇の二三乗以下です。ホメオパシーの希釈度にはまだ届かない。

ではフランスで販売されるホメオパシーに相当する一〇〇の三〇乗まで薄めてみましょう。この比率まで薄めるためには、どれほどの水が必要でしょうか。立方体のプールを想像して下さい。一辺の長さが太陽から地球までの距離（およそ一億五〇〇〇万キロメートル）の二〇〇〇万倍ある巨大な立方体です。一〇〇の三〇乗は、このプールに一ミリリットルの活性物質を溶かした場合に相当します。勘違いしないように念を押しておきますが、ホメオパシー製造の際には一〇〇倍の希釈液から少しだけ採って、それをまた希釈するという手続きを繰り返すから、これほどに薄められるわけです。当然、一度には希釈不可能です。

さてフランスで最もよく売れているホメオパシーは風邪薬オシロ・コクシナムです。風邪薬市場の半分を占め、ボワロン製薬により七〇年間売り続けられている商品です。この薬は一〇〇の二〇〇乗、つまり一〇の四〇〇乗に希釈されている。全宇宙に存在する原子の総数が一〇の八〇乗ほどと推定されていますが、それを遥かに上回る希釈度です。薬用成分の分子が希釈後に残る確率はもちろんゼロです。オシロ・コクシナムの成分表示には、活性物質であるカモの心臓と肝臓の希釈液とともに「一グラム（一〇〇〇ミリグラム）あたり、スクロース八五〇ミリグラム、ラクトース一五〇ミリグラム」と記載されている。つまり砂糖一〇〇パーセントです。

ホメオパシーに効き目がないというのではありません。軽い症状ならば、病気は治癒します。では補助剤（糖・水・アルコールなど）しか入っていないのに、なぜ治療効果があるのか。ホメオパシーは心理的なプラシーボ効果にすぎないから保険適用から外せとフランス国立医学院（Académie Nationale de Médecine）は繰り返し勧告してきました。二〇〇四年に採択されたコミュニケはホメオパシーをこう批判します。

医薬品には「治療効果」がなければならない、そしてその効果は二重盲検試験（ダブル・ブラインド）などの薬学・臨床実験を繰り返して証明しなければならないと公衆衛生法は定めている。フランスで販売される医薬品にはすべて、この長く厳しい手続きが課せられている。しかしホメオパシーなる自称医薬品の製造者だけには、この規則が適用されない。保健省がどのような措置を採るかとは別に、フランスで医薬品を販売するすべての製薬会社と同様に、ホメオパシーに対しても効果の証明を要求すべきだとフランス国立医学院は判断する。当院が全員一致で採択した一九八七年の報告書にすでに強調されているように、医薬品産業を規制する法律はホメオパシーにも適用されなければならない。

［……］この措置［ホメオパシーの保険適用中止］は少しも法外な要求ではない。すでにヨーロッパ諸国の多くで採択されている措置だ。例えば最近では二〇〇三年末にドイツ政府がホメオパシーを保険対象から外したが、イタリア・スイス・フィンランド・スウェーデン・ノルウェー・アイルランドでもすでに採られた措置である。

プラシーボ効果とホメオパシーの比較研究が一九八五年にフランス政府によって六〇〇〇人の患者を対象に行われましたが、両者の間に効果の違いはありませんでした。また最近、スイスとイギリスの医師八人で構成された研究チームが、一九のデータベースに掲載された効果比較論文を分析しましたが、やはり両者の効果に違いは見つかりませんでした（Shang *et al.*, 2005）。ホメオパシーはまやかしであり、病気に効かないというのではない。効果のあるのは事実です。ただし、その正体はプラシーボ効果だというのが医学界の見解です。

プラシーボは想像以上に効果があります（プラシーボ効果についてはDantzer, 1989 ; Lemoine, 1996）。例えば手術後の鎮痛剤としてモルヒネを使用すると七二パーセントの患者に効いたのに対し、鎮痛剤だと偽って、ただの生理的食塩水を注射した場合でも四〇パーセントの患者に鎮痛効果がみられました。モルヒネの方がよく効くのは当然ですが、その四〇パーセントがプラシーボ効果のおかげです。

プラシーボは鎮痛作用などの主観的効果にとどまらず、胃酸や血液中の白血球・コレステロール・グルコース・コルチコイドの量など、生理的変化も起こします。だからこそ、新薬認可に際しては二重盲検試験を通して、プラシーボ以上の効果を証明する必要がある。それぐらいプラシーボ効果は大きいからです。したがって軽度の病気にならホメオパシーは十分効きます。ただ、それは心理的要因によるのであり、ホメオパシーでも、お守りでも観音様の水でも新興宗教の祈禱でも、あるいは幸運の壺や印鑑でも同じ話なのです。一九九〇年代に流行した尿療法も「納得して信じて喜んですれば、それだけ効果も上がる」（中尾 1992、八六―九〇頁）と推奨されたように、その正体はプラシーボ効果です。

ちなみに本当の薬と同じようにプラシーボは副作用を伴います。動脈炎が原因で起こる間欠性跛行《は》でプラシーボ治療を受けた患者の四割近くが副作用を訴えました。坑不安剤（マイナー・トランキライザー）として使用されるトリペレナミンとプラシーボを比較した研究でも、眠気・頭痛・吐き気・めまい・苛立ち・口の乾き・不眠など本物の薬とプラシーボとで、ほぼ同じ副作用が観察されました。プラシーボ依存症状も報告されています。モルヒネは依存症を生ずる場合がありますが、同様にプラシーボ（当人は薬だと信じている）をいつも服用しないと健康を保てない患者もいます（Lemoine, 1996, p. 77–80）。

プラシーボ効果は心理現象だから、処方の仕方が効果を大きく左右します。胃潰瘍の患者にプラシーボを与え、「この薬は新しく開発されたばかりで非常に効果が高い」と医師が説明した場合には七割の患者に向上が認められた一方で、看護婦が事務的に出した場合には患者の三割以下にしか有効性を示しませんでした。投与の仕方によっても効果は異なる。プラシーボは錠剤・座薬・筋肉注射・静脈注射・点滴など様々な形で処方できますが、ほぼこの順で効果も高まります。

特に点滴だと「薬」が注入される間ずっと患者が意識するのでよく効きます（Lemoine, 1996, p. 61）。ハーネマンがホメオパシーを考え出した頃にはプラシーボ効果がまだ知られていなかった。どんなに精密な測量器でも探知できないほどに希釈した溶液、すなわち医薬物質が含有されない「薬」を意識的に使用したという意味では、ハーネマンがプラシーボ効果の発見者だと言えるかも知れません。

犬や猫のペットや乳児にも効くからプラシーボではないとホメオパシー擁護派は反論します。薬の意味が分からないペットや乳児に、どうして効くのか。しかしこのような場合でもプラシーボは有効です。例えばストレスからペットが皮膚病などの病気に罹る。プラシーボをペットに与えると、本当の薬だと信じる飼い主はそれで安心する。するとペットのストレスも減り、皮膚病が治癒します。プラシーボだと飼い主が知っていれば、効果はありません。

あるいは子供が夜泣きで健康を崩すと、フランスの小児科医は子供にではなく、親に睡眠薬を与えます。何故でしょうか。夜泣きのために親が眠れず、イライラする。すると親のストレスを敏感に子供が感じ取り、夜泣きする。そこでまた親は眠れず、ストレスが強くなるという悪循環に陥ります。だから、この悪循環を断ち切ればよい。睡眠剤をもらった親が熟睡してストレスが減れば、子供に対する態度が変化し、子供も安心して寝付きが良くなる。風が吹けば桶屋がもうかるような話ですが、プラシーボやホメオパシーの仕組みも同じです。飼い主や親の心理を通してペットや子供に効くのです。

そんなに効果があるならば、なぜプラシーボを薬局で販売しないのでしょうか。プラシーボだと明示すると効果が失われるから、医薬品として販売する必要がある。しかし、それでは詐欺行為になってしまう。そのためプラシーボは薬局で売れません。フランスで処方される薬品の三五パーセントから四〇パーセントは実は必要なく、プラシーボの代用品になっていると推定されています（Lemoine, 1996, p. 144）。本物の薬をプラシーボとして利用すると薬の副作用があります。したがって活性成分が含まれず、危険性のないプラシーボの方が好ましい。しかし、それでは詐欺になるので利用できないのです。

ただし病院内ではプラシーボが使えます。患者が睡眠薬を希望しても、夜間に医師が不在で当直看護師しかいない場合など、誤った処置を避けるため、その場では睡眠薬だと偽ってプラシーボを投与しておき、翌日、報告を受けた医師が適切な対応をする方が安全です。

フランスではホメオパシーに健康保険が適用されています。二〇〇三年秋、当時の保健大臣ジャン＝フランソワ・マテイが、ホメオパシーなど治癒効果が不十分な医薬品の保険支払い率を六五パーセントから三五パーセントに引き下げ、ホメオパシーは近い将来、保険が適用されなくなるだろうと予測されていました。しかしマテイの後を受けて保健大臣に就任したフィリップ・ドゥスト＝ブラジはホメオパシーの保険適用を継続する。製薬会社や開業医による強力なロビー活動がその背景に指摘されましたが、それだけが理由ではありません。「ホメオパシーに保険が効かなくなれば、患者はその代わりに他の薬を使用するだけだ。それでは結局、保険制度にとって、より高くつくから、ホメオパシーの保険適用は続けるべきだ」と大臣は説明しました（*Le Monde*, 04/09/2004）。正しい判断かも知れません。医薬品の四〇パーセント近くがプラシーボとして使用される現況を考えると、薬用成分の含まれないホメオパシーを残す方が安全なだけでなく、保険の負担としても安上がりです。エジプト・メソポタミア・中国・インドなど古代文明の時代から数千年にわたって人類はプラシーボ効果の恩恵を受けてきました。それは、これからも変わらないでしょう。

科学の約束事

効果が実証されないという問題以前に、医薬物質が存在しないのに治癒効果があるという、科学にとって理解しがたい前提からホメオパシーは出発する。漢方薬やワクチンの原理とホメオパシーの原理は違い、同列には扱えません。ホメオパシーの不思議さを敷衍しましょう(Singh & Ernst, 2008/2009, p. 148)。

現在使用される医薬品の半分以上は植物から薬用成分が抽出されている。したがって漢方薬に効き目があっても何ら不思議ではありません。対してホメオパシーには活性成分がまったく含まれない。これは根本的な違いです。それに一般に漢方薬は薄めれば薄めるほど、効果は弱まります。当然です。しかしホメオパシーは薄めるほど、逆に効果が高まると主張されるのです。

ワクチンは病原菌やビールスを弱くしたり殺した上で人体に与え、抗体を作り出す技術ですが、接種一回分に含まれる抗原の数は数十億にも上ります。それに対してホメオパシーには何も入っていない。この違いは決定的であり、ホメオパシーが寄りかかる原理の問題点がここにあります。

フランス国立衛生医学研究所(ＩＮＳＥＲＭ)の医師ジャック・バンヴェニストは「水の記憶」

説を科学雑誌 *Nature* に発表しました（Davenas *et al.*, 1988）。水には記憶力が備わり、化学物質と混ぜられると、化学物質がなくなった後にも情報だけは保存されるという理論です。白血球にアレルギー源を付着させる実験を行っていたところ、アレルギー源の含まれた溶液を助手が誤って必要以上に希釈してしまいます。薄めすぎたので、アレルギー源の分子は残っていない。しかし、それでも白血球はアレルギー反応を示しました。何らかの記憶が水に残っているからに違いないとバンヴェニストは睨みます。そこでメカニズムを突き止めるため、彼はさらに二年間研究を続け、次々と証拠が積み重ねられていく。その成果の発表が *Nature* の論文です。

しかし科学誌の編集長は論文掲載後にも疑いを棄てきれず、バンヴェニストの研究所に赴き、再確認を試みる（Maddox *et al.*, 1988 ; Singh & Ernst, 2008/2009, p. 146–155）。アレルギー反応を示した白血球の数を調べた助手が無意識にミスを犯したかも知れないし、意図的に虚偽の報告をした可能性も否定できない。そこで二重盲検試験の原則を厳格に適用し、試験管のラベルを暗号コードに書き換えました。水だけが入っている試験管と希釈液の入った試験管を助手が見分けられないようにして再び実験を行ったところ、両者には違いが観察されませんでした。

白血球のアレルギー反応は必ずしも明確に判定できるとは限りません。反応したかどうか微妙な白血球も少なくない。しかし先入観を持っていると結果判定にバイアスがかかります。実は助手がホメオパシーの熱烈な支持者だった事実が後に判明します。結果をごまかす意図がなくとも、期待感のために無意識に判定を変えてしまいます。これは誰にも共通する心理プロセスであり、学者であっても、その影響を免れない。だから二重盲検試験の遵守が大切なのです。

問題は実証データの欠如だけではありません。バンヴェニスト説が認められるためには、現象を説明する理論が必要です。そもそも記憶とは何か。何らかの力を媒体に加えて変化を生じさせた後に、当該の力を除去しても変化が消失せず残存する現象、これが記憶の一般的定義です。つまり記憶には何らかの媒体が必要で、その媒体に物理あるいは化学的な変化が生じなければ、記憶は保存されようがない。コンピュータのハードディスクでは電気的に磁力を加え、磁性体の構造を変化させる。DVDならば、レーザー光線で表面処理する。脳の神経回路も同様です。記憶の際にはシナプスの構造が実際に変化する。しかし水の記憶理論には水の変化に関する合理的説明がないため、科学理論としては受け容れがたい。バンヴェニストの実験では一〇の一二〇乗に希釈した溶液を使用しました。もちろん、ここまで薄めれば、溶媒以外に何も残らない。*Nature* の検証チームが言うように、「溶質の含まれない溶液（solute-free solution）」は非論理的であり、表現からして矛盾しています。

ちなみに、このチームは編集長の他に、実験エラー分析の専門家である化学者、そして米国のプロ奇術師ジェイムズ・ランディが加わっていました。スプーン曲げで名を成したイスラエルの奇術師ユリ・ゲラーの「超能力」の秘密を暴露するなど（Randi, 1982）、自称超能力者のインチキをランディは暴き続けて来ました。奇術師の参加をバンヴェニストは非難しますが（Benvéniste, 2005, p. 63–71）、もしインチキならば、それを暴き立てるために最も有能なのは奇術師ですから、彼の参加は妥当です。ルイス・キャロル『不思議の国のアリス』の名高い解説者で、似非科学に関する著作も多く、またアマチュア奇術師としても有名だった米国の数学者マーチン・ガードナーは、科学者がどうしてインチキに引っかかりやすいかを説明します（Gardner, 1981/1989, p. 92）。

世界で最も騙しやすいのは科学者だと、どんなマジシャンでも言うに違いない。その理由は簡単だ。研究所の設備は見たとおりで、鏡が隠されていたり、秘密のスペースがあったり、わからないように磁石が仕込まれたりということはない。Aという試薬を助手がビーカーに入れる時、その代わりにB試薬を内緒で注いだり（通常は）しない。科学者の思考法は合理的であり、合理性に基づく経験に培われている。しかし奇術の方法はまったく異なり、科学者にとっては未体験の世界だ。

一般の人々には、この事実がなかなかわからない。優秀な科学者ならば、インチキを見つけられるに違いないと、ほとんどの人々が信じている。しかし、それは誤解だ。マジックの訓練を受け、そのやり方に熟知しない限り、科学者を騙すことなど、赤子の手をひねるよりも簡単だ。

医学界の頑固さのために、あるいは医者や製薬会社のロビー活動のせいでホメオパシーが認められないと非難する人がいる。しかしそれは科学者に対する誤解です。知識の正しさを厳しく吟味する判事のようなイメージで科学者を理解しては誤ります。そのような保守的な姿よりも、新しい現象や不思議な現象に目を輝かせる子供の姿に科学者は近い。科学者は新しい現象の発見に常に努めています。信じがたい現象であればあるほど、発見には価値があるのですから。

しかしそのためには、現象を説明する理論が科学界で理解されなければ、どうしようもありません。媒体なしに記憶が可能だと、水の記憶理論は主張する。現在の科学界にとっては荒唐無稽な考えですが、この理論が受容される日が絶対に来ないとは言えません。コペルニクスの地動説もダーウィンの進化論も当初は信じられなかった。もし水の記憶理論が受け容れられれば、その暁には物理・化学界に旋風が巻き起こることでしょう。物質の定義が見直され、相互作用の概念も確実に覆る。ノーベル賞どころの騒ぎではない。しかし現在の説明では話にならないのです。

第2講
人格論の誤謬

人間には自由があり、意志に応じた行動を取る。各人は固有の性格を持ち、そのために行動にも個性が現れる。我々はこう信じます。しかし、このような素朴な人間像に社会心理学は真っ向から挑みます。各人の行動を理解する上で、人格などの個人的要因はあまり重要ではない。これが社会心理学の基本メッセージです。

アイヒマン実験

広く流布する自律的イメージとは裏腹に、人間は他者や外部の情報によって簡単に影響される存在です。スタンレー・ミルグラムが行った「アイヒマン実験」を引きましょう（Milgram, 1974/2005）。学習の実験だと偽って、見知らぬ人を拷問させる研究です。社会心理学で最も有名な実験であり、授業を真面目に聞かない学生が他のことは忘れても、これだけは覚えているというほど衝撃的です。

実験の雰囲気がわかるように、その様子を具体的に示します。新聞広告を出し、「学習と記憶に関する実験」への参加を広い市民層に呼びかける。実験には二人の被験者と、白衣を着た実験担当者（ミルグラムの助手）とが参加し、被験者二人のうちどちらか一人が「先生」の役、そしてもう一人が「生徒」の役を務めます。生徒役は単語の組合せを暗記し、後ほどそれらの組合せを思い出さねばならない。生徒が解答を誤るつど、先生役は罰として電気ショックを与える。どちらが生徒あるいは先生になるかはクジ引きで決めます。

それぞれの役割が決まったら、全員一緒に実験室に入ります。電気イスが設置されており、生徒は電気イスに縛りつけられる。生徒の両手を電極に固定し、身動きできないことを確認すると先生役は初めの部屋に戻り、電気ショック送信装置の前に座ります。この装置にはボタンが三〇個あり、一五ボルト・三〇ボルト・四五ボルト……というように一五ボルトずつ電圧が高くなっている。最後のボタンを押すと四五〇ボルトの高圧電流が流れる仕掛けです。そして誤答の度に一五ボルトずつ電圧を上げるよう指示される。

さて実験が始まり、生徒と先生はインターフォンを通して話します。生徒は時々まちがえるので、電気ショックの強度が徐々に上がる。七五ボルトに達した時に、それまで平気で答えていた生徒は呻き声を漏らす。そして一二〇ボルトに達すると「痛い。ショックが強すぎる」と訴える。しかし実験はさらに続き、一五〇ボルトになると「もうだめだ。出してくれ。実験はやめる。これ以上は続けられない。実験を拒否する。助けてくれ」という叫びが聞こえます。ショックを受けるごとに悲鳴は強くなるばかりです。二七〇ボルトになると、もう実験停止の要求というより断末魔の呻きに近く、「学習と記憶に関する実験」どころか、完全な拷問です。三〇〇ボルトになると「これ以上は質問されても答えるのを拒否する。とにかく早く出してくれ。助けてくれ。心臓が止まりそうだ」と生徒は叫ぶだけで、質問をしても返答しなくなる。

しかし、数秒間待って答えがない場合は誤りと判断してショックを与えよと実験者は指示します。したがって生徒が返答を拒否しても、先生役はボタンを押し続けなければならない。さらに実験は進み、電圧はますます上がる。生徒は苦しみの叫び声を上げ、助けてくれと繰り返すのみ。そしてついに三四五ボルトに達した時、生徒の声が聞こえなくなる。それまで叫び続けていたのに急に反応がなくなってしまった。気絶したのか、あるいはもしかすると最悪の事態に……。しかし実験はまだ容赦なく続く。そして最終の四五〇ボルトのボタンに達してもショックを与え続けるよう指示される。

実は、生徒役は脚本にしたがって演技するサクラでした。常にサクラが生徒役、本当の被験者が先生役になるようにクジに仕掛けがしてあり、実際には電気は通っていませんでした。あらかじめ録音されたサクラの演技がマイクから聞こえてくるだけです。しかし被験者にとっては十分な現実感があります。会ったばかりの罪なき人を拷問し、挙げ句の果てには下手をすると殺すかも知れないという状況設定です。結局、先生役を務める被験者四〇人中二六人（六五パーセント）は抵抗を覚えながらも、痛みで絶叫する生徒を四五〇ボルトの高圧電流で苦しめました。

高い服従率の理由は、自分は単なる命令執行者にすぎないと被験者が感じ、命令を下す実験者に責任を転嫁するからです。実際、被験者の多くは実験継続を何度も躊躇しますが、万一問題が生ずれば責任を取るという言質を実験者から得ると、また拷問を続行します。

　自らが手を下すかそうでないかでは、加害者にとって心理的意味が大きく異なります。この点を確認するためにミルグラムは、先生役を演じる参加者を二人（そのうち一人は実はサクラ）にして、サクラには電気ショックのボタンを押す係をあてがい、本当の被験者には、解答が正しいかどうかの確認とショック毎に電圧を読み上げる役割だけをさせました。つまり被験者にとってこの状況は、目前で行われる拷問への消極的参加を意味します。責任回避のおかげで、拷問を拒否する者の割合は圧倒的に減り、四〇人中の三七人（九三パーセント）が最高圧四五〇ボルトまで実験を継続しました。

　逆に責任転嫁を難しくすれば、服従率は下がります。例えば実験者を二人にして途中から、それぞれが異なった指示を被験者に与える。一五〇ボルトに達して生徒が「もうだめだ。助けてくれ」と叫ぶ時点で、「生徒が苦しんでいる。これ以上は危険だ。中止しよう」と実験者のうち一人が言い出します。他方の実験者は今まで同様に「大丈夫です。続けてください」と促す。このような矛盾する指示の下では一人の被験者たりとも、それ以上の電圧に進まず、実験が中止されました。被験者は自分自身で決定しなければならず、罪悪感を覚えるからです。

　このように外的状況により人間の行動は大きく左右される。対して各人の性格は行動にほとんど影響しませんでした。

　ミルグラム実験が一九六〇年代前半にアメリカ合衆国で実施された後、ドイツ（Mantell, 1971）・南アフリカ共和国（Edwards *et al.*, 1969. Blass, 2000, p. 48より引用）・オーストリア（Schurz,

1985）・ヨルダン（Shanab & Yahya, 1977 ; 1978）・スペイン（Miranda *et al.*, 1981）などで追試実験が行われました。結果は、ミルグラム実験以上に高い七割から九割にも上る服従率です。したがってアメリカ人だけの傾向ではない。それに、これら実験の実施時期を見ると一九六〇年代末から一九八〇年代半ばまでに亘る。したがって特別な社会状況に依存するとも考えられない。同じ設定ではありませんが、二〇〇九年にフランスで行われた実験でも、被験者の八〇パーセント以上が四五〇ボルトを超える最高電圧で拷問しました（Nick & Eltchaninoff, 2010）。

性別も服従率と関係ない。女性被験者だけで実験を行っても、男性と同様に四〇人のうち二六人（六五パーセント）が四五〇ボルトまで拷問を続けました（Milgram, 1974/2005, p. 63–64）。教育程度・宗教・政治傾向・職業など被験者の社会的背景も服従率にあまり関係ない。つまり人格・国民性・性別などにかかわらず、状況次第で人間の行動は簡単に影響されるのです。

普段の生活では理性の仮面を被っているが、いったん状況が許しさえすれば、凶暴な本性をむき出しにする。これが人間の本当の姿なのでしょうか。この考えが正しければ、実験室に入れられ、科学の名の下に他人を傷つけることを許されるやいなや、誰でも拷問し始めるはずです。しかしこの性悪説の妥当性も実証的に検討され、斥けられています。もし人間の生得的攻撃性が原因なら、実験者の催促がなくとも高電圧のショックを自発的に選ぶはずです。しかしショックの電圧を被験者に自由に選択させた場合、一五〇ボルトを超えた者は被験者四〇人のうち、たったの二人にすぎませんでした（*Ibid.*, p. 71–73）。

職業・宗教・支持政党などに注意して特別な層に被験者が偏らないように、工員・郵便局員・

高校教師・販売員・エンジニア・単純労働者・会社経営者・管理職など多様な職業の一般市民をミルグラムは募りました。学歴構成を見ても中学卒業者から博士号取得者まで様々で、被験者のサンプリングが偏っていたとは考えられない。ミルグラムの実験には合計およそ一〇〇〇人の被験者が参加しました。毎回、被験者四〇人のグループを作り、実験条件をいろいろと変えましたが、結果を比較できるように各実験グループはよく似た構成にしました。約四割は工員・単純労働者、四割がホワイトカラー、残りの二割が管理職です。年齢別では、各実験グループの二割は二〇歳代、四割が三〇歳代、四割が四〇歳以上でした。

人格・国民性・性別・教育・イデオロギー・本能などに依拠する説明は、行動や判断の原因を行為者の内的性質に求めます。しかし人間は真空状態において行動するのではない。社会的状況に大きく影響されて日々の判断をし、行動するのです。実験状況をほんの少し変化させるだけで服従率が大幅に上下するのは、そのためです。

集団心理と責任回避

責任転嫁のメカニズムを理解するために次の事件を取り上げましょう。一九六四年三月のこと、ニューヨーク郊外で二八歳の女性が殺害された。三〇分以上にわたって刃物で切りつけられましたが、助けを叫ぶ彼女に誰も助けの手を差し伸べませんでした。しかし実はニューヨーク中流層の市民三八人が殺人場面を目撃していた事実が事件後の調べで判明する。そのうち三七人は傍観していただけでした。一人は友人に電話をかけて、どうすべきかを相談した後、警察に通報しましたが、その時すでに遅く、被害者が息を引き取った後でした。新聞など報道機関は都市住民の無関心と冷淡を非難の的に挙げました。この事件に憤った市民の中には、これら無責任な人々の氏名と住所を新聞紙上に公表し、糾弾すべきだと提案する者も出ました（Gansberg, 1964）。

大きな社会問題としてこの事件が取り上げられたのは、殺害現場を見ていた傍観者の数が多かったからです。目撃者が少数なら、犯罪阻止は無理だったかも知れない。しかし目撃者が三八人もいた。なぜ彼らは助けようとしなかったのか。

この疑問に答えるため、ラタネとロディンは次の実験を行いました（Latané & Rodin, 1969）。マーケティング調査と称して大学生を研究室に来させ、調査用紙に答えてもらいます。しばらくすると調査担当の女性は「忘れ物をしました。すぐ戻るので、そのまま続けて下さい」と断り、カーテンで仕切られた隣の部屋に行く。書類を移動する音や脚立に上る足音がカーテンを通して被験者に聞こえた後、突然、大きな悲鳴とともに彼女が転げ落ちる音が響きます。後には静けさが残るだけで、調査員が戻る気配はない。さあ、被験者はどうするか。調査員を救助するために隣の部屋に行くだろうか。これが実験のおおまかな脚本です。被験者に聞かせた物音や悲鳴は録音テープのものでした。

被験者が一人の場合と、見知らぬ被験者二人が参加する場合とを比較します。一人の場合は、被験者の七〇パーセントが救助のために席を立ちました。では二人組の場合はどうか。二人いれば、少なくとも一人が救援に向かう理論確率はより高くなる。一人の時に七〇パーセントの確率で救援すると仮定すると、二人のうち少なくとも一人が救助する確率は、誰も救助しない確率を計算し（三〇パーセント×三〇パーセント＝九パーセント）、それを一〇〇パーセントから引けばよいから九一パーセントになる。しかし、このような算術論理と心理過程は大きく異なります。実際には四〇パーセントの組だけが救助行動を起こし、残りの六〇パーセントの組は何もしませんでした。

この実験状況のほかにも、火事が起きたと思わせたり（Latané & Darley, 1968）、被験者の一人（実はサクラ）が癲癇の発作を起こすなど（Darley & Latané, 1968）、設定を変えても結果は同じです。居合わせる人の数が多いほど、かえって救助行動が起こりにくい。換気口から部屋に煙が充満した際、一人だけの場合は七五パーセントの被験者が異常を報告しましたが、三人一緒の時は三八パーセントの組だけが煙の発生を通報しました。この場合、少なくとも一人が行動する理論確率は九八パーセントを超える（一－〇・二五×〇・二五×〇・二五）。癲癇発作が起きたと思わせた実験では、被験者が一人の場合、六分以内に被験者の八五パーセントが救助行動を起こしましたが（平均五二秒後）、サクラを四人加えて、彼らのうち誰も救助を始めない場合は被験者の一三パーセントのみが救助に向かうという結果でした（平均一六六秒後）。

自分がしなくても他の人がやるだろうと安心すると責任感が希薄になり、犯罪を阻止したり救助の手を差し伸べる気持ちが鈍る。ニューヨーク女性殺人事件も、自分以外に目撃者はいくらでもいる、もうすでに誰かが警察に電話しただろう、わざわざ自分が警察と関わって面倒な手続きに巻き込まれる必要はないなどと目撃者が思ったと考えれば、説明がつきます。

集団力学が生み出す暴力について、フィリップ・ジンバルドが行った有名な研究も挙げましょう（Zimbardo, 1989）。監獄に似せた施設をスタンフォード大学の構内に設け、新聞広告を通して被験者を募ります。採用された被験者は二週間にわたって実験に参加し、一日あたり一五ドルの報酬を受け取ると説明される。米国とカナダから合計七〇名の参加希望者がありましたが、心理テストの結果、少しでも性格に異常のある者や権威主義的傾向がある者は除外し、最終的に二四名の男子大学生を厳選しました。そしてクジ引きの結果、半数には「囚人」の役をさせ、残りの半数には「看守」の役を演じてもらいます。

現実感を出すように実験は周到に計画されました。例えば「囚人」を「監獄」に護送する際には、サイレンを鳴らした本物のパトカーで「犯人」の家に乗り込みました。驚く近所の人たちを横目に、両手両足を広げさせて、武器を所持していないか確認する。そして手錠をかけて本物の警察所にいったん連行してから、看守たちが待機する監獄に犯人を護送しました。看守にはすべて制服とサングラスを着用させ、鍵の束と棍棒を所持させる。犯人が監獄に到着すると、身体検査・私物押収そして私服を脱いで囚人服着用という、おきまりの入監手続きがとられます。

実験のために雇われた大学生だと、どの被験者も十分承知していました。精神異常者や犯罪歴をもつ者は一人も紛れ込んでいないし、囚人あるいは看守の役をあてがわれたのもクジ引きの結果にすぎないと知っていた。精神的・肉体的暴力を看守が本気で振るうとは考えられない状況でした。

ところが実験が開始されるやいなや、大変な様相になる。囚人に与えるべき食事を制限したり、苛めるために腕立て伏せを命じたり、睡眠を妨害する看守が現れます。また、囚人を貶めるために便器の掃除を素手でさせたり、排便の度に許可を求めさせたりしました。そして、しばしば排便許可を却下し、独房のバケツで用を足せと命じるようになる。あるいはバケツに残された大便の臭いを嗅ぐよう囚人に強要する。初めの予定では実験を二週間続けるはずでしたが、看守たちがあまりにも凶暴で危険な状態になったので、結局六日間で実験は中断されました。ジンバルドは言います。

この実験をして、最も悲惨でかつ残念に感じた点は、加虐傾向のない正常な人間でも残酷な行為を簡単にしてしまう事実だ。監獄の状況に置くだけで、反社会的行動を引き出す十分条件をなすのである（Haney *et al.*, 1983）。

犯罪者の社会復帰を図る従来のモデルは人格など個人的性質に重点を置き、個人を変えることにのみ関心を払ってきた。釈放後に犯罪者が生きる社会環境については、まったく考慮されてこなかった。だから、このモデルでは再犯現象を理解できないのだ（Haney & Zimbardo, 1998）。

社会状況に応じて人間行動は、どのようにも変わる。悪人だから犯罪をなすのではない。確かに、すんでのところで犯罪行為を踏み止まる者もいれば、一線を越えて罪を犯し、投獄される者もいる。同じ社会環境の下で育っても、ある者は人を殺し、他の者はそうしない。しかしそれは犯罪者とそうでない者とを分け隔てる何かが各人の心の奥底にあるからではない。因果関係が逆です。実際に行為に走った者にはもともと殺人者の素地があったと我々は後から信じ、またそのように本人が思い込まされる。人間は意志に従って行動を選び取るのではありません。逆に、行動に応じた意識が後になって形成されるのです。警察の厳しい尋問の下、犯行動機が後から作られる。また服役生活において罪を日々反省する中で、犯罪時の記憶が一つの物語としてできあがる。この心理メカニズムは第6講で検討するフェスティンガーの認知不協和理論の領域です。

人格とは何か

ミルグラム実験の内容を詳しく説明し、自分が被験者だったら、どの電圧に達した時に実験続行を拒否するかと精神科医三九名、学生三一名、その他多様な社会層出身者四〇名に尋ねました。「もうだめだ。出してくれ」とサクラが叫ぶ一五〇ボルトの時点が限界だと、ほとんどの人々が回答し、最高電圧の四五〇ボルトまで続けるという人は皆無でした（Milgram, 1974/2005, p. 30–31）。では自分自身ではなく、他の人の行動予測としては、どうか。精神科医四〇人に被験者の行動予測を尋ねたら、一五〇ボルトに達した時点でほとんどの被験者は実験を中止するだろうと答えました。三〇〇ボルトまで続けるのは全体の四パーセント以下、最高電圧の苦痛を与える者は精神異常者であり、人口一〇〇〇人当たり一人にすぎないとの所見です（精神科医四〇人の平均値。Milgram, 1965）。大学生や社会学者、そして様々な職業に就く中流層の人々にも尋ねましたが、このような社会背景の違いにもかかわらず、皆一様な判断を示し、四五〇ボルトまで電気ショックを与える人はまずいない、もし仮にいても、おそらく人口の一、二パーセントだろうと回答しました（Milgram, 1974/2005, p. 31–32）。ちなみに精神科医の予測が他の人々に比べて特に低い点が注目されますが、この意味については第４講で考えます。

外界の状況に簡単に影響される事実とは裏腹に、行動の原因を性格・人格など当人の内的要素に求める様子がわかります。行動を理解する上で外からの影響を軽視すると同時に内的要因を誇張するまちがいは、ミルグラム実験の行動予測だけでなく、一般的に見られる心理傾向です。あまりにも強い錯覚であるために、人間の存在形態に根源的かつ普遍的な認知バイアスという意味で「根本的帰属誤謬（fundamental attribution error）」という表現が生まれました（Ross, 1977）。

この錯覚の例を二つ挙げます。まずはホロコーストの解釈です（詳しくは小坂井 2008、第1章）。ユダヤ人虐殺の原因をドイツ人の国民性やナチスのイデオロギーに求める解釈が一九六〇年代頃までは一般的でした。これは人格など内的要因に行動の原因を見る常識的発想です。国民性やイデオロギー自体は社会要因ですが、それが内在化されて行動を引き起こすと考えれば、人格が行動を決定するという見方と変わりません。

それに対して、官僚制度に顕著な分業体制にホロコーストの主因を帰する理解が哲学者ハンナ・アレント（Arendt, 1963/1994）や社会学者ラウル・ヒルバーグ（Hilberg, 1985）、あるいは歴史家クリストファー・ブラウニング（Browning, 1992）などにより打ち出され、現在では歴史学の常識的解釈になりました。各人を取り巻く状況が行動を規定するというミルグラムの発想と同じです。

ヒトラーら狂信的指導者が政治機構の中枢で決定するだけでは人は死なない。銃殺や毒ガスによる処刑で手を汚したのはナチス指導者ではなく、そのほとんどは警察官や役人を含む普通の市民でした。実際にユダヤ人を殺した人々は特別な選別を経て担当部署に就いたのではない。官僚機構のどの位置にいる者でも銃殺隊に加えられたり、あるいは絶滅収容所の看守に命じられたりする状況にありました。処刑を担当する任務に特別な性格の人間を配置するような機構にはなっておらず、どの部署をとっても当時のドイツ社会の縮図にすぎませんでした（Hilberg, 1985, tr. fr. II, p. 872）。

なぜ普通の人々が殺人に手を貸したのでしょうか。ブラウニングは『普通の人々』（Browning, 1992）の中で、第二次大戦中にポーランドに駐留したドイツ警察予備隊の活動を、元隊員二一〇名による証言資料の批判的分析を通して明らかにしました。予備隊に配属された警察官のほとんどは年をとりすぎ、前線に送っても使いものにならない、家庭の平凡な父親です。徴兵を受けて警察予備隊に配属されるまで工員・商人・手工芸者・事務員などをしていた普通の人たちです。ヒトラーが政権を奪う以前に感受性豊かな思春期を過ごし、ユダヤ人絶滅政策が猛威を振るう頃にはすでに人格形成を終えていた。そのため彼らはナチス・エリートのような反ユダヤ主義者ではなかった。また、第一次世界大戦に参加した経験を持つわずかの年長者を別にすれば、予備隊に配属されるまで誰も銃を持ったことさえありませんでした（Browning, *op. cit.*, p. 1, 44, 48, 165, 181–182）。しかし彼らは合計五〇〇人に満たない少人数の部隊でありながら、わずか一年四カ月の期間に三万八〇〇〇人のユダヤ人を銃殺し、四万五〇〇〇人をトレブリンカ絶滅収容所のガス室に送り込み、殺害しました（*Ibid.*, p. 142, 225–226）。

官僚制最大の特徴は作業分担です。ユダヤ人の名簿作成・検挙から始まり、最終的に処刑に及ぶまで各作業を別の者が担当するため、責任転嫁が自然に起きます。「私だけが悪いんじゃない」「私がしなくても結果は変わらない」「私は単に名簿を作成しただけだ」「強制収容所に向かう移送列車の時刻表を作っただけだ」「検挙しただけで、私は殺していない」などという正当化が生まれやすくなる。ユダヤ人がどのような運命に遭うか、うすうす気づいている場合もあったでしょう。しかし殺人の流れを一括して把握せず、流れ作業のほんの一部だけに携わるために、自らを責任主体として認識しにくい。普通ならば、道徳観念が禁止する行為も、それほどの抵抗なしに実行してしまうのです。

毒ガス室や死体焼却炉の建設を主導したのはアドルフ・アイヒマンです。アウシュヴィッツ収容所に立ち寄ったことはありますが、実際に毒ガスで殺害する現場を彼は一度も見ていません。絶滅収容所が建設される前、ナチスはユダヤ人を銃殺しましたが、その惨い場面にも彼は立ち会わなかった。囚われたユダヤ人が収容所に着くたびに、強制労働にあてられる人々と、そのまま直接ガス室送りになる人々とに選別されました。その非情な処置もアイヒマンは直接経験していない（**Arendt, 1963/1994, p. 89–90**）。例えばポーランドのヘウムノ絶滅収容所に立ち寄った際の出来事をアイヒマンはこう述懐します（***Ibid.*, p. 87–88**）。

何人のユダヤ人が毒ガス・トラックに乗ったかは知らない。ほとんど見ていなかったからだ。見られなかったのだ。見ることなどできなかった。もう我慢できなかった。叫びが続いて……　私は動転し、何もわからなかった。［……］それから車に乗って毒ガス・トラックについて行った。その時、今までの人生で出会ったことのない恐ろしい光景を見た。大きく口を開けた溝の方に毒ガス・トラックは行き、死体を捨てていた。肢体には艶があり、まだ生きているように思えた……　溝の中に死体をどんどんと投げ込んでいた。私服を着た一人が歯科医のペンチで死体の歯を抜くのが見えた。すぐに私はその場を去った。車に飛び乗り、それから一言も口をきかなかった。この日以降、車に長時間乗っても運転手と言葉を交わさなくなった。この日、私は本当に辛かった。完全に参っていた。毒ガス・トラックの覗き穴から内部を見るように、白衣を着た医者から勧められたことだけ覚えている。その申し出を私は拒絶した。そんなことができる精神状態ではなかった。とにかく、その場を一刻も早く去りたかったのだ。

殺害現場を直接見なくても、これほどの衝撃を受ける。つまり自らは手を汚さないおかげで毒ガス室を設計・建設し、大量虐殺を推進できたのです。命令する者と、自ら直接手を下す者とが分離されると、犯罪に対する心理的負担が両者ともに弱まり、結果的に殺戮装置の作動が可能になる。ミルグラムの実験を思い出して下さい。先生役を二人（そのうち一人は実はサクラ）にして、電気ショックのボタンを押す係をサクラにあてがい、解答が正しいかどうかの確認とショック毎に電圧を読み上げる役割だけを本当の被験者にさせた実験設定では、被験者の九三パーセントが最高圧四五〇ボルトまで実験を継続しました。生徒役が拷問で苦しむのは同じです。しかし拷問を自ら執行しないだけで、服従率が六五パーセントから九三パーセントへと飛躍的に高まりました。分業体制の下では各行為が全体の中で持つ意味が隠蔽され、現実感が失われる。そして現実感を覚えない時、ひとは残虐行為を驚くほど簡単に行います。

ユダヤ人大量虐殺は、ナチス・ドイツがソ連領に侵攻する一九四一年初夏に始まりました。ドイツ陸軍後方に配備された「特別殺戮部隊（Einsatzgruppen）」が軍の移動とともに、各地のユダヤ人を手当り次第に銃殺していく。しかし殺人に対する心理的苦痛から、多くのナチス隊員が精神や身体に変調を起こしたため、虐殺を統括するハインリッヒ・ヒムラーは他の方法を見つける必要に迫られました（Decrop, 2005, p. 14 ; Ogorreck, 1996, tr. fr., p. 194–195, 224–225）。銃殺のような直接的殺人の場合、殺す側にとって自らの行為とユダヤ人の死との因果関係が明白です。そのため、原始的で効率が悪いだけでなく、精神的負担の大きい殺戮方法に代えて、被害者の悲惨な姿を隠蔽する他の方法をナチスの指導層および官僚は模索した。こうして毒ガス室による抹殺に最終的に行き着いたのでした。「銃殺の必要がなくなり、重い気分が晴れた」。アウシュヴィッツ統括責任者ルドルフ・ヘスの証言です（Hoess, 2005, p. 224）。

反ユダヤ主義の機能

ホロコーストを生んだ主な原因として反ユダヤ主義が挙げられます。ユダヤ人を憎む国民性がドイツ人を虐殺に駆り立てたと信じるからです。これも行動の原因を人格に求める根本的帰属誤謬です。反ユダヤ主義は特にドイツ人に顕著だったわけではありません。一般に東ヨーロッパの方がドイツよりも反ユダヤ主義は強かった。ポーランド出身のユダヤ系社会学者ジグムント・バウマンは言います（Bauman, 1989, tr. fr., p. 66-67）。

ナチスによる権力掌握以前、そして彼等のドイツ支配確立後においても、ドイツ庶民の反ユダヤ主義は、他のヨーロッパ諸国とは比較にならないほど弱かった。ユダヤ人解放への長い道のりがワイマール共和国によって仕上げられる以前にすでにドイツは、宗教上でもまた民族としてもユダヤ人に対して正義と寛容を示す安らぎの地として世界中のユダヤ人が認めていた。二十世紀の息吹を聞いた時、イギリスやアメリカ合衆国とは比べものにならないほど多くのユダヤ系自由業者や大学教授をドイツは擁していた。［……］ホロコースト研究家の中で最も優れた歴史家の一人であるヘンリー・ファインゴールドは「もしワイマール共和国時代に世論調査がなされたら、ユダヤ人に対するドイツ人の反感は、おそらくフランス人のそれ以下だったにちがいない」と結論づけている。

一九一四年の時点で、もしヨーロッパ諸国の中でユダヤ人絶滅を企てる国が一つだけあるとすれば、それはフランスだと言っても誰も驚かなかっただろうと歴史家ジョージ・モッセは述べました（Rosenbaum, 1999, p. 345）。

東欧のルーマニアでは残虐なやりかたでユダヤ人が殺されました。例えば一九四一年一月には、およそ五〇〇〇人のユダヤ人を貨物列車に詰め込み、疲労で死亡するまで目的地もなしに列車を何日も走らせました。そして全員が死亡した後、ユダヤ人の経営する肉屋の軒先に死体を吊り下げるという残虐さです。そのため、逆にナチスがしばしば介入して殺戮を止めさせた事実さえ報告されています（Arendt, 1963/1994, p. 190–191）。

確かに、ユダヤ人を虫けらのような存在に貶める宣伝がなければ、ホロコーストは不可能でした。しかし、それは反ユダヤ主義がホロコーストの原因をなしたという意味ではない。この発想は意志や意識が行動を司るという常識的見方を踏襲しています。しかし後に詳しく検討するように、このような近代的人間像は事実に合わない。ヒルバーグは分析します（Hilberg, 1985, tr. fr., p. 878. 強調小坂井）。

> 繰り返される中傷プロパガンダは必要に応じて援用された。例えば「ユダヤ人は有害だ」という言明が、殺戮プロセスに組み込まれた人間の精神において「ユダヤ人は有害だから、私はユダヤ人を殺す」という形で完全に正当化される。こういった表現が果たす機能を理解すれば、反ユダヤ主義宣伝が戦争最後の日まで続けられた理由が納得される。プロパガンダは、官僚制度の内部あるいは外部を問わず、殺戮行為の前あるいは後に生ずる罪悪感や疑問を打ち砕くために必要だったのだ。

政治煽動が捏造する偏見はユダヤ人とドイツ人との間に越えられない境界を設け、ユダヤ人との同一化を防ぐ効果を果たす。犠牲者の苦しみに自らを重ね合わせるようでは殺戮など不可能だからです。反ユダヤ主義が原因でホロコーストが生じたのではない。しかし、いったん虐殺が開始されれば、殺戮者の苦悩を麻痺させる手段が必要になる。そういう意味で、反ユダヤ主義はホロコーストの原因というよりも、逆に虐殺の結果だと言えるでしょう。

ホロコーストの本当の恐ろしさは、あからさまな暴力性ではありません。逆に、むき出しの暴力をできるかぎり排除したおかげで、数百万にも上る人間の殺戮が可能になったのです。バウマンは『近代とホロコースト』でこう述べます（Bauman, 1989, tr. fr., p. 50）。

虐殺に直接関わった組織の人間が異常に嗜虐的あるいは狂信的だった事実はない。〔……〕それどころか、特別殺戮部隊あるいは抹殺に関わった他の組織に要員を配属する際、あまりに熱狂的だったり、感情の起伏が激しい者、また狂信的イデオロギーの持ち主は排除され、他の部署に配置換えされた。〔……〕非人間的行為に日夜従事する部下の精神安定と道徳基準を維持しなければならないという強い懸念――おそらくこの気持ちは本当だった――を一度ならずヒムラーは表明した。

意味もないのに残酷な拷問をして楽しんだり、女囚を強姦したり、単なる腹いせのためにユダヤ人を苦しめるドイツ人も少なからずいた。しかし、このような個人的な残虐行為は戦時にはいくらでも見受けられます。アジア各地での日本兵による強姦や殺人、ベトナム戦争中にアメリカ兵が民間人に対して行った殺戮、アルジェリア人に対するフランス兵の拷問、第二次大戦終了間際にソ連兵が日本人俘虜に行った仕打ちなどを思い起こせば十分でしょう。しかし、そのような人間ばかりでは大量虐殺は遂行できない。「合理的」かつ「効率良く」殺害するため、無駄な拷問や虐待が起きないように指導層は常に努めていました（Hilberg, 1985, tr. fr. II, p. 871）。

虐殺過程で心がけられた「人間らしさ」はホロコースト成功の重要な鍵だった。もちろん、この「人間らしさ」は犠牲者を助けるためではなく、殺害する側の苦痛を和らげるためにすぎないという点は強調しなければならない。しばしば「行過ぎ」を制限したり、あらゆる種類のふしだらで恥ずべき行為を避けるよう努力が払われた。残虐行為が野放しにならないよう歯止めをかけるためのシステムと方法を練り上げると同時に、殺害者を押しつぶしかねない心理的重荷の軽減が図られた。毒ガス・トラックの製作や毒ガス室の建設、ユダヤ人の子供と女性を殺すためにウクライナ人・リトアニア人・ラトヴィア人を用いた事実、死体を埋めたり燃やしたりする役目にユダヤ人を充てたことなど、これらはすべて同じ意味を持つ。効率を高めることこそが、この「人間らしさ」の真の目的だった。

ナチスの台頭以前に頻繁に起こったポグロム（ユダヤ人に対するリンチや虐殺）の延長線上でホロコーストは理解できません。ナチスはポグロムの残虐性を意識的に避け、殺人行為を合理的に管理したからこそ、あれだけ多くの犠牲者を出したのです。一九三八年十一月九日夜から十日未明にかけて、ナチス党員と突撃隊がドイツ各地のユダヤ人住宅・商店・教会（シナゴーグ）を襲撃し、放火した。その際に砕け散った窓ガラスが月明かりに照らされて水晶のように輝いたと言われますが、その様子にちなんで「水晶の夜」と名付けられ、ナチスによるユダヤ人迫害の大事件として記憶されている。

ところで、ホロコーストの全期間を通して、これほどの大規模なポグロムは他にありませんが、この夜に殺されたユダヤ人の数は一〇〇人にもおよびません。中世から幾たびも繰り返されてきた、このようなユダヤ人迫害とホロコーストはまったく性格が異なります。「水晶の夜」に類したポグロムが仮に毎日行われてもホロコーストの大量虐殺は不可能です（Sabini & Silber, 1980, p. 329 ; Bauman, 1989, tr. fr., p. 153より引用）。

ドイツ国家はおよそ六〇〇万人のユダヤ人を殺害した。一日あたり一〇〇人の割合で殺してゆくと、これだけの数に達するにはほぼ二〇〇年間を要する。［……］扇動された大衆が怒り狂うことはある。しかし怒りを二〇〇年間にわたって、ずっと維持することは不可能だ。感情や心理的要因はいつまでも続かない。どんなに血に飢えた感情でも遅かれ早かれ癒える。［……］例えば子供の苦しみを目の当たりにして突然、憐憫の情にほだされるかも知れない。しかし「人種」を根こそぎ絶やすためには、まさしくこの子供たちを殺す必要があったのだ。

ドイツ人の国民性ではユダヤ人虐殺を説明できない。行動の原因を人格に帰したり、集団現象を理解する上で国民性を持ち出したりする傾向は素人談義の中だけでなく、学者の解釈でも頻繁に見受けられます。それは、このバイアスが人間の認知様式や社会システムの維持と密接に絡んでいるからです。人種偏見や差別がいつになっても消えない理由の一つも同様です。その意味は本書の叙述が進むにつれて明らかになるでしょう。

対人恐怖症への疑問

一九七〇年代、西洋社会との比較を通して日本文化や日本人の特質を抽出しようとする日本人論がたくさん発表されました。日本は明治以降、西洋をモデルとして近代化を推進してきたから、西洋社会と日本とを比較するのは当然の成り行きです。〈罪の文化〉対〈恥の文化〉・〈契約の社会〉対〈黙約の社会〉・〈肉食文化〉対〈米食文化〉・〈砂漠の思考〉対〈森林の思考〉などという対立構図を用いて日本文化の「特殊性」を析出しようと試みました。しかし経済構造や歴史条件など他の要因を軽視するこのようなアプローチは一九八〇年代以降、多くの批判にさらされ、淘汰されていく（杉本／マオア 1995、ベフ 1987）。日本人の行動様式や日本文化の形態を〈日本人性〉や〈日本精神〉で説明するならば、結局、「日本人は日本人固有の行動を取る。なぜなら日本人は日本人だからだ」という愚にもつかない循環論に陥るだけです。以下では根本的帰属誤謬のもう一つの例として対人恐怖症を取り上げます（Kozakai & Plagnol, 2008）。

対人恐怖症は日本社会に特有な精神疾患として、日本の精神医学会に認められているだけでなく、米国精神医学会編集の『精神疾患診断・統計マニュアル』ＤＳＭ-Ⅳ（*Diagnostic and Statistical Manual of Mental Disorders*）にも記載されています。対人恐怖症の原因については定説がありませんが、急激な近代化のために精神的歪みが生まれたという説が一般的であり、日本の伝統的な集団主義と、西洋化がもたらした個人主義との間に生じた葛藤が原因だとされます（小川 1978）。

戦前の対人恐怖症患者は、そのほとんどが男性でした。しかし戦後、女性の社会進出と並行して女性患者の割合が増加する。一九四〇年の時点で女性は患者総数の一割にすぎなかったのに、一九六〇年代になると三割から四割に増えたという報告（Jugon, 1998）や、ある精神科において一九五八年には患者一二三人のうち女性が二一人（一七パーセント）だったのに、一九六八年には八六人中三一人（三六パーセント）を女性が占めたという報告もある（小川 1978）。この事実は、女性が社会進出するにつれ、家族や近所の知人とは異質な人間との関係を持つようになったために対人関係がうまく処理できなくなったと考えられ、対人恐怖症が近代化の産物だという説を傍証します。

ところで、もしこの解釈が正しければ、日本社会だけでなく、急激な西洋化・近代化を遂げた韓国やシンガポールなど他のアジア諸国でも対人恐怖症が生じるはずです。比較文化心理学や異文化間心理学では〈個人主義的文化・自我〉と〈集団主義的文化・自我〉を対比します。そこで取り上げられるのは、西洋とそれ以外の地域という対立構図です（Markus & Kitayama, 1991; Triandis *et al.*, 1988）。したがって集団主義的自我構造が西洋化・近代化によって脅かされたために対人恐怖症が生ずると立論するならば、その必然的帰結として韓国人やシンガポール人にも対人恐怖症が観察されなければ、おかしい。そして実際、韓国でも同じ症例が報告されています（Lee, 1987.

Jugon, 1998, p. 206–209 に依拠)。

それだけではない。西洋社会に生きるアフリカ出身者やアラブ・イスラム圏出身者も伝統的な集団主義と西洋の個人主義の狭間で苦しんでいますから、対人恐怖と似た症状が出なければ、理屈に合わない。こうして、伝統社会の集団主義と近代社会の個人主義との間の葛藤が原因だという主張そのものにより、日本に特有な症例だという前提が崩れます。

もっと根本的な問いを立てましょう。対人恐怖症は実在する病気でしょうか。もちろん、対人関係に苦しむ患者は現実にいる。ですから、実はあなたは病気ではないと患者に言っても仕方ありません。しかし対人恐怖症は、いろいろな症状を一まとめに括って命名されただけであり、様々な原因から生じている可能性も否定できない。例えば発熱を伴う頭痛には多くの原因があり、原因に応じて病名が分別されている。それらを全部まとめて〈頭痛病〉と呼んでも無意味です。対人恐怖症も、この頭痛病と同じような単なる症候群かも知れません。

米国精神医学会が発行するDSMは各精神疾患の原因を解明するのではなく、あくまでも症状の類似性や患者の問診データによって病名を決めているだけです。DSM-Ⅳには三四七種類の病名がありますが、米国精神医学会で選出された委員の多数決で病名およびその症状が決められるという、かなりずさんな手続きです。しかし、このマニュアルによって保険の支払いが規定され、膨大な金が動きますから、決議内容をめぐってロビー活動も盛んです。

心臓病や癌など身体の病気と異なり、精神疾患は客観的分析が難しい。多重人格症は一九七〇年代まで、ほとんど知られていませんでした。しかし一九八〇年に米国精神医学会が多重人格症を正式に認めた途端、多重人格症が流行し始め、一九八六年には六〇〇〇人が多重人格だと診断されました。そして一九九〇年代末にはアメリカ人二〇人に一人が多重人格症を患っているとまで言われます（Hacking, 1995, p. 17–18）。

対人恐怖症は一九二〇年代から知られていました。しかし日本人に特有の病気だとして一般に認知されるのは一九六〇年から一九七〇年にかけてです。何故でしょうか。

第二次世界大戦でアメリカ合衆国に負け、劣等感の虜だった日本人が次第に経済力をつけ、自信を回復していったのも、この時期です。一九六四年十月一日には、「夢の超特急」と呼ばれた当時世界最速の新幹線が開通し、九日後にはアジア最初のオリンピックが東京で開催されます。一九六八年には西ドイツの国民総生産を抜き、米国・ソ連に次ぐ世界第三の経済大国にのし上がる。一九六四年から一九七三年の一〇年間の平均経済成長率は一〇・二パーセントという驚異的数字を記録し、フランス（五・六パーセント）・西ドイツ（四・七パーセント）・英国（三・一パーセント）・米国（四・〇パーセント）など西洋先進国の追従を許しませんでした。

日本人は特殊な民族であると誇らしげに主張する日本人論がたくさん生産されたのも、ちょうどこの頃です。日本人の精神構造はそれまで否定的に捉えられ、西洋個人主義を学ぶべきだと信じられていたのに、日本が経済大国になると論調が反転し、日本人の個性を肯定する書物が急激に増加し、ベストセラーが続出する（青木 1990）。一九七一年に発行された土居健郎『「甘え」の構造』は、その代表です。

日本の経済成長と歩調を合わせて対人恐怖症の日本文化固有性が主張され、一般に知れわたるようになったのは偶然でないはずです。人間のある存在形態を異常だと判定し、それを社会的範疇に組み込んで理解する。対人恐怖症は客観的に実在する病理というよりも、日本の歴史・社会状況が生み出した虚構ではないでしょうか。

「序」で比較したアリストテレスとガリレイの発想を思い出して下さい。人格や国民性で人間の行動や社会現象を説明する本質主義を斥け、社会という磁場の作用と心理が密接に絡み合っている事実をよく認識するべきです。

第3講
主体再考

この講では主体について考えます。意志とは何か。〈私〉はどこにあるのか。そんな問いをめぐって常識を再考します。主体は心理学にとって最も重要な問題ですが、同時に最大の難問でもあります。心理現象とは何か。精神と身体の関係、あるいはより一般的に言って、精神と物質の関係をどう捉えるか。

主体概念の位置づけによって理論の方向が決まるだけでなく、心理学が成立する可能性さえも左右されます。ところが今日の社会心理学は、この問いに真正面から向かおうとせず、すでに社会化された個人と社会環境との相互作用を研究するという矮小な態度を採っています。

人類が今まで格闘し続けた大問題に浅学の私などが答えを出せるはずもありませんが、心理と社会の密接な関係を示すために、精神現象の一側面をなす意志概念に限定して照明を当てましょう。まずこの講では主体に関する我々の常識に揺さぶりをかけます。その後、次の講で考察をさらに深め、主体の社会性について検証します。

意志の正体

理性的精神が行為を司るという近代的人間像は誤りです。そのような統一視座はどこにもない。意志決定があってから行為が遂行されるという構図は脳神経生理学によって否定されています。ベンジャミン・リベットが行った有名な実験に依拠して、この点を押さえておきましょう。

手首を持ち上げるよう被験者に指示する。いつ手首を動かすかは被験者の自由です。そして、（一）脳波を調べ、運動の指令が脳に発生する瞬間、（二）手が動く瞬間、（三）意志が生まれる瞬間を測定する。意志の生ずる瞬間を調べるためには、一周三秒弱で回る時計の針を見せ、どの位置に針が来た時に手首を挙げようとしたのかを各試行後に被験者に尋ねました。

我々の常識では、まず手首を挙げようという意志が起こり、次に手首を動かすための脳内信号が関係器官に送られ、また少ししてから実際に手首が動くはずです。ところが実験をすると、まず手首の運動を起こす指令が脳波に生じて、しばらく時間が経過した後で意志が生じ、そのまた少し経ってから手首が実際に動くという不思議な結果になりました。

つまり手首を動かす指令が無意識のうちに生じると、運動が実際に起きるための神経過程と、手首を動かそうという「意志」を生成する心理過程とが同時に作動する。自由に行為すると言っても、行為を開始するのは無意識過程であり、行為実行命令がすでに出された後で「私は何々がしたい」という感覚が生まれる（Libet, 2004）。勘違いがないように念を押しますが、ここで検討しているのは、身体の運動が何気なしに生じ、それに後から気づくという事態ではありません。

自由にかつ意識的に行為する場合でも、意志が生じる前にすでに行為の指令が出ている。そのため、自由を脅かす実験結果として発表当時、哲学や心理学の世界に激しい衝撃を与えました。

　意志が生成されるために必要な時間は、運動が実際に起きるための時間より少し短い。行為と意志を生み出す無意識信号が脳内で発火してから、運動が実際に生じるまでに約五五〇ミリ秒（〇・五五秒）かかるのに対し、意志が生まれるまでには三五〇ミリ秒ほどしかかからない。つまり実際に手首が挙がる約二〇〇ミリ秒前に、その意志が形成される。行為が実際に遂行されるほんの少し前に行為決定の意志が意識されるので、意志が行為に先立つという感覚のごまかしに我々は気づきません。

　手首を動かすという単純な行為だけが、このような転倒した順序で生ずるのではない。意志は必ず無意識過程によって引き起こされるのであり、行為遂行の信号が意志に先行する構図は人間の行うすべての行為に共通します。

　以上は意識行為の起動プロセスに関する分析です。熱いフライパンに触って思わず指を引っ込めるような反応はもっと速く、〇・二秒ほどしかかからない。それは無意識的に生ずる反射運動だからです。まず指を引っ込めてから「熱い！」と感じるのであり、その逆ではない。野球では時速一五〇キロ以上の剛速球を投げる投手がいます。ボールは本塁まで約〇・四秒で届く。意識的に分析していてはボールを打ち返せない。しかし打者は長年の訓練のおかげで、意識せずに反射的に身体を動かして対応します。ピアニストやバイオリニストも同様です。いちいち、どの音を出そうと意識していては演奏不可能です。

ボタンを押す単純な反射運動の速度を計測したら、結果は二五〇ミリ秒ぐらいでした。次に反応を少しずつ遅くするよう被験者に指示したところ、反応時間が急に増加し、五〇〇ミリ秒から一〇〇〇ミリ秒かかってしまいました。二五〇ミリ秒から五〇〇ミリ秒の間の速度での反射運動は不可能です。何故でしょうか。それは、無意識反応なら速いのですが、もう少しゆっくり反応せよと指示すると被験者は反応を意識せざるをえない。意志が生まれるとともに、それよりも少し遅れて指が動くという、すでに見た意識的な運動プロセスが生じるからです（Libet, 1981, p. 54–55 ; Nørretrangers, 1991/1998, p. 225）。

行為を起こす過程と、意志を生み出す過程はそれぞれ並列的に生じるので、行為が起こってしまってから意志が現れたとしても理屈上はおかしくない。人を殴ってしばらくしてから、「気に食わない奴だ。殴ってやろう」という意志が後になって現れる。殴ろうと思った時には相手はすでに足下に倒れている。こんな不思議な光景です。もしそのようにヒトの神経系統が配線されていたら、自由や責任という概念もデカルトやカントの哲学も生まれなかっただけでなく、人類社会が今のような形を取ることさえなかったでしょう。

実際に神経系統を変更した実験もあります。手術をして神経回路を変更するわけにはいきませんから、同様の効果が出るようにトリックを施しました。被験者にスライドを見てもらい、いつでも好きな時にプロジェクタのボタンを押して次のスライドに移動するよう指示する。ところがボタンはプロジェクタに実際には接続されておらず、ボタンを押しても何も起きない。その代わりに被験者の脳波を測定し、指の運動を起こす命令信号が発生した時にプロジェクタのスライドが瞬時に変わるようにしておく。もちろん、被験者はこの舞台裏を知りません。

さて実験が始まると被験者は不思議な経験をする。というのは被験者がボタンを押そうかと思う寸前にスライドがすでに変わるという、通常とは逆の感覚が現れるからです。まるで本人も知らないうちにプロジェクタに心を読み取られる感じです。つまりリベットの実験と同様に、指を動かす命令信号が発生すると、運動を実際に起こすための過程と「意志」が生まれる過程とが並行して進行しますが、トリックのせいで、ボタンを押す意志発生前にスライドが変わるのです（Grey Walter, 1963. Dennett, 1993, p. 167–168より引用）。

意志や意識は行為の出発点ではない。これは認知科学でよく知られた事実です。近代人が信じるような、統一された精神や自己は存在しない。脳では多くの認知過程が並列的に同時進行しながら、外界からもたらされる情報が処理される。意識とか意志とか呼ばれるものは、もっと基礎的な過程で処理されたデータが総合された生産物です。行動を起こす出発点ではなく、逆に、脳で行われる認知処理の到達点の一つです。米国の脳神経学者マイケル・ガザニガの言葉を引用しましょう（Gazzaniga, 2000, p. 63）。

> 何かを知ったと我々が思う意識経験の前に脳はすでに自分の仕事をすませている。〈我々〉にとっては新鮮な情報でも、脳にとってはすでに古い情報にすぎない。脳内に構築されたシステムは我々の意識外で自動的に仕事を遂行する。脳が処理する情報が我々の意識に到達する〇・五秒前には、その作業を終えている。

考えてみれば、これは当然です。身体運動と同様に言語・感情・思考なども脳が司ります。脳が精神活動を生む以上、その生成は瞬時に行われえず、ある一定の時間が経過する。したがって、その間、脳の生成物は意識に上らない。どんな情報も伝達には時間がかかります。最も速い伝達媒体は秒速三〇万キロメートルで進行する光ですが、その光でさえ、太陽から約一億五〇〇〇万キロメートル離れた地球まで到達するのに八分二〇秒近くかかる。仮に今、太陽が消失したとしても八分以上、地球はその事実を知らず、同じ軌道を回り続けます。伝達媒体が何であろうと情報や力は瞬時には伝わらない。どんなスーパー・コンピュータでも演算に時間がかかるように、脳が意志を生成するまでに〇・三秒ほど必要です。

脳が生む嘘

次はガザニガの研究を参照します（Gazzaniga, 1970 ; 1985）。高等動物の脳は左右二つの大脳半球から構成され、それらは脳梁と呼ばれる部分で接続されています。どちらかの大脳半球に達した情報は、この脳梁を通して他方の半球に伝えられる。しかし脳梁が切断されると、片方の大脳半球にある情報は他方の大脳半球に伝わらなくなります。

脳梁を切断されたサルを使って実験します。右眼を眼帯で塞ぎ、左眼だけが見える状態にしておいて緑色と黒色のブドウを与えるとサルは両方とも喜んで食べる。次にキニーネの溶液に浸した苦い緑色のブドウを与えるとサルはこの味を学習し、黒いブドウしか食べなくなる。学習後では、キニーネ処理しないブドウを与えても緑色なら食べません。しかし目隠ししていた右眼を開き、反対の左眼を塞ぐと、それまでの学習を忘れ、何もなかったかのように黒いブドウも緑のブドウも食べるようになる。そしてまた目隠しを替えると再び、緑色のブドウを食べないようになる。まるで二つの別の脳によって行動が制御されているようであり、ここから「分割脳」という表現が生まれました。

癲癇治療法として人間の患者も脳梁を切断する場合があります。癲癇は脳において電気信号が制御を失って異常発生する症状です。したがって脳梁を切断して左右の大脳半球を分け隔てれば、片方の大脳半球で起きた異常な電気信号が他方の大脳半球に波及しない。正常な大脳半球のおかげで意識不明に陥らずにすむし、麻痺していない方の手足を使って身体を横たえたり、安全な場所に移動したり、携帯電話で助けを呼ぶのも可能です。

脳梁切断術を施しても知能が低下したり、人格が変わったりしないので普段は問題が生じない。しかし両方の大脳半球がそれぞれ独立に働くようになるので、状況によっては不思議な現象が起きる。例えば患者が怒りだして妻に乱暴を始める。神経系統は左右交差しているので、右大脳半球が興奮すると左手が反応します。しかし左大脳半球は、それを見て右大脳半球の行為を止めようとする。つまり右手を使って左手の乱暴を制止するのです。右手と左手を媒介に左右の大脳半球が代理戦争を始める。まるで一つの身体に二つの精神が宿るかのようです（Gazzaniga, 1970）。

当人に現れる感覚としては二種類あるようです。比較的多い例は「拮抗失行」と呼ばれ、優位な左大脳半球が司る右手の動作を、右大脳半球によって制御される左手が妨害する場合です。この症状では、本人の意図にしたがって動く右手を、他者が操る左手が邪魔するという感覚が現れる。つまり右大脳半球が命令する左手の動きは不随意運動として感じられます。もう一つのタイプは「意図の抗争」と呼ばれ、何かを行おうと意図すると、それに反する別の意図が現れる。交互に出現する二つの意志が抗争する感覚です（深尾 2004）。

脳の基本処理段階ですでに人間の意識が捏造される事実を次に確認しましょう。脳梁を切断された患者の左右両視野それぞれに、異なる二枚の絵を短い時間だけ見せる。右視野に見せられた絵の情報は左大脳半球に、左視野に見せられた絵の情報は右大脳半球に到達します。ニワトリの足の絵を右視野に見せると、左大脳半球だけがその情報を知る。また雪景色を左視野に見せると、その情報は右大脳半球だけに伝わる。次に、患者の前に置かれたテーブルの上にニワトリ・かなづち・スコップ・トースター・リンゴなど数枚の絵をおき、先に見た二枚の絵のそれぞれに関連する絵を選んでもらいます。すると患者は右手でニワトリ（右視野に見えたニワトリの足に対応）を指さし、左手でスコップ（左視野に見えた雪景色に対応。スコップで雪かきをする）を示す。右視野と同様に右手は左大脳半球が制御するし、左視野と左手は右大脳半球が司るので、この結果には何の不思議もない。

ところが、何故これらの絵を選んだのかと患者に尋ねると、おかしな答えが返ってきます。患者は何の躊躇もなく、「簡単なことでしょう。ニワトリの足は当然ニワトリと関連があるし、ニワトリ小屋を掃除するためにはスコップが必要だから」と答えるのです。なぜ患者はこのような誤った説明をするのでしょうか。言語活動は左大脳半球が制御し、右大脳半球にはその能力がありません。そのため、左視野に入った雪景色の情報が右大脳半球に到達しても、その視覚情報を言語化できない。返答を迫られた患者は左大脳半球を使って答えようとするが、右視野に見えたニワトリの足の情報しかない。左右の大脳半球が分断されているので、雪景色を右大脳半球が「見た」事実を左大脳半球は知りません。そこで、ニワトリの足と雪景色を結びつけるために、まことしやかな虚構の物語を左大脳半球が捏造するのです（Gazzaniga, 1985, tr. fr., p. 101–103）。このように、脳の基本的機能においてすでに、判断や行為を説明する「合理的理由」が作り出されます。

日常生活において自分の感情・意見・行動を理解したり説明する際、実際に起きる心理過程の記憶に我々は頼るのではない。行為・判断が形成される心理過程は本人にも知ることができません。したがって自らの行為・判断であっても、あたかも他人のなす行為・判断であるかのごとくに推測する他ないのです。

では人間は自分の心の動きをどのように理解するのか。我々は常識と呼ばれる知識を持ち、自らが属する社会・文化に広く流布する世界観を分かち合っている。どのような原因で行為が生ずるのかという因果律も、この知識に含まれます。窓を開けるのは部屋の空気を入れ替えたり、外を眺めるためであり、空腹を覚えたので窓を開けたという説明は非常識です。すなわち自らの行動を誘発した本当の原因は別にあっても、他のもっともらしい「理由」が常識の中から選ばれて援用される。このように持ち出される「理由」は、社会で学習する因果関係パタンです。つまり行為や判断の説明は、所属社会に流布する世界観の投影を意味します（Nisbett & Wilson, 1977）。この辺りは第6講で、違う角度から再び取り上げます。

自由と責任

行為が意志によってではなく、脳内に発する無意識信号によって作動すると認めると自由と責任の根拠を失う。それは重大事態です。そこで行動が生ずる直前にその生成プロセスを意志が却下する可能性をリベットは主張します。「意志」が意識化されてから実際に行動が起きるまでに約〇・二秒の余裕がある。発現されようとする行動に対して、意志が途中却下する可能性がそこに残る。つまり行為は無意識のうちに開始されるが、実際に身体が運動を起こす前に意志が生じるので、当該の命令を意志が検閲し、信号の却下あるいは進行許可を判断する。リベットはこう考えました（Libet, 2004, p. 137–138）。

しかし、この解釈は無理です。意志形成以前にすでに無意識の信号が発せられる事実を証明しながら、指令却下のメカニズムだけは意志が直接の引き金となり、その意志の発現以前に無意識過程が生じないとは主張できない。どんな意志も脳内の無意識過程によって生じ、行動と並列に出現するとリベットの研究は証明しています。意識に上る意志が直接に身体運動を命ずる可能性はない。他の意志と同様に、信号却下命令を下す意志も無意識信号に導かれ、結局、意志と行動の順序をめぐる由々しき問題は解決しない（Merikle & Cheesman, 1985; Nelson, 1985; Rugg, 1985; Wood, 1985）。

こんな反論もあるでしょう。好きな時に自由に手首を挙げるよう被験者に指示するならば、行為と「意志」とを生み出す信号が脳内で発せられる以前に、すでに行為が意識されているはずだ。したがって行為に意志が先行し、結局、意志—脳内信号—行為という流れは揺らがない。しかし、この反論は実証的に斥けられます。手首を挙げる行為を前もって心の中で準備すると、それに対応する信号が確かに、その直前に脳に発生する。しかし、それは別の信号であり、当該行為とは関係ないのです。準備してもしなくても、行為と「意志」を生み出す無意識信号が発生する時点は変わらず、いずれの場合も「意志」は、実際に行為の生ずる約二〇〇ミリ秒前に意識化されます（Libet, 2004, p. 131–132）。前もって心の準備をしようとすまいと、実際に手首が動くための指令が出るタイミングは変わらない。

自由意志が存在するとしましょう。すると、それはどこから由来するのかという疑問が湧く。（一）自由意志は他の原因によって生ずる、（二）自由意志は原因を持たず、偶然生ずる、（三）自由意志は他に原因を持たず、自らを原因として生ずるという三つの解釈が可能ですが、どれをとってもアポリアに陥ります。

まず自由意志は外部要因によって決定されるか、されないかのどちらかです。外部要因によって生ずるならば、つまり過去に沈殿した記憶と新たな外部刺激とを材料として脳が出す演算結果によって意志が生ずるならば、自由意志ではありえない。単なる生理的メカニズムです（選択肢一の否定）。

次に、自由意志が外部の要因によって決定されない場合は、さらに二通りの可能性に分かれる。すなわち、自由意志は偶然生ずるか、それ自身を原因とするかです。もし自由意志が偶然生ずるなら、やはりこれは自由意志でありえない。手が勝手に動いて隣人の首を絞める。理由なく不意に覚える殺意や制御できない身体運動を、我々は自由意志の産物と呼びません。また、そのような意志は私と無関係ですから、私の意志ではありえない（選択肢二の否定）。

偶然でもなく、外因によるのでもない自由意志は、それ自身を原因として生ずるしかありません。しかし、そのような存在は神以外にない。ところで神によって私の意志が生ずるなら、それは私の自由意志ではない。それどころか、自由意志が自らを原因として生ずるなら、神が私の自由意志を生むのではなく、私の自由意志が、すなわち神という結論が導かれる。つまり私は神になってしまう（選択肢三の否定）。

自由意志の可能性を残そうとするリベットの解釈は奇妙な、ねじれた二元論をなす。行為とともに発生する意志の起源を脳信号に還元する一方で、却下指令が出されるメカニズムとしては、脳に生ずるいかなる準備過程とも独立な意志の存在を他方で要請するからです。このような解決法は論理的一貫性に欠けるだけでなく、もっと根本的な問題として、脳の機能と独立する意志の存在を認めることにつながります。

脳つまり身体が精神活動を生むのか、あるいは身体と独立する精神・魂が存在するのか。この問いは太古から繰り返されてきました。心身二元論を採るならば、身体が朽ちても精神は永遠に存在し続けるはずです。そうであれば何故、身体が生まれた時に同時に精神が生まれたのかもわからない。未来に向けて永遠に存在し続けるならば、世界が誕生した時から私の精神はずっと存在し続けたと考えるのが自然です。数十億年以上前から私の精神は存在し、これからも永久に存在し続けるという説は私にとって現実味がない。それに酒を飲んだり、覚醒剤や抗鬱剤を摂取すると知的能力や感情に変化が現れますが、脳が精神を司るのでなければ、どうしてこのような変化が起きるのでしょうか。

魂や精神という概念は生命とよく似ています。生命というモノが存在すると数十年前までは信じられていた。しかし現代の分子生物学は生命現象をＤＮＡ（デオキシリボ核酸）という無生命物質に還元しました。肉体とは別に存在する、見えも触りもできないモノとしての生命はもはや認められない。物質の物理・化学的プロセスの結果として生命現象は理解されるようになりました。

魂や精神も同じです。現在の脳科学は、脳が生み出す現象として精神活動を把握する。生命というモノがないのと同様に、魂とか精神とかいうモノはない。心理現象はモノではなく、プロセスであり、機能である。現代科学はこう考えます。

社会という拡散する方向に探し続けても、逆に、個人の身体という収斂する方向に探し続けても、主体というモノは見つからない。社会学者や社会心理学者の多くは主体の危うさを認めます。しかし、その論理を最後まで突き詰めずに、主体を保証する場所がどこかにあるだろうと高をくくっている。ちょうど砂漠に現れるオアシスの蜃気楼のように、そこに着きさえすれば、飲み水があり、命拾いすると考えるようなものです。近づけば近づくほど、蜃気楼は遠のき、ついには消え去る。出口を本気になって探さないから、実はそこに出口がないことを知らないだけなので す。

〈私〉という同一化現象

デカルトの有名なCogito ergo sum（我思う、ゆえに我あり）を取り上げましょう。私に今見えている景色は幻かも知れない。前方に見える散歩中の人々は私の幻覚のせいかも知れない。こう考えていくと、すべてが疑惑の対象になり、確実なものは何もないように思われる。しかしそれでも、このように疑っている事実だけは否定できない。今まさに考えている、この私の存在自体は疑いようがない。デカルトはこう立論しました（Descartes, 1637/1983, p. 116–117）。

［……］すべては偽であると私が考えている間も、そう考えている私自身は必然的に何者かでなければならないはずだ。このことに私はすぐ気づいた。そして「我思う、ゆえに我あり」という真理は、懐疑論者のどんな想定によっても揺るがぬほど、堅固な確信だと私は認めたのである。

痛みを感じるのは当人だけであり、他人の痛みは想像しかできません。歓喜に沸いたり、悲しみに沈んだりする時、そう感じる私がいると誰でも考える。デカルトのテーゼも同じ論理構造です。しかし、ここには飛躍がある。

ラテン語cogitoは動詞cogitare（思う）の一人称単数形であり、Ego cogitoのego（我）が省略されている。英語ならば、I think、フランス語ならば、Je penseです。しかし、cogito（我思う）

が成立するからと言って、そこに私という主体が存在するとは結論できない。「私が思う」という形で意識が産出される、あるいは「私の歯が痛い」「私は哀しい」という形で認識が成立するのは事実です。だからといって「思う私」「痛みを感ずる私」「哀しむ私」が実在することにはならない。cogitoが可能ならば、「私が考えている」という状態が成立します。しかし、それはあくまでもcogito（我思う）という現象が成立するのであり、それを可能にする〈私〉が存在しているわけではない。cogitoをI thinkやje penseと分けて表現すると、さらに錯覚しやすいのですが、成立するのは「I think」「je pense」であって、その現象から切り離されたIやjeではない。

だから、ドイツの科学者ゲオルク・リヒテンベルクはEs denktと言い、イギリスの哲学者バートランド・ラッセルがIt thinks in meと表現し、フランスの精神分析学者ジャック・ラカンが、Ça pense en moi、つまり「私において、それが思う」と表現したのです。もちろん、このes、it、çaは実体として存在するのではなく、Es regnet, It rains, Il pleut（雨が降る）におけるような形式主語にすぎない。そうでなければ、cogitoの無意識バージョンでしかなく、何の進展もありません（互2010、九三、二〇九頁）。

〈私〉はどこにもない。不断の自己同一化によって今ここに生み出される現象、これが〈私〉の正体です。比喩的にこう言えるでしょうか。プロジェクタがイメージをスクリーンに投影する。プロジェクタは脳です。脳がイメージを投影する場所は自己の身体や集団あるいは外部の存在と、状況に応じて変化する。ひいきの野球チームを応援したり、オリンピックで日本選手が活躍する姿に心躍らせる。あるいは勤務する会社のために睡眠時間を削り、努力する。我が子の幸せのために、喜んで親が自己を犠牲にする。これら対象にそのつど投影が起こり、そこに〈私〉が現れる。

〈私〉は脳でもなければ、イメージが投影される場所でもない。〈私〉はどこにもない。虹のある場所は客観的に同定できず、それを観る人間によって、どこかに感知されるにすぎない。それと似ています。〈私〉は実体的に捉えられない。〈私〉とは社会心理現象であり、社会環境の中で脳が不断に繰り返す虚構生成プロセスです。

恋をする。相手をなぜ好きなのか自問しましょう。背が高いから、美人だから、優しいから、高収入だから、有名人だから、料理が上手だから……。こんな理由を思いつくかも知れない。しかし好きな理由が明確に意識されるようでは、恋愛感情は芽生えない。容姿が美しいからならば、もっと美しい人が他にいる。裕福だからならば、もっと金持ちがいる。有名人は他にもいっぱいいる。こうして、恋する相手は唯一の存在でなくなってしまいます。

恋と呼ばれるのは、そのような打算や具体的理由を超えて、相手自身が好きだという感覚です。とにかく好きだという、曖昧なようで同時に揺るぎない確信だけがある。つまり自分が恋する相手が何者であるかはわからない。根拠が隠蔽されるおかげで、恋という心理現象が可能になる。実は恋の対象たる〈彼〉や〈彼女〉はどこにも存在しません。諸要素に還元できない主体という虚構が機能するおかげで恋という不可解な現象が可能になる。中島義道『哲学の教科書』も言います（一一六―一一七頁）。

［……］フィアンセが「高収入・高学歴・高身長だから愛している」という女性の言葉にわれわれが直観的に反発を感じるように、家柄・財産・学歴・肉体等とにかく計測可能であり序列可能なものはすべて愛の敵対物です。これはわかりやすいことでしょう。しかし、「気立て」とか「優しさ」とかの言葉でもじつは、それ自身個物を超えた普遍性をもっておりますから、愛とは対立するのです。例えば母親が「うちの息子は気立てがいいから好きだ」と言ったらおかしなことです。じつは、愛する対象がもし個物なら、厳密にはいかなる理由も言えないはずなのです。個々の属性ではなく、その人だから愛するのです。

応援する野球チームの勝利や日本人のオリンピック金メダル取得を自分のことのように喜ぶ現象は、自分とは別の存在に同一化する認知誤謬です。これは簡単に理解できます。しかし実は自分の身体要素を誇らしく感じたり、逆に悲観したりすることがすでに心理的同一化の結果です。自分の美貌を褒められて喜ばない人はいませんが何故でしょう。身体的属性は遺伝に大きく依存する。美しいのは自らの努力の結果ではなく、そのような形質を両親が備えていたからです。両親の遺伝子が出会う際に偶然が作用して美貌が得られたのかも知れない。しかしそれでも、本人の努力によるわけでないのは同じです。それに対して整形手術で美しくなる場合は、「自分の本当の美しさではない」とか「あの女性は整形美人にすぎない」と逆に評価が下がってしまいます。両親からの遺伝は単なる外的要因の結果にすぎませんが、整形手術のおかげで得た美貌ならば、その原因がより直接に本人と結びつけられるので、因果関係からみると自分の美貌をより誇れるはずです。しかし、そう考える人は少ない。不思議ではありませんか。

心理学の自己矛盾

この講を終えるにあたって、心理学という学問が内包する自己矛盾に触れておきます。十九世紀の心理学では自分の心に問いかけて心理メカニズムを探る内観アプローチが主でした。しかしそれでは主観的解釈を免れない。心理学を科学に高めるためには、どうすべきか。

心理状態の客観的観察は原理的に不可能です。大脳生理学がどんなに進歩しても、観察できるのは脳の生理的状態であり、心理は外部から覗けない。このような絶対に観察できない要素に依存する限り、いつまでたっても心理学は科学として発達しえない。そこで意識を研究領域から除外し、物理的刺激と生理的反応の関係だけに注目するべきだと行動主義は訴えました。外部からやってくる物理的刺激に対して人間が生理的に反応する法則を発見して、客観的科学としての心理学を打ち立てようと図りました。いわば「私は手を挙げる」という描写形式で人間の行為を目的論的に理解するのではなく、「私の手が挙がる」という出来事の原因は何なのかという形で因果関係として記述してはじめて、心理学は科学になりうると考えたわけです。ところが、そうすることで結局、心理現象の考察を放棄する、すなわち、まさに心理学たることをやめることで科学的心理学が成立するという矛盾した帰結に至りました。

しかし、それは行動主義に限らない。研究が発展して人間行動を法則の網に捕らえる試みが成功すればするほど、人間の生が決定論的に理解されるのは当然です。したがって科学が進めば進むほど、主観性が消えてゆく。ということは、主体を解明しようとする心理学が目指す究極の目標は主体の消失であり、心理学自体の消滅であるというパラドクスに陥ります。外部からの客観的分析と、内部から見る主観的理解の間には越えられない溝がある。こう主張する哲学者トマス・ネーゲルは、デカルトの「我思う、ゆえに我あり」について次のように述べました（Nagel, 1997, p. 19）。

デカルトの哲学において本当に大切な点は、自我が存在するという結論ではないし［……］、絶対に確実な何かを発見したということでさえもない。それよりも重要な点は、外側からでは絶対に把握できない思惟の存在をデカルトが明らかにしたことだ。

魂や精神という実体が存在するが、外からは探知できないという意味ではありません。主体性と客観的分析は原理的に相容れないというネーゲルの指摘が、それでは台無しです。

こんな質問がよくあります。もし生まれ変わるとしたら、男になりたいですか、それとも女ですか。あるいは、生まれてきて良かったと思いますか、生まれない方が良かったですか。これら二つの問いは同じ論理誤謬を犯しています。

男として生まれた人は男として判断し、女として生まれた人は女として判断する。この問いに答えるためには、男として生まれ、男としての経験を積んだ自分の判断と、女として生まれ、女としての経験を積んだ自分の判断とを比較しなければなりませんが、それは論理的に不可能です。

性同一性障害の人は「男として生まれたかった」とか「女として生まれたかった」と悩みますが、もし逆の性に生まれたとしたら、他の印象を持ったかも知れない。この問いは絶対に答えられません。

生まれてきて良かったかどうかという問いも似た論理構造です。生まれてきた自分の判断と、生まれてこなかった〈自分〉の判断とを比較する必要がある。しかし生まれてこなかった〈自分〉は形容矛盾であり、存在しないから、この問いも無意味です。外からでは主体を把握できないとは、こういうことです。

ウィトゲンシュタインの有名な章句があります（『哲学探究』§621、Wittgenstein, 1953, tr. fr., p. 294）。

> 私が腕を上げる時、私の腕は上がる。ここに問題が生まれる。私は腕を上げるという事実から、私の腕が上がるという事実を差し引くと何が残るのだろうか。

意志あるいは主体が残ると答えたくなりますが、それはウィトゲンシュタインの考えではありません。次の講で説明するように、意志や主体は身体のどこかに位置づけられる何かではない。原因という客観的理解と、理由という主観的理解は異なる記述形式です。もし人間の世界を客観化・外化できたら、主観性は消えてなくなる。主観と客観は原理的に相容れない了解方式なのです。

科学は未知の事象を既知の知見に取り込む営みです。物理現象がすべて解明されれば、物理学に残された仕事はなくなる。これはすべての科学に共通することです。自然科学においては、それでもかまわない。科学者が失業するだけの話です。物理学の法則が完全に解明されても、人間の生活は困らない。

ところが心理学の事情は違います。もし心理現象が完全に法の網に捕らえられる日が来たら、心理学者が失業するだけでなく、主観性自体が人間の世界から失われます。つまり心理学者は自分たちの学問が原理的に不完全であり、心理現象の解明は永久に不可能だと確信するおかげで日夜研究しているわけです。自分たちの試みが必ず失敗すると信じるからこそ、自己破壊の営みを安心して続けられるのです。

この問題に関しても何らかの答えを本書では示唆するつもりです。心理と社会の相補性について次講で議論し、さらに、時間について考える最終講で、違った角度からですが、人間の自由について再び検討しましょう。

第4講

心理現象の社会性

人間の思考は社会・歴史条件によって深く規定される。各社会・時代に流布する世界観を捨象して心理プロセスを研究するのは不毛です。個人の心理に生ずる非合理的な現象として様々な認知バイアスが社会心理学の教科書に解説されています。しかし認知バイアスは単なる脳の癖や誤りではなく、社会秩序・構造を生み出し、維持する上で不可欠な仕組みです。この講では心理現象の根源的な社会性を示し、心理と社会とを分ける常識を批判します。

心理学と社会学の分裂

現在、社会学と心理学という二つの学問領域が成立しています。しかし十九世紀末から二十世紀初頭にかけては両者の間にそれほど明瞭な区別はありませんでした。ドイツのヴィルヘルム・ヴント、フランスのエミール・デュルケム、オーストリアのジークムント・フロイト、アメリカ合衆国のジョージ・ハーバート・ミードなどは社会学にとっても心理学にとっても重要な思想家として位置づけられてきました。社会科学が未発達だったゆえに細分化が進んでいなかったからではありません。社会を構成するのは人間です。したがって人間心理の理解抜きに社会の仕組みを把握できるはずがない。同時に、社会性を離れて人間はありえない。だから社会の構造や機能を考慮しなければ心理現象は理解できない。こう考えられていたからです。

ただし心理学が発達する当初から分裂の芽は潜んでいました。近代心理学が発展する上で特に貢献したのはヴントですが、彼は異質な二つのアプローチを提言しました。一つは内観に基づく実験心理学、もう一つは実験研究が不可能とされた民族心理学（Völkerpsychologie）です。内観の方法論は批判され、淘汰されますが、実験アプローチ自体は行動主義に受け継がれ、飛躍的な発展を見る。他方、民族心理学は、ほとんど顧みられず、次第に忘れられてゆく。心理学を自然科学として確立する努力の中で、二十世紀の心理学を発展させた米国の学者は社会性・歴史性をますます無視し、個人主義化が進みます。

このような歴史事情から社会心理学は内部分裂する。個人主義化に抵抗する学者が周辺に追いやられるとともに、「心理学的社会心理学（psychological social psychology）」に対する「社会学的社会心理学（sociological social psychology）」などいう不可解な表現まで現れる（Farr, 1996, ch.7）。心理学と社会学の分業体制を受け入れた上で、その両端の間のどこかに自らのアプローチを位置づける発想が社会心理学界に定着しました（Doise, 1982）。

しかし社会の機能と心理プロセスとを分離できると信じる時点ですでに誤りをおかしている。第２講で言及した根本的帰属誤謬を思い出して下さい（七六頁）。教科書では認知バイアスとして解説していますが、この説明は不適切です。ミルグラムの実験に再び戻りましょう。精神科医に服従率を予想させると人口一〇〇〇人当たり一人という極めて低い所見を出しました。一般市民に尋ねた時は二から三パーセントの予想でしたから、それに比べると一〇分の一以上低い数字です。この事実は何を意味するのか。

犯罪が起きると、裁判所は社会心理学者にではなく、精神科医に鑑定を依頼します。何故でしょうか。行動を説明する上で人格などの内的要因を過大評価するとともに、状況要因を精神科医は軽視しやすい。これを彼らの職業病だと批判する社会心理学者や（Leyens, 1983）、精神科医や臨床心理学者ではなく、社会心理学者や社会学者を法廷に召喚するべきだと法務省に働きかける同僚もいます。バイアスのかかった判断をする精神科医に、なぜ鑑定させるのか。

犯罪行為が生まれた因果関係の検討が裁判の目的ではないからです。我々は、いわば責任の辻褄合わせをしている。世間が欲するけじめをつけ、社会秩序を安定させるのが法制度の役割だからです（小坂井 2008、2011）。

行為の因果関係で責任を捉えると、刑罰を与える上で不都合が起きる。次の二つの例を考えましょう。一人の男がいる。恋人を奪われ嫉妬に狂い、復讐心から相手の男性を銃で撃つ。撃たれた相手は病院に運ばれるが、経験不足の若い医者しかおらず、治療にまごつくうちに被害者は出血多量で死ぬ。あるいは交通渋滞のために救急車が病院にすぐ辿り着けず死亡する。もう一つの筋書きを考えましょう。恋人を奪われて、嫉妬に狂い復讐を企てる男が先ほどと同じように相手の男性を銃で撃つ。しかし今度は、撃たれた相手を治療する医者が優秀で被害者は一命を取り留める。あるいは幸運にも交通渋滞に巻き込まれず、救急車がすぐに病院に着いたおかげで被害者は助かる。

さて犯人が捕まり、裁判が行われる。判決はどうなるでしょうか。第一のケースでは殺人罪です。それに対して第二のケースでは殺人未遂にすぎず、刑の重さが大きく異なる。

では二つのケースは何が違うのか。犯人の行為自体は、どちらの場合も変わらない。同じ動機（恋人を奪われ嫉妬に狂い、復讐したい）、同じ意図（殺す）の下に同じ行為（銃の照準を定めて引き金を引く）が行われた。被害者にとっての結果は異なりますが、その原因は犯人に無関係な外的要因です。医者がたまたま優秀だったか経験の乏しい医者だったか、道が混んでいたかいなかったかという、犯人には無関係な原因だけが二つの状況設定で違う。動機も意図も行為も同じなのに、どうして二つのケースで責任および罪が異なるのか。

この思考実験は特殊な例ではありません。酒を飲んで車を運転し、注意力が鈍ったために横断歩道の前で徐行しなかったとしましょう。そこに運悪く、子供が飛び出してきて轢き殺してしまう。運転手は実刑判決を受けるだけでなく、罪の意識に苦しむでしょう。しかし子供が飛び出さず、事故が起きなければ、飲酒運転は平凡な出来事として記憶にも残らない。

社会心理学者ではなく、精神科医が裁判所に召喚されるのは当然です。それは犯罪原因の客観的究明において精神科医の分析が適切だからではない。社会秩序を維持する上で、社会的あるいはイデオロギー的機能を彼らが担うからです。精神科医よりも社会心理学者を起用せよと主張する者は責任や刑罰の正体がわかっていないのです。

フロイトやマルクスの分析を待つまでもなく、人間の行動を深部で律するのは意識ではない。社会のあり方に応じて意識は形成される。制度を正当化するために我々が持ち出す根拠と、制度が機能する本当の理由との間に齟齬があるのは矛盾でも何でもありません。それどころか、社会制度の真の姿が人間に隠蔽されなければ、社会は成立しない。贈与や貨幣などの交換制度、支配・平等・正義の仕組みも同じです。本書の考察が進むにつれて、この仕組みは少しずつ明らかになるでしょう。

誤った判断や非合理的な反応として認知バイアスを理解すると、心理現象の根本的な社会性が見えなくなる。社会秩序の維持に欠かせない役割を根本的帰属誤謬が果たす事実に注意すべきです。

世界観を考慮する必要

認知バイアスが社会秩序維持に果たす役割を理解するために、メルヴィン・ラーナーの研究を参照します（Lerner & Simmons, 1966）。強度のストレス下に置かれると人間は通常と異なる行動を取りやすい。だから、前線に送られる兵士の精神状態を正確に把握しないと、罪もない非戦闘員に向かって乱射するなどの不都合が生じる。そこでストレスにさらされる人々の異常行動を早期発見するための研究が必要になる。こんな口実の下に、隣室にいる人の様子をマジック・ミラーで観察しながら分析して欲しいと被験者に依頼し、女性（実はサクラ）を電気ショックで拷問する場面に立ち会わせる。電気ショックに苦しむ女性の姿を一〇分間、被験者に見せた後、彼女の印象を答えてもらいます。半分の被験者に対しては、これで実験は終わりと告げ、残りの半分の被験者には、実験は今ちょうど半分の時点で、このあとまだ続くと説明する。つまり女性が苦痛を受ける時間の長さを変え、彼女に対して被験者が抱く感情が左右されるかを調べました。結果は、一〇分間だけ拷問を受ける場合よりも二〇分間苦しむ場合の方が、女性がより悪い印象を持たれました。何故でしょうか。

世界は正義に支えられているという世界観あるいはイデオロギーを考慮に入れなければ、この現象は説明できないとラーナーは考えました。天は理由なく賞罰を与えるはずがない。善をなせば、必ずいつかは報われる。欺瞞や不誠実には、いずれしっぺ返しが待っているにちがいない。因果応報・信賞必罰の原則が我々の現実世界を律していれば、将来の生活に対する不安感は和らぎます。誠実に生きてさえいれば、努力は必ず報われるはずだと我々は信じたい。逆に、理由なく懲罰を受ける世界はとてつもなく恐ろしい。高橋和巳『日本の悪霊』に、こんな話が出てきます（四五一―四五二頁）。

昔、中国の先秦時代、ある国の王が遊説家にこう尋ねた。自分はこの王国の絶対者たるべく、人民を恐怖させ畏敬させようとして、厳罰を用いて、少しでも法を犯すものがあれば情容赦なく極刑に処しているのだが、なお人民の服従は充分ではない。どうすればよいかと。遊説家はこう答えた。王は法によって裁いておられる。それではどんな厳法であっても、どんなに細則をもうけても駄目です。なぜなら法が存在すれば、何を犯せばどう罰せられるかが解るのであるから、それさえ犯さねばなにも心配することはなく、なにも積極的に王に媚を売り忠誠を誓う必要はない。それではだめです。こうするのです。手あたり次第に人民をとらえ、良い者も悪い者も、めったやたらに投獄し、しかも罰に軽重の法則なく、なぜ罰せられるのかもわからぬように殺し、なぜ許されるのかも分からず釈放するのです。きっと人民は王を恐怖し、王の一挙手一投足に、おびえ、王は絶対の存在となるでしょうと。

因果応報や信賞必罰はありふれた信念ですが、その論理を突き詰めると恐ろしい帰結に至ります。話の筋道を逆にしましょう。悪いことをしなければ、罰を受けないのが本当ならば、現実に不幸な目にあった人は何か悪いことをしたはずです。不幸の原因が本人にあるはずです。拷問を受けて苦しんだのは、この女性が愚鈍だからだ、実験者の言うことを守らなかったからだ。そう思い込むことで彼女の不幸が正当化される（Lerner & Miller, 1978）。拷問を受ける人の苦しみが大きければ大きいほど、その場面を目撃する者の無力感や罪悪感は強い。しかしその時、拷問される理由が本人にあるのだと思い込めば、自己責任だから仕方ないと納得できる。したがって女性の苦難が続行する時こそ、彼女自身に責任が転嫁されやすいのです。

ラーナーはこの仮説をさらに確認するために、もう一つの要因を検討しました。拷問される女性を被験者が観察して、彼女の印象について答えるのは同じです。ただし今度は、拷問される時間の長さを変えるのではなく、彼女に報酬が与えられる場合と、そうでない場合とを比較します。拷問される女性に報酬を与えるかどうかを被験者に投票してもらった後、第一の条件では、投票の結果、実験参加の御礼をすることに決まったと被験者に告げる。第二の条件では投票の結果を知らせず、女性が報酬を受けるかどうか被験者にはわからない。

ラーナー仮説によると、どのような結果になるでしょうか。正義が世界を律していれば、女性が苦しむはずがない。しかし第一の条件では、その償いとして報酬が与えられます。つまり苦しんだ人には後ほど救済の手が差し伸べられる。それに対して第二の条件では、そのような補償がなされない。したがって、この条件の時こそ、因果応報・信賞必罰の世界観と矛盾する。そこで、この信念を救うため、拷問されて苦しんだのは彼女の自己責任だと被験者は考え、彼女の印象がより悪くなるという予想が立てられる。そして結果はその通りになりました。

強姦事件をテーマに、同じ心理メカニズムを明らかにした研究もあります（Jones & Aronson, 1973）。誠実に生きてさえいれば、努力は必ず報われるはずだという因果応報思想の倒錯した危険性がよくわかります。大学構内で女性が強姦されたという警察報告書（実験のために作成した偽の文書）を被験者に読ませ、犯人と被害者両方の責任を判断させます。被害女性は処女・既婚者・離婚者と筋書きを変え、どの条件において最も犯人の罪が重くなるか、また被害者の自己責任が問われるかを比較します。

被害者が処女であったか、既婚者か、離婚しているかを強姦犯は知りませんから、彼の動機・意志・行為自体には何ら変わりない。しかし被害の程度は異なるかもしれません。強姦は誰にとってもおぞましい経験ですが、性体験のない被害者の苦しみが特に大きいだろうと推測できます。したがって性体験有無に応じて、強姦犯が受けるべき刑罰の判断が異なるはずです。実際、被害者が処女の条件で最も厳しい刑罰が強姦犯に与えられるという常識的な結果が出ました。

　では被害者の自己責任はどうか。さきほどのラーナー仮説が正しければ、被害者の自己責任が最も強く問われる場合は、彼女が処女と設定された条件です。被験者にとって彼女が苦しむ理由はありません。悪いことをしていなければ、不幸が訪れるはずがない。これが因果応報・信賞必罰の哲学です。しかし現実に彼女は強姦にあった。この世界観が最も試練にさらされ、崩れかかるのは被害者が処女の場合です。

　ところで彼女自身が何らかの悪い行為をしたにちがいないと信じ込めば、因果応報・信賞必罰のイデオロギーを放棄しないですむ。夕刻に人気のないキャンパスを一人で歩いていたのが、そもそも問題だ。もしかすると彼女の方から犯人を誘ったのかも知れない……。被害者の自己責任を持ち出すおかげで、真面目に生きていさえすれば、必ず良いことがやってくるはずだと安心していられる。そして実際、処女の被害者の場合に自己責任が最も重いと判断され、ラーナー理論通りの結果が出ました。ちなみに犯人の罪の重さと、被害を受けた女性の自己責任に関する判断は、被験者の性別と無関係であり、男性も女性も同じ判断をしました。

　心理と社会機能は不可分に結びついている。根本的帰属誤謬も同様に、個人の心理バイアスとして理解するのではなく、社会で果たす機能を視野に入れないと、その正体はつかめない。個人と社会とを切り離す現在の社会心理学のアプローチはまちがっています。個人主義や自己責任論が社会構造の維持に果たす役割については、さらに第7講で敷衍しましょう。

意志という虚構

心理と社会は切り離せないという主張を敷衍するために意志概念を再び取り上げます。心理と社会の相互作用と言う時、出発点においてすでに別の二つの項として両者が捉えられている。その前提の下で、社会状況に置かれた個人の心理を分析するアプローチを現在の社会心理学は採っています。しかし、これでは社会も心理も理解できません。

精神活動はデカルトにとって意識、フロイトにとっては無意識、認知心理学にとっては脳の機構を意味する。ところで、いずれのアプローチも精神を各人の内部に位置づける点は同じです。『環境に拡がる心』において河野哲也はデカルト的主体概念を斥け、ネットワーク機構として主体を把握します（二一頁。強調河野）。

> こうした個体主義的な心＝主体の概念に抗して、本書で提示したいのは、次のような心＝主体の概念である。まず、心の分散性の概念である。すなわち、心は脳の中にあるのではなく、あえてその所在を問うならば、脳以外の身体の諸器官、さらに身体の外部にあるさまざまな事物に宿っていると見ることも可能だということである。この意味で、心は環境のなかに拡散して存在していると言ってもよい。

しかし各人の脳あるいは身体内部に主体を閉じ込めず、環境中に拡散しても、主体を実体的に捉える点はデカルト的個人主義や認知心理学の構図と何ら変わらない。前講ですでに述べたように、主体は空間のどこかに位置づけられる実体ではありません。ネットワークやシステムとしても主体は存在しない。主体をモノとして個人内部の一カ所に同定する従来の説を否認する河野説は、よりダイナミックなプロセスとして主体を捉え、主体の拡散化を図った試みです。それは大きな一歩として評価できます。しかし、このような水平的な空間化だけでなく、時間軸という垂直的断面も考慮しないと主体の正体には迫れない。意志が行為を生むと我々は信じています。つまり意志を原因、行為をその結果として時間の流れの中に両者を位置づける。ここに問題の根が潜んでいる。以下では『責任という虚構』で展開した意志論を要約し、心理と社会の密接な結びつきを論じます。

リベットの実験が示したように、行為が自由意志によって生じないなら、責任をどう考えるべきか。これは困った問題です。人格という我々の内的要因も本を正せば、親から受けた遺伝形質に家庭教育や学校などの社会影響が作用して形成される。その意味で我々は結局、外来要素の沈殿物です。私は一つの受精卵にすぎなかった。父と母の肉体の一部が結合して受精卵ができ、それに外界の物質・情報が加わってできたのが私です。したがって、私が取る行動の原因分析を続けていけば、行動の最終的原因や根拠は私の内部に定立できなくなる。人間行動を客観的要因に還元する以上、そこから人間の自由意志は導けない。

量子力学に依拠して自由を救おうとする試みがあります。素粒子の軌道は確率的にしか予測できない。同様に人間の行為も、多くの人々を観察すれば、社会・心理条件と犯罪率の関係を推測できるかも知れない。しかし、どんなに詳しいデータを集めても、ある特定の個人が犯罪に及ぶかどうかはわからない。だから人間行動は決定論に従わず、責任を負う必要がある。こういう主張です。

しかしこの類推は的外れです。素粒子の運動状態を素粒子自身は意識しない。ましてや、素粒子が自分の軌道を主体的に変更できるわけではない。したがって、人間は自己の行為を予測し、意識的に制御できるのかという肝心な点の考察に、この類推は役立ちません。

そもそも問題は人間の行為が決定論に従うかどうかではない。偶然生ずる行為とは何か。勝手に手足が動き出す。不意に殺意を催し、隣人の首を絞める。理由なく生ずる殺意や、制御できない身体運動を自由意志の産物と我々は呼びません。それに身体運動が原因や理由なく、偶然に生ずるならば、それは単なる出来事であり、行為とは性質を異にする自然現象です。したがって私の行為とは呼べません。

決定論に拘束されない意志概念は責任や刑罰の論理になじまない。外的撹乱要因が起こす行動に対しては責任を問えないからです。私と無関係な偶然により殺人が生ずるならば、処罰の苦痛を通じて私の人格を矯正しても今後の犯罪抑止は望めない。それに偶然が原因なら、私は悪くないはずです。どうして罰を受ける必要があるのでしょうか。

このように行為の生成プロセスに偶然の介入を認めても何の助けにもなりません。決定論と非決定論のどちらの立場であれ、責任を因果関係で捉える点は変わらない。責任は、因果律とは異なる論理に従う社会現象である点を理解しないと、この問題は解けません。

因果律を基に責任を定立する近代法において意志が重要な役割を果たすのは、意志が行為の原因をなすと考えるからです。行為と関係ない単なる心理状態ならば、意志について議論する意味が失われます。ところで意志が原因をなすならば、それに対応する行為は必ず生じなければならない。原因と結果の間には定義からして必然的関係がある。

銃の引き金を引く意志があっても、現実には発砲する場合もあるし、そうでない場合もあると言うならば、そのような意志は行為の原因と認められない。明日から絶対にタバコをやめるという強い意志があっても、いったんはそう思ったけど急にやめるのは辛いから、まずは量を半分に減らそうと明日になって考えが変わるならば、前日の禁煙意志は願望にすぎず、禁煙の原因たりえない。

では意志と単なる願望とを分ける基準はどこにあるのか。それはまさしく行為が実際に起きた事実以外にない。『時間と自由』において中島義道は重要な指摘をします（一六一―一六二頁）。

> 「超越論的自由」とは［……］ある身体の運動が行為であるかぎり、かならずその行為記述と同一の意志記述を要求するということである。［……］もしXが「歩いている」という記述を行為として認めるなら（当人が意識しようとすまいと）そこに「歩こう」という意志記述を認めなければならないということである。Xが「殺した」ことを認めることは、Xのそのときの心理状態に一切かかわらずこの意味でXに「殺す」意志があったことを認めることにほかならない。川で溺れそうな子を見て無我夢中で飛び込み、ずぶ濡れになって子供を抱き

かかえつつ「自分が何をしたかわからない」と語る男はその子を「助けた」がゆえにその子を「助ける」意志をもっていたのである。「助けたい！」と内心叫びながら岸辺で腕を拱いていた人々は「助けなかった」がゆえに「助ける」意志をもっていなかったのである。［強調中島］

［……］こうした行為と同一記述の意志をわれわれが要求するのは、過去の取り返しがつかない行為に対してある人に責任を課すからである。［……］ある行為の行為者に責任を負わせることをもって、事後的にその行為の原因としての（過去の）意志を構成するのだ。［強調小坂井］

責任が問われる時、時間軸上に置かれた意志なる心理状態と、その結果たる出来事とを結ぶ因果関係が問題になるのではありません。実は論理が逆立ちしている。自由意志による行為だから責任が発生するのではない。逆に、我々は責任者を見つけなければならないから、つまり事件のけじめをつける必要があるから、行為者が自由であり、意志によって行為がなされたと社会が宣言するのです。言い換えるならば、自由意志は責任のための必要条件ではなく、逆に、因果論的な枠組みで責任を把握する結果、論理的に要請される社会的虚構に他ならない。フランスの社会学者ポール・フォーコネは言います（**Fauconnet, 1920/1928, p. 392**）。

普通信じられているように自由は責任が成立するための必要条件ではなく、逆に、その結果である。人間が自由だから、そして人間の意志が決定論に縛られないから責任が発生するのではない。人間は責任を負う必要があるから、その結果、自分を自由だと思い込むのだ。

過去の意味に注目する視点から中島義道はこう指摘します（中島2001、一八〇頁）。

［……］どうもこの〔同じ私がAを選ばないこともできたはずだという〕思いこみは、われわれ人間が過去に何らかの決着をつけたいという要求、過去を「精算する」態度とでも言えましょうか、その要求から生まれたもののように思われます。つまり、われわれが過去の自他の行為に対して何らかの責任を追及するというところに「自由」や「意志」の根っこがあるわけで、もしわれわれがある日、責任をまったく追及しないような存在物に変質してしまえば、「自由」や「意志」は不可解な概念となるかもしれません。

意志は個人の心理状態でもなければ、脳や身体あるいは外部空間のどこかに位置づけられる実体でもない。意志とは、ある身体運動を出来事ではなく、行為だとする判断そのものです。人間存在のあり方を理解する形式が意志と呼ばれるのです。人間は自由な存在だという社会規範がそこに表明されている。意志や主体はモノではなく、コトすなわち社会現象として理解しなければなりません。

行為の出発点として〈私〉を措定する発想がそもそも誤りです。〈私〉はどこから生まれるのかという疑問に答えられないからです。論理は無限遡及に陥り、行為の原因は〈私〉を通り抜けて雲散霧消する。

　誤解をもう一つ解いておきましょう。人間は自律的な認知システムです。この事実をもって人間の主体性、そして責任を根拠づける論者は多いのですが、主体と自律は峻別するべきです。自律性はすべての生物に共通する性質であり、責任能力に欠けるとされる精神疾患者も同様です。人間以外の生物に対して責任を問わないように、我々が了解する近代的意味での責任は自律性だけでは定立できません。

　個人心理の代表的要素だと考えられている意志や主体性も、そこに社会機能との密接な関係を見なければならない。意識を社会機能に解消するのではありません。社会システムが維持されるメカニズムにおいて意志が心理的媒介項として現れる事態が重要です。単に犯罪抑止のために罰があるという考えは近代的人間像に馴染まない。壊れた機械を修理したりスクラップにして破棄処分するように、問題のある人間や社会にとって危険な人物は再教育したり刑務所や精神病院に閉じこめたり、あるいは死刑に処する。正常に機能しない機械は修理するか壊すという発想ならば、責任はそもそも無駄な概念になります。

　実際には心理的要素でないのに、それが心理的要素として現れる。この虚構成立メカニズムが大切です。社会学と心理学とを加味する折衷的発想では何の解決にもならない。個人と集団の相互作用を研究すると社会心理学は標榜しますが、両者を分離する発想が、そもそもまちがいなのです。

世界観と因果関係

我々の認識枠が社会によって規定される事実をもう少し敷衍します。「原因」のギリシア語はアイティア *aitia* ですが、これはもともと「罪」を意味していました。我々が今日考えるように因果律を基に責任概念が派生したのではない。事実はその逆で、責任や罰の方がより基礎的な観念でした（Kelsen, 1957/2001, p. 330）。客観的因果律など知らないうちから人間は責任や罰とともに生きてきた。「人間世界から独立した自然界」という発想が生まれて科学が発達しますが、それにともなって自然界を律する因果律という見方が、責任を問うという、より根本的な問題意識から徐々に切り離されていきました。

行為が決定論的に生ずるかどうかは責任と本来関係ありません。ギリシア時代においても、またキリスト教世界でも責任は決定論問題と結びつかなかった。近代に入ってはじめて起きた議論です（Smiley, 1992, p. 33–57）。

アリストテレスは『ニコマコス倫理学』（Aristote, 1997, p. 119–122）において随意的（ヘクーシオン）行為と不随意的（アクーシオン）行為とを区別し、責任＝非難が生ずるのは前者の場合だけだとしました。しかしそれは自由意志が存在するかどうか、人間行為が決定されているかどうかという議論ではありません。完全に意識的な行為はありえないとアリストテレスは認めます。しかし、だからといって、すべての行為を不随意的と規定するわけにはいかない。それでは社会秩序が崩壊してしまいます。

では随意行為と不随意行為との間に、どこで線を引くべきか。行為の客観的性質を分析しても両者を区別できません。その代わりにアリストテレスは、随意行為と不随意行為とを区別する基準を社会規範に求めました。悪い行為だから非難されるのではない。我々が非難する行為が悪と呼ばれるのです。社会から自律する単位として個人を捉える発想が、そもそもギリシア時代にはありませんでした。

道徳責任の根拠を社会規範に求めるアリストテレスの考えはキリスト教世界では受け容れられない。カトリックという形容詞は「普遍的」を意味するギリシア語のカトリコス（καθολικός）に由来します。その言葉通り、原罪で堕落した人間が営む世俗制度を超越する普遍的原理として道徳責任は理解されます。変動しうる社会の常識に惑わされず、罪や罰の規定は絶対的根拠に基づく必要がある。むろん、その根拠とは神の意志であり、それに従わない行為が悪だと規定されます。

ところで神の全能と人間の責任はどう両立するのか。エラスムスは次のように説明します。神に背き、善悪の木の実を囓って以来、神の意志と異なる意志を人間は持つようになる。もちろん人間がどんな行動に出るかを全能の神は完全に予測する。しかし各自が固有の意志を抱く以上、その行動の責任は各人が負わねばならない。このような世界観においては、意志が外因によって決定されるかどうかは問題にならない。邪悪な意志を持つ人間は当人の存在自体が悪です。この発想はカルヴァンの予定説によく現れています。個人の内部に行為の原因がなくとも、その存在そのものが善あるいは悪だと規定されるのです。

社会の規範に道徳の根拠を見いだすアリストテレス哲学においても、人間を超越する絶対者に根拠を投影するキリスト教哲学においても、個人の意志が外部要因によって決定されるかどうかは切実な問題にならない。前者にとって人間の意志や行動が外部の影響を受けるのは当然です。そして後者にとっても、各人の属性・人格が神の摂理に適合するかどうかが善悪の判断基準をなし、個人の内的要素がどう形成されるかは重要でありません。

社会規範に道徳の根拠を求めるアリストテレスと近代思想は袂を分かち、キリスト教哲学と同じように、各文化・時代の固有な条件に左右されない普遍的根拠によって道徳を基礎づけようと試みます。しかし神という超越的権威にもはや依拠できない近代人はここで袋小路に迷い込む。社会あるいは神という〈外部〉に世界秩序の根拠を投影しなければ、処罰の根拠は個人に内在化されざるをえない。そのため、前近代には大きな問題にならなかった、個人の属性がどのように形成されるかという点が責任の考察にとって切実になります。

殺人を犯す者がいる。なぜ彼は罰せられるのか。社会が罰を要請するからだとアリストテレスは答える。神の戒律に背くからだとキリスト者は説く。しかし近代個人主義社会に生きる我々は、そのような答えでは満足できない。責任の根拠が個人に内在化される世界において私の行為の責任を負うためには、この行為の原因が私自身でなければならない。だから決定論と自由意志の問題をめぐって近代以降、哲学者は膨大な議論を費やしてきたのです（Smiley, 1992, p. 72–101）。

そもそも因果関係は自然界に客観的に存在し、各社会・時代に生きる人間の認識から独立する関係でしょうか。ＡがＢの原因だと言う時、（一）Ａが生ずれば必ずＢが生じ、（二）Ｂが生ずる場合は必ずAが生じており、（三）時間的にAがBに先行するという三点を常識的には意味します。しかし、このような素朴な因果概念はすぐに難問にぶつかる。例えば「ラッセル・テイラーのパラドクス」と呼ばれる議論があります。原因が結果に先行するなら、両者は同時に生起しない。したがって原因と結果の間には時間的間隙があるから、外的要因の干渉によって結果の生起が妨害されうる。つまり原因が生じても結果が必ず生ずるとは限らない。ならば、それは結果とは呼べなくなります。さらに言うと原因が結果に先行するならば、結果の生起する時点ですでに原因は消えているから、先行する原因は真の意味での原因たりえない。

　原因が結果に先行すると考えるために、このパラドクスが生ずるのだから、原因と結果は同時に生ずるとすればよいのか。しかし両者が同時に生起するなら、どんな結果についても、その原因が同時に存在するのだから時間は消滅し、あらゆる事物が同時に存在するという背理が帰結します（一ノ瀬2001、一二九頁）。

「因果の規範説」を提唱したスコットランドの哲学者デイヴィッド・ヒュームは因果関係を自然界の客観的あり方としてではなく、人間の習慣や社会制度が作り出す感覚だと考えました。因果関係は当該の出来事に内在しない。複数の事象を結びつける外部観察者によって感知される社会現象ではないか（Hume, 1739/1969, p. 121–131, 181–225）。夜中に神社の境内で藁人形に釘を打ち付けて憎い人間を呪い殺せると信じる文化においては、ヒュームによると、これがまさしく因果関係の客観的記述です。

　科学方法論の授業に出ると、相関関係と因果関係は違うと教えられます。例えば一〇〇世帯当たりのテレビ保有数（あるいは携帯電話・コンピュータ・自動車など）と平均寿命との間には強い正の相関関係がある。不思議ですが本当です。何故でしょうか。社会が豊かになると、これら消費財や耐久財が増えると同時に、栄養状態も良くなり、医療が向上するので平均寿命が延びるからです。これは単なる見せかけの関係であり、国民の長寿を願って厚生労働省が、これら商品の生産増加政策を立てたりはしません。

識字率と癌死亡率の間にも強い相関関係がある。一所懸命勉強すると癌になるわけではありません。経済状態の向上につれて識字率は上がり、医療制度も完備するので、乳児や小児の死亡率が減るとともに、結核や赤痢などによる死亡者数が減少する。ところで癌の原因は細胞再生産の失敗ですから、老人は癌に罹りやすい。したがって老人の多い先進国では、癌による死亡率が高くなる。つまり死亡原因のうち癌による死亡の割合が上がるので、識字率との相関関数が見かけ上高くなる。ここには因果関係はありません。

しかし相関関係と因果関係は実証科学の教科書が教える通り、本当に区別可能でしょうか。喫煙と肺癌の因果関係は厳密には証明されていません。癌を発生させると同時にニコチンを欲する遺伝子がいつか発見されるかも知れない。もしそんな遺伝子Xが存在すれば、タバコの消費と肺癌発症率の因果関係が崩れます。Xを持たない人はタバコを吸わないし、癌にもならない。対してX保有者は癌発症率が高いと同時に、タバコを吸いたくなる。しかし両者の間に因果関係がないので、Xを持たない人はタバコを吸っても癌にならないし、X保有者は辛い思いをして禁煙しても癌の危険性は減りません。

倫理的問題を棚上げすれば、因果関係を調べる方法はあります。二つの集団を無作為に作り、一方のメンバーには強制的にタバコを毎日吸わせ、もう一方のメンバーには禁煙させればよい。長期間の観察により結果を比較すれば、因果関係の有無がわかります。しかし、そのような人体実験はできませんから、喫煙と肺癌の因果関係の証明は難しい。マウスなどの動物では検証できますが、その結果が人間に当てはまる保証はありません。

科学的真理とは科学者共同体のコンセンサスにすぎない。それ以上の確実性は人間には閉ざされている。したがってヒューム説を斥けるのは容易ではありません。意志と犯罪の関係については、社会の開放性を扱う第10講で再び取り上げます。

要素還元主義と構造主義全体論

社会心理学の立ち位置を再び確認します。社会心理学は個人と社会の相互作用を研究すると言う。ところで、ここには認識論上の古典的問いが絡んでいます。西洋近代はルネサンスを経て〈個人〉という未曾有の人間像を生み出しました。英語の **individual** は「分割不可能」という意味のラテン語 **individuum** から派生しました。原子 **atom** のギリシア語源 *ἄτομος* も同様です。対して人間という日本語表現は、もともと世間という意味でした。「人間《じんかん》、万事塞翁が馬」という諺に、世間という意味で今でも残っている。それが江戸時代になって人自体を意味するようになりました。人間（人の間《あいだ》）という言葉の含意は、西洋の自律した **individual** のイメージとは大きく異なっていました。個人の自由な結合体を表す **society**（社会）という言葉の翻訳が難しかったのと同じ理由で、自律的人間像individualも日本人の感覚に馴染みませんでした。「個人」は福澤諭吉らが苦心して生み出した造語です（柳父1982、三一—四二頁）。

宗教的世界観から解放された人間は自由意志で行動を律する存在として理解されるようになる。しかし、この人間像の変遷は同時に多くの難題を生みます。複数の個人が集まる時、どのようにして相互関係が発生するのか。個人の単なる集合が、どのようにして有機的システムに変換されるのか。

人間の絆を説明する上で人文・社会科学は二種類の答えを用意してきました。その一つは、合理的に判断・行為する自由な個人から出発します。利益を増やすために各人は他者と交換・協力を行い、そこから社会関係が発生すると考えます。もう一つは、社会規範に人間の思考が縛られ、そのおかげで人間の絆が保たれると理解します。前者は個人心理から社会現象を説明する要素還元主義であり、経済学、とりわけ新古典学派によって代表される。近代法学や政治哲学の多くも個人主義パラダイムに依拠するので、この範疇に入れられるでしょう。後者はその逆に社会制度から個人の行動を理解する全体論的アプローチであり、社会学、特にフランスのデュルケム学派やクロード・レヴィ＝ストロースなどの構造主義によって支持されてきました。要素を集めても全体は導けないと全体論的認識論は主張する。しかし全体の構造から出発するのでは、その生成や変化が説明できないという要素還元主義からの批判もある。

個人が先か集団が先かという問いは、より一般的に要素と全体の関係をめぐる認識論上の課題です。ケプラーとニュートンの理論を比較してアインシュタインはこう述べます（Einstein, 1991,

p. 236)。

惑星が太陽の周りをどのように移動するかという問いに対しては、これらの法則［ケプラーの法則］によって完全な答えが与えられた。すなわち軌道が楕円を描くこと、均等な時間内に同じ面積が通過されること、楕円の長軸半分と公転周期との関係などについてだ。しかし因果関係はこれらの法則では明らかにならない。それらは三つの独立した法則であり、相互に直接的関係を持たない。［……］全体構造として把握された運動が扱われており、システムの運動状態がすぐ直後の状態を生ぜしめるメカニズムは問題にされない。今日の言葉で語るならば、積分的法則であり、微分的法則ではない。

積分的・微分的という表現は数学的意味で使用されていますが、それぞれ包括的・局所的あるいは記述的・分析的と読み換えられます。アインシュタインが積分的と規定するケプラーの法則により太陽系の構造は明らかになりました。しかし、その構造がなぜ維持されるのかは問われない。太陽と各惑星の関係を一つのシステムとして包括的に捉えるからです。

対してニュートンの分析では太陽や惑星の関係がア・プリオリに与えられていない。天体をそれぞれ一つの独立した個体（質点）に還元した上で、万有引力という概念を媒介に再び結びつける。ニュートンの微分的法則はブラック・ボックスの内部に踏み込み、プロセス自体に視線を向けます。

しかし、それによって別の難問を同時に生み出してしまう。離れた物体が媒介なしに瞬時に相互作用を及ぼす万有引力というオカルト概念の出現です。ニュートン自身、万有引力の法則を信じていませんでした。ベントレーに宛てた書簡において彼はこう語ります（Koestler, 1959, tr. fr., p. 323）。

他の非物質的媒介を経ずして、また相互接触なしに、生命を持たない単なる物質が他の物質に作用を及ぼすとは考えられない。［……］だからア・プリオリな引力概念を私が提唱したとは絶対に思わないで欲しい。物質に本質的かつ内在的な引力が存在し、物体が真空中で媒介なしに他の物体に作用するなどとは、あまりにも馬鹿げている。

自らの理論の不条理を繕うためにニュートンが頼みの綱にしたのは、遍在するエーテルと万能の神でした。要素の相互関係として全体を把握する試みは神という〈外部〉を想定し、最終的にはケプラーと同様にア・プリオリな構造を所与として導入します。

第三の認識論

しかし要素還元主義と全体論的アプローチは必ずしも対立しない。第三の認識論を社会心理学が提示できないでしょうか。社会や文化の実体視をやめ、個人間の相互作用として集団現象を把握すると違った相が見えてくる。もちろん社会や文化を個人に還元するだけでは意味がありません。個人と社会の両方を関係態として捉えなければならない。社会心理学者が言う相互作用は、心理と社会の間に双方向の影響があるという当たり前の事実にすぎません。双方向の作用の間に生ずる時間的ずれの意味を積極的な角度から捉え、個人心理と社会制度の循環関係に注目するとダイナミックな相が見えてきます。

贈与制度を例に検証しましょう。贈物を受け取ると我々は普通お返しをする。そうでなければ、共同体内における贈与の連関は途絶えます。しかし贈物をする際に、必ず贈物を返してくれると知っているならば、そのような行為は真の意味での贈与ではない。最終的には等価の見返りがあると期待して行う贈与は単なる交換にすぎません。したがって、それを贈与と呼ぶのはおかしい。真心からする自発的贈与ならば、相手から等価の返還を期待してはいけない。かといって、何の見返りもなければ、贈与が社会制度として定着しない。この矛盾をどう解くか。これは文化人類学で長く議論されてきた重要な課題です。

贈物を受け取る側が必ずまた贈物を返す社会制度を解明するためにフランスの文化人類学者マルセル・モースは、ニュージーランドのマオイ族が信じるハウという霊に注目しました。ハウが贈与物に取り憑き、元の持ち主に返還しなければならないという負い目が、贈物を受け取った者に生まれる。この信仰のおかげで、本来矛盾するはずの現象が維持されるとモースは説きました(Mauss, 1950/1983)。

しかし構造主義者クロード・レヴィ＝ストロースはこの解釈を批判します(Lévi-Strauss, 1950/1983, p. XXXVIII, XLVI)。ハウは原住民が交換形態を物象化するために生ずる錯覚にすぎない。贈物を与える・受け取る・返すという三つの個別行為は、交換という、より本質的な社会現象の部分的側面である。制度全体をシステムとして捉えてはじめて交換は理解できるのであり、部分的な個別現象をいくら総合しても全体のシステムは生まれない。交換制度から出発せずに逆方向から考え、個人間に生ずる個別の現象を合わせてシステム全体を再構成するから、ハウなどという架空の存在を後から追加する必要があるのだ、と。

しかしハウと交換制度とが循環的因果関係を結びながら相互に生み出される仕組みを理解すれば、モース説とレヴィ＝ストロース説のどちらかを選び、他方を排除する必要がなくなります。共同体構成員の相互作用がハウなる虚構を生み、そのおかげで贈与制度が機能する。そしてまた、その交換現象がハウを捏造し続けると考えればよいのです（Anspach, 2002, p. 43-45）。

贈物をするが見返りなど期待しないというメッセージと、贈物をもらったら必ず返礼しなければならないというメッセージが互いに矛盾して見えるのは、メッセージが両方とも贈与当事者から発せられると誤解するからです。見返りを期待してする贈与は偽善にすぎないし、見返りを期待しない純粋な贈与は継続しないという、従来から指摘されるパラドクスはハウという第三項の導入により解消されます。

贈物に対しては必ずお返しをせよという命令は依然として機能する。しかしこのメッセージは贈り主から発せられると理解されず、当事者から遊離するハウによる命令として現れる。相互矛盾する二つのメッセージが共存するのではなく、二つの異なる内容のメッセージが二つの異なる情報源から発せられると考えればよいのです。「贈物を受け取ってください」という気前の良いメッセージは贈り主のものであり、「贈主に対して感謝し、他の贈物で返礼せよ」という命令はハウによって発せられる。ハウが当事者から遊離して表象されるおかげで贈与の連鎖が可能になります。

レヴィ＝ストロースが指摘するようにハウはマオイ族の錯視の産物です。しかしこの媒介項のおかげで贈与者と被贈与者のあいだに距離が生まれる。この虚構の媒介を通して共同体の絆が維持される。このように考えれば、人間という〈部分〉と、社会という〈全体〉のどちらが先かという古典的問い自体が解消されてしまいます。社会と心理の相互関係が社会心理学の使命ならば、人間と社会のこのような循環関係にもっと積極的に注目するべきです。

次は市場経済における媒介項＝虚構の役割をみましょう。岩井克人『貨幣論』に依拠して貨幣制度の論理構造を分析します。貨幣が通用する保証はない。商品や労働力を売って得た貨幣と交換に、自分が欲するものを他者が手放してくれるという予測が相互に保たれるおかげで貨幣は機能する。喫茶店に行ってコーヒーを注文します。飲み終わってから「ありがとう。御礼に明日リンゴを持ってくる」と言って店を出るわけにはいきません。見知らぬ客の口約束を鵜呑みにしたら商売にならない。喫茶店経営者にとって、飲み逃げされないように、その場でコーヒー代を払ってもらい、その金でリンゴを自分で買いに行く方が安心です。それにリンゴをもらうよりも、行きつけの酒場で一杯飲む方が楽しいかも知れません。

しかしそのような計算が実を結ぶのは、日本銀行券と印刷された紙片を果物屋や酒場の店主が受け取ってくれると信じるからです。リンゴや酒を生み出す魔法の力は紙切れをどれだけ眺めても見つからない。貨幣自体は無価値です。コーヒーを注文する客と喫茶店経営者の間の交換は二人だけでは機能しない。果物屋、酒場の店主、あるいは他の商品の提供者という第三者が媒介するおかげで貨幣制度が成立します。

商品を売って貨幣を受け取る者は貨幣を次の人に回す。そして貨幣を受け取った人は代償に何らかの商品をわたす。この仕組みはトランプのババ抜きに似ています。貨幣というジョーカーを摑まされた人は、またそれを他の人に回し、別のモノと交換してもらいます。市場経済において貨幣は商品交換を可能にする媒介項として機能するが、モノとしては貨幣に何の価値もない。にもかかわらず、あたかも貨幣に価値が内在すると信じられるおかげで商品・労働力の交換が可能になる。また、ひるがえって交換可能の事実が貨幣の価値を幻視させるという循環が成立する。

心理と社会の相互作用は、このような循環現象として把握するべきです。意志の虚構性を先に論じましたが、心理現象を社会学に吸収するアプローチではないということが理解されたでしょう。

構造の発生

人間世界の理解に社会心理学が貢献する可能性をさらに探ります。新しい構造はどのように誕生するのか。積み木で城を造れるのは、人間が積み木を組み立てるからです。床の上に積み木を放っておくだけでは何年待っても城はできない。しかし逆に、組み立てた城をバラバラにするのは簡単です。窓を開けて風が吹き、積み木のバランスが崩れれば、城は壊れる。何故でしょうか。

それは積み木が城の形をとる確率が、バラバラの状態である確率よりも小さいからです。積み木をバケツに入れてかき回した後、床にばらまく行為を何度繰り返しても、積み木は床に無規則にころがるだけで城の形を取りません。

エントロピーが増大する方向に世界は変遷します。外部とエネルギー交換がない閉鎖系において同じ量の一〇〇度の湯と〇度の水を混ぜ合わせ、しばらく待つと五〇度の湯になる。しかし逆に五〇度の湯を混ぜ合わせても、一〇〇度の湯と〇度の水には分離しない。閉鎖系全体の状態は均一化に向かうのみで、その逆は起きません。したがって構造という例外的状態が偶然生まれる可能性はないはずです。それなのに世界は新しい構造を生み続け、変遷してゆく。何故なのか。これはとても難しい問題です。

ロシア出身のベルギー人化学者イリヤ・プリゴジンは、物理・化学系の平衡状態から遠く離れた位置においてはエネルギー交換を通して揺らぎの状態（散逸構造）ができ、そこから安定した新構造が誕生する可能性を示しました（Prigogine & Stengers, 1979）。フランスの医学・化学者アンリ・アトランも「ノイズによる複雑化」という自己組織化理論を提唱しました（Atlan, 1979）。以下では社会心理学の観点から、構造が偶然に発生する仕組みを探りましょう。ただし偶然という概念は難解なので本書では詳しく扱えません。ある構造が発生する時、その原因を一義的に決定できないという意味に、ここではさしあたり理解して下さい。

米国の社会学者ロバート・マートンが「予言の自己成就」と呼んだ現象があります（Merton, 1957, ch.11）。嫌だと思う人を目の前にする時、我々は無意識に否定的態度をとる。すると相手はそれに敏感に反応し、気分を害する行動に出るでしょう。そして「やはりあの人は嫌いだ」と我々は確認し、自らの態度を正当化する。逆に相手に好意を持てば、相手もそれに反応して礼儀正しい言葉を返す。そして「最初に思っていたとおり、優しい、いい人だ」という確認がなされる。最初の先入観が好ましいか、そうでないかに応じて別の行動を相手が取り、嫌な人またはいい人だという「現実」が、こうしてできあがる。

偏見や信念が現実を創出する循環現象は色々なテーマで研究されてきました。女性差別や人種差別を考えましょう。女性に仕事はできないという偏見を持つ経営者は女性を管理職に据えないし、このような考えが経営者に広まる社会では女性管理職は増えません。それに女性の側としても幾重もの障害を乗り越える努力を諦め、結婚という他の出口に救いを求めます。ひるがえって、管理職に女性が少ない事実を見て「やはり女に仕事は無理だ」と経営者は納得する。あるいは就職や結婚に際して差別された外国出身者は苛立って罵り、場合によっては暴力に訴えるかもしれない。「だから奴らは雇えない」と経営者はうそぶき、「国際結婚を認めなくてよかった」と親は胸を撫で下ろす。最初に差別行動を示した人は、こうして自分の先入観の正しさを確認し、それがまた差別の強化を呼ぶという悪循環ができあがる。根拠のない偏見が現実を作り出す。

ギリシア神話にピュグマリオン（Pygmalion）という名の彫刻家が出てきます。自らが理想とする女性ガラテアを彫刻し、それが人間になるよう祈ったところ、女神アプロディテが願いをかなえて彫像に生命を吹き込んだという話です。この神話にちなんで、「予言の自己成就」と同様の現象が社会心理学では「ピグマリオン効果」と呼ばれ、研究されています（総括はSnyder, 1984）。

ネズミを訓練するよう学生に指示します。「このネズミは知能優秀な血統に属す」と半数の学生には説明し、「このネズミは遺伝的に知能が劣等な血統に属す」という逆の説明を残り半数の学生に与える。すると最初のグループが世話をしたネズミの方が、もう一方のネズミよりも早く迷路の道順を学習します。ところが実際にはネズミは無作為に選ばれ、血統の優劣は嘘でした。先入観に応じて被験者がネズミを訓練するために、異なった効果が現れるのです（Rosenthal & Frode, 1963）。

生徒の潜在能力が高い、あるいは低いという先入観を教師が持つ時、どの生徒にも同じように接しているつもりでも実は無意識に異なる対応をする。その結果、客観的な学力差が生徒に現れます（Rosenthal & Jacobson, 1968）。授業で褒められた子供は先生が好きになり、科目に好奇心を示す。面白いから勉強がはかどる。知らず知らずのうちに成績が上がり、得意科目になる。先生や他の生徒から認められ、自信がつき、さらにまた勉強が進む。スポーツ・芸術の世界でも同様です。あるいは医療現場でも患者と医者の間に同じ循環的心理メカニズムが働きます。プラシーボ効果を思い出して下さい。

偶然の出来事が正のフィードバックにより循環プロセスを開始し、その結果、安定した構造が生まれる。ほんの小さな揺らぎが未来を大きく左右する。素敵な人に出会った場面を想像しましょう。二人とも何となく相手が気になります。電話番号をもらった男性は「また会いたい」と女性に電話をかける。ところが電話番号がまちがっており、「おかけになった電話番号は現在使われておりません」という機械的な案内の声が返ってくる。相手の女性にからかわれたと男性は思い込み、他の機会に再び出会っても彼女を避けるようになる。初めに会ったその日から男性に恋心を覚え始めていた女性は相手の冷たい素振りにがっかりする。それ以降、自尊心を傷つけられた彼女は男性を憎み、諍いが始まる。こうして一つの恋が失われる。

一九七四年のこと、イスラエル・パレスチナ問題の解決に向けて、当時の米国務長官ヘンリー・キッシンジャーがイェルサレムを訪れました。ホテルに戻る途中で一人の若者に出会い、「経済の勉強をしましたが、失業中なので就職口を紹介してください」と頼まれます。話を聞いて彼に好印象を持ったキッシンジャーが、「じゃあ、イスラエル銀行の副頭取はどうだい」と提案します。もちろん冗談を言っているのだとしか若者には思えません。ところがキッシンジャーはすぐさまパリのロスチャイルド男爵に電話し、「経済に明るく、素敵な若者に出会ったんだ。彼はもうすぐイスラエル銀行の副頭取になるんだが、お宅の娘さんの婿にどうだろうか。ぜひ会って欲しい」と頼みます。脈がありそうな感触をロスチャイルドから得たキッシンジャーは次にイスラエル銀行の頭取に電話を掛け、「ロスチャイルド家の将来の婿に出会ったんだが、とても優秀な経済人だ。彼を副頭取に抜擢するのは、そちらの銀行にとっても損はないと思う。どうだろうか」と勧めます。

これは心理学者ポール・ヴァツラヴィックが紹介する作り話ですが（Watzlawick, 1981, tr. fr., p. 113）、類似の現象は日常的に起きています。口から出まかせに発した情報が自分のところに戻ってきて、「何となく思っていただけなのに、あの考えが当たっていたのか。他の人も言っているのだから、本当に違いない」と納得する場合なども同様です。

ところで、このピグマリオン効果という循環プロセスは社会心理学の教科書に載っている有名な現象ですが、単なる認知バイアスとして解説され、その認識論的意味が問われません。しかし実はとても大きな射程を持つ概念です。社会に起きる一つの出来事を考えましょう。過去に生じた何らかの原因によって、この出来事は生み出されたはずです。今日の世界は昨日の世界から派生した、そして昨日の世界は一昨日の世界から起きた。こう考えざるをえない。しかしそれでは今日の世界が初期条件によってすでに決定されていたという帰結に至る。つまり人類の未来が最初からすべて決まっていることになる。

ところが予言の自己成就あるいはピグマリオン効果のメカニズムに依拠すれば、原因から結果という論理を排除しなくとも、新しい構造の発生が理解できます。決定論と未来予測可能性は峻別しなければならない。すべての出来事には必ず、それをもたらした原因が存在するという事実と、それでも未来は決定されていないという事実の間に矛盾はありません。この点は第14講で検討しましょう。

第2部

社会システム維持のパラドクス

第5講
心理学のジレンマ

人間の社会性・他律性を社会心理学は強調する。しかし同時に我々は自律感覚を持ちます。この矛盾をどう解くか。意志に基づいて人間は行動すると常識的には考えられています。しかしこのような合理的人間像は事実に合いません。意志と行動の間には超えられない溝が横たわっている。

社会心理学では長い間、態度という概念が重宝されてきました。無意識を重視する精神分析や、条件反射に依拠する行動主義に対抗して、人間の主体性を回復する願いがそこに込められていました。ところが一九六〇年代末になると、この概念の有効性が実証的に否定され、研究者は動揺します。自律的人間像を救う試みが完全に失敗したからです。フェスティンガーの認知不協和理論を次講で紹介しますが、この理論がもたらした解決の意義を理解する上で、当時の学界事情を見ておきましょう。

態度概念に隠された意味

一九一三年にジョン・ワトソンが提唱した行動主義は長い間、心理学の主流をなしていました。しかし研究が進むにつれ様々な観点から批判にさらされ、次第に淘汰されていきます。問題は三つありました。第一に言語の発生や哲学的考察など高度な知的活動は、刺激—反応という単純な条件反射の構図では説明しがたい。語彙や文法を覚えるだけでなく、メタレベルでの規則が身につかなければ、言語は習得できません。第二に個人間の反応のばらつきが説明困難です。行動主義によると同じ学習には同じ反応が生じるはずです。しかし実際には個人差が大きく、同じ環境で育っても子供は同じ判断や行動を示さない。兄弟姉妹が正反対の性格に育つこともあります。この問題をどう考えるか。第三に行動主義的学習理論に反する実験データが少しずつ蓄積されてゆく。これらの難点に行動主義は答えられず、その後に発展した認知心理学に席を譲りました。

ここでは第二の問題に注目しましょう。個人差がどうして生じるのか、行動主義は上手く説明できない。そこで物理的刺激はそのまま生理的反応を起こすのではなく、各人固有のフィルタにかけられ解釈された後に反応が生ずるという考えが生まれます。そうならば、同じ刺激に対して個人差が現れてもおかしくない。行動主義はブラック・ボックスとして個人を扱いましたが、この問題を重視した学者は個人の内部メカニズムに注目するようになります。この内部フィルタの役を果たすのが態度概念です。刺激と反応とを媒介する変数として導入されました。

態度概念の定義は学者により多様ですが、各人に固有な内的属性であり、行動への準備状態として理解する点は共通しています。したがって、定義からして態度と行動の間には強い相関関係が想定されます。以上の理論的検討と実証研究の積み重ねを通して、態度は社会心理学における重要な概念になりました（総括はMcGuire, 1985 ; 1986）。

公害に反対する人は環境汚染につながる行動を取らない。男尊女卑の考えを持つ社長は女性を管理職に抜擢しない。差別思想に囚われた者は外国人に対して意地悪にちがいない。こう考えるわけです。このような発想は常識的であり、わかりやすい。

態度概念が人気を博したのは、行動主義の欠点を補うという理論的理由からだけではありません。行動が実際に起きるのを待たず、態度を測定して行動を推測できれば、選挙動向や消費傾向などの予測に役立つ。態度を変更すれば、それに応じて行動も変化するはずだから、犯罪防止や教育分野での効果が期待できる。このような実用的効果が見込めなければ、態度の研究はそれほど学者の関心を引かなかったでしょう。

態度概念が社会心理学者に期待を持って迎えられた理由は他にもあります。態度概念を注意深く検討しましょう。親から受けた遺伝的要素に環境条件が作用して態度は形成される。それは人格という概念も同じです。つまり態度は各人に固有な形質ではあっても、遺伝形質と環境という外来要素の沈殿物にすぎない。したがって、外部からの刺激を解釈するこのフィルタと、自ら判断し行動を決定する主体とは区別されるべき概念です。すでに確認したように、私が取る行動の原因分析を突き詰めれば、行動の最終的原因や根拠は私の内部に定立できない。しかし、いつの間にか態度は主体の位置に高められ、各人の態度・行動を決定する最終原因・根拠として理解されるようになります。何故、このような意味のすり替えが起きたのか。

当時の心理学を席巻していた理論は精神分析と行動主義です。ところで、これらの学説はどちらも人間の主体性を否定する。行動主義にとって、ひとの行動を根本で規定する要因は条件反射です。性衝動を学説の中心に据える精神分析も、隠された無意識的動機によって行為が生起すると考える以上、行動を自由に選択し、自らの行為に責任を負うという、近代が生み出した主体的人間像は浮かんでこない。

何気なくタバコを取り出して口にくわえる。そんな無意識的行動もありますが、意志とは関係なく、身体が勝手に動くという感覚は通常起きません。特に、重要な行為に及ぶ場合は、自由意志を通して行為が主体的に決定されると我々は信じています。しかし精神分析や行動主義という当時の心理学はこの常識を否定する。そもそも科学的アプローチとは現象を客観的法則で外から捉える営みです。科学的心理学の成立を目指すならば、意志が行為を導くという主体的人間像を支持する理論は考えにくいのです。

このような学説状況の中、人間の主体性を回復しようという願いが社会心理学者の潜在意識のどこかにあったのでしょう。学者も人間です。日常感覚からかけ離れた理論を頭では理解しても、しっくりしない感覚がどこか残る。こうしてルネサンスや啓蒙主義の時代を通して発達した近代的人間像との齟齬を埋めるために、態度は次第に主体の位置を占めるようになります。

概念の歪曲

科学的概念も常識の圧力を受けて変容をこうむります。次の例は学者ではなく、一般の人々が意味を変化させるプロセスの分析ですが、態度が主体に変身した経緯を理解するのに好都合ですから参照します。一九五〇年代前半、精神分析学がフランス社会に普及した様子をモスコヴィッシは検討しました（Moscovici, 1961/1976）。フロイトが開拓したこの新しいアプローチは性タブーに挑戦しただけでなく、薬を用いないで治療したために、性倒錯者のまやかしだとか詐欺だとか非難されました。モスコヴィッシは面接やアンケートへの回答の分析結果から、当時のフランス人が精神分析学に対して抱いたイメージを、意識と無意識との対立から葛藤が生じ、その葛藤が抑圧される結果、コンプレックスが生み出されるという構図として析出します。

この構図は無意識／前意識／意識からなる前期局所論に似ています。しかし後にフロイトは自らの局所論に大きな変更を加えてエス／自我／超自我という異なる構成を採用しました。エスが初めて顔を出すのは一九二三年に発表される『自我とエス』の中でです。医師サミュエル・ジャンケレヴィッチ（哲学者ヴラディミール・ジャンケレヴィッチの父）の手によりフランス語訳も同年に出版されています。一九五〇年代という調査時期にもかかわらず、精神分析のイメージは古い局所論に依拠したまま変化していない。その後の理論発展状況を反映していないのは何故か。

エスや超自我という耳慣れない表現の後期局所論に比べて、前期局所論は我々の常識にずっと馴染みやすいという理由が先ず挙げられます。右左・上下・前後・縦横などと同様に、人間の心や行動に関しても外と内、表と裏、公と私、明示と黙示、表層と深層、建前と本音というような二項対立を通して理解する仕方は、ほとんどの文化に共通する発想の基本形態です。したがって意識と無意識という構造は何ら抵抗なく理解できる。それに比べてエス／自我／超自我という構成は慣れた認識枠にとって異質です。

ところで、このような二項対立の形で捉えられた無意識は、フロイト理論に対する根本的な誤解から生じている。意識と無意識という二分法で心理状態を把握する認知心理学と違い、精神分析は三つの異質な領域を区別します。認知心理学においては、心理内容が意識にまで上ってこない状態を無意識と呼び、意識と無意識とを単なる程度の差として把握する。対して精神分析における無意識は単に意識の欠如した状態を意味するのではない。だからこそフロイトは前期局所論において、意識の単なる欠如態としての前意識と、狭義の無意識とを峻別し、前意識を無意識の一種としてではなく、意識の近接概念として位置づけました。精神分析学にとって意識と無意識の違いは、意識化の程度という量的な差ではない。意識に対して力動的関係を保ちつつ機能する、質的に異なったもう一つの能動的契機として無意識は理解されます。

エス（Es）はドイツ語で「それ」を意味する代名詞です。なぜ、そのような曖昧な命名がなされたのでしょうか。『エスの系譜』を著した互盛央の説明を引きます（二一—三頁）。

フロイトの言う「エス」とは何か。第二局所論を初めて公にした『自我とエス』（一九二三年）では、「エスとの関係における自我は、馬の圧倒的な力を手綱を引いて止めねばならない騎手と同じである」と言われている。自我を衝き動かし、自我に行動させて、みずからの意志を実現する心的なエネルギーとしてのエス。行動がなされたあと、人はこう言うことになる――「なぜか分からないがそうしてしまった」、「まるで自分ではない何かにやらされているようだった」［……］

みずからの行動の原動力だったことは明らかなのに、それが何なのかは明言できないもの。その得体の知れない力を示すために着目されたのが、ドイツ語の代名詞「es（エス）」だった。英語の「it」に相当するこの語は、他の名詞を受ける代名詞として用いられるほか、「雨が降る（ドイツ語：es regnet／英語：it rains）」あるいは「一時だ（ドイツ語：es ist ein Uhr／英語：it is one o'clock）のように、天候や時間を示す表現の主語としても使われる。明示できない何か、「それ」と呼ぶほかない何かを示すこの語は、他の事物のようには存在しておらず、それゆえ言語では表せないものの名称である。［……］そんな特異な語であるからこそ、フロイトは暴れ馬のように自我をふりまわす無意識的なものの名称として、この代名詞から造語された普通名詞「Es（エス）」を採ったのだ。

フロイト理論における無意識やエスは自我とは別の存在者であり、我々の知らないところで我々を操る〈他者〉です。当時のフランス人一般の理解における無意識は、したがってフロイトの言う前意識にすぎない。このように常識的な意味にすり替えられてしまえば、無意識はもはや既成の世界観を脅かす危険な存在ではなくなる。慣れたイメージにいったん変換・解釈された後に、新しい情報・経験は既存の世界観・記憶に取り入れられてゆきます。

さらには、精神分析学において最も重要な概念であるリビドーが精神分析の理解から欠落している点にも注意しましょう。精神分析とは何かという質問をした時にリビドーに言及したフランス人は被調査者全体の一パーセントにすぎなかったとモスコヴィッシは報告しています(Moscovici, 1961/1976, p. 118)。リビドーを理論の中心に据えて性タブーに挑戦したがために、精神分析学は性倒錯者の妄言にすぎないと決めつけられ、拒絶反応の嵐を巻き起こしました。すなわち社会のタブーに抵触する見解の排除という代価を支払ってはじめて、フロイト理論は解毒・馴致されて一般良識への編入が可能になったのです。異質な科学概念が常識との軋轢で変質する様子がこの例でよくわかります。態度概念も、近代の人間像と心理学理論との齟齬を埋めるために変容したのです。

態度概念の危機

ところで一九六〇年代末になると、態度の研究は大きな困難にぶつかります。それまでに発表された論文を検討した結果、態度測定による行動予測がほぼ不可能だと判明したからです。態度は行動とあまり関係ないことがわかり、態度概念自体が問題視されます。

ミルグラム実験では三分の二の参加者が四五〇ボルトの高圧電流で拷問したわけですが、ほとんどの人々は実験遂行に強い困惑を感じます。大粒の汗を拭いながら興奮のあまりヒステリーのような笑いを繰り返す者、苛立って机をたたきながら実験が一刻も早く終わるのを祈る者などの姿が、実験場面を撮影した映画に記録されています。生徒役が実はサクラであり、電気ショックを受けなかったと実験後に説明すると、「えっ、本当ですか。そりゃあよかった。安心しました。私は人権問題に敏感ですから心配していました」と言う被験者もいます（Milgram, 1965）。自らが取った行動と信条との間の大きな乖離に気づいていない。つまり被験者は拷問したくなかった、できればやめたかった。しかし拒否できなかった。だから汗びっしょりで、ヒステリーのような笑いを止められなかったのです。他の被験者の声も聞きましょう（Milgram, 1974/2005, p. 55）。

私が示した反応は自分自身驚くべきものでした。私の様子を見ましたか。引きつったような笑いが次から次へと起こり、止めようとどんなに努めても無理でした。こんなことが起きたのは初めてです。常軌を外れた状況に遭遇して現れた生理的な反応でしょう。抵抗できない人を自分自身で苦しめる状況にありながら、拷問の命令を拒否したり、被害者を助けたりする力が私にはありませんでした。ヒステリーのような失笑の原因はこの辺りにあると思います。

大学卒業後、結婚して主婦になった女性の反応も挙げます。彼女はＰＴＡの代表を務め、ボランティアとして一週間に一度、非行少年少女の面倒をみています（Milgram, 1974/2005, p. 81-86）。

私は続けたくなかったんです。私がどんなに苦しんだかわからないでしょう。感受性が強く、他人の痛みに特に敏感な私のような人間が拷問するなんて想像できますか。本当に私の意志に逆らってやったんです。虫一匹殺せない私に、こんなことができるなんて信じられない。[……]「許して、こんなこと続けられない、これ以上は先に進めない」って、実験をどんなに放棄したかったかわかりません。「できない、できない」って、ずっと自分自身に繰り返していたんです。

嫌で仕方がないのに拷問してしまう。意識と行動の乖離の劇的な姿がここに現れています。態度や考えが変化しても、それにともなって行動も変化するとは限らない。この事実は今では社会心理学の常識です。特に一九六九年に発表された総括研究が態度概念に決定的な打撃を与えました（Wicker, 1969）。態度と行動との関係を研究した四二本の論文を詳細に検討した結果、「これらの研究を総合すると、観察可能な行動と態度との間には弱い関係しかないか、あるいはまったく関係がないと判断すべきだろう」という結論が出たのです。こうして態度概念が根幹から崩れます。

パラダイム危機は理論的観点からだけでなく、実用面でも研究者を落胆させます。態度測定により人間行動を予測できる、そして態度を変化させれば、行動の矯正が可能になるという期待がかけられていたからです。教育効果を向上させ、人種差別を軽減し、犯罪防止を図れる、あるいは商品の販売戦略をより有効なものにできると見込んでいたのに、あてがはずれてしまいました。

学界の対応

どうすればよいか。最も簡単な対応策は態度概念の放棄です。しかし長年研究を続けてきた学者にとって、それまでの苦労が水の泡になる方向転換は容易に受け容れられない。そこで理論および実用面での危機を回避するために様々な対策が講じられます。

まずは、行動をより正確に予測できるように態度測定の方法が再考されます。態度と行動の間の相関関係は弱いが無関係なわけではない。したがって測定方法を向上させれば、相関関係を高められるはずです。

環境汚染防止に関する態度と行動を例に取りましょう。タバコの吸い殻を見つけた時に拾ってゴミ箱に入れるか、家庭のゴミは規則通りに分別するか、自動車の排気ガス規制強化に賛成するかなど、様々な状況における態度を測定した上で、それらデータを組み合わせて総合指標を作成するのが今までのやり方でした。しかしこのような指標は環境保護傾向の平均値にすぎない。そのため個々の行動との相関関係は低く、具体的な行動予測には役立ちません。

したがって相関関係を高めるためには、一般的態度と具体的行動とを比べるのではなく、態度と行動の両者共に平均値を比べるか、あるいは逆に個々の具体的態度と具体的行動とを比較する必要があります。

ところで態度測定の目的は行動予測ですから、環境保護行動の総合指標など作成しても意味がない。イヌというカテゴリーを考えて下さい。我々が実際に飼うのはポチやシロという名の具体的動物です。イヌという普遍的カテゴリーの頭を撫でたり、抱きしめたりはできない。あるいは個々の三角形は作図できるが、一般の三角形という抽象的存在は画用紙に描けない。行動の予測はこれに似ています。行動の一般的指標は考えても無意味です。

では逆に、個別行動の予測を正確にするために、態度も個別に測定すればよいのでしょうか。態度に関するデータを総合して平均値を求めるのでなく、調べたい行動に対応する個々の態度を調査して、行動との直接的な相関関係を計算する。例えば経口避妊薬の使用について米国女性を対象に行った研究を見ましょう。避妊に対する一般的な賛否と、避妊ピル使用との関係を計算すると、相関係数は〇・〇五という低い数値でした。避妊に賛成しても、ピル以外にいろいろな方法があるので、避妊に対する一般的態度と経口避妊薬使用との間に相関関係がほとんどないのは当然です。それに対し、経口避妊薬使用に対する賛否を直接尋ねる場合は、実際の行動との相関関係は〇・七一とずっと高くなる。あるいは信仰の有無を調べ、日曜日のミサに参加するかどうかという行動との関係を見ると〇・一八という低い数値ですが、日曜日のミサに参加するかと直接尋ねれば、〇・六五と相関関係が顕著に上がります（**Jaccard *et al.*, 1977**）。

しかし、このような計測には実用的価値がありません。そもそも、なぜ態度概念が研究されてきたのかを思い出しましょう。様々な具体的行動を予測する上で、各人の心理を深部で規定する一般変数として態度概念が注目されました。各行動を予測する上で、「あなたはこの行動をしますか」と一々尋ねるのでは意味がない。

態度と行動の相関関係を改善する方法がもう一つあります。態度測定の時期と行動観察の時期があまり離れないようにすれば、両者の相関関係が向上します。「あなたはどの候補者に投票しますか」と尋ねても、実際の投票日が一年先では投票行動を正確に予測できない。だから投票予測の時期と実際の投票の時期を近づければ、予測的中率は上昇します。例えば投票前日に態度を測定すれば、行動予測はより正確になる。しかしそれでは無意味です。将来生ずる行動を前もって予測できるから態度測定に価値があるのであり、前日まで待たなければ明確な傾向が出ないようでは、何のための予測かわかりません。

それに理論的見地から言っても、このような解決方法には問題がある。態度概念が導入された理由の一つは、当時の心理学界を席巻していた行動主義の欠陥を補うためでした。物理的刺激に対する生理的反応として行動主義は人間の行動を把握する。したがって同じ刺激に対しては同じ反応が現れなければならない。しかし実際には個人差が大きく、各人に固有なフィルタのようなものを想定しないと実験結果がうまく説明できない。このように刺激と反応を媒介する安定した変数として態度概念が導入されたのでした。したがって態度は持続しなければならない。毎日の事情に合わせて簡単に変化するようでは科学的概念として意味をなしません。人格概念と同じです。毎日変わるならば、そんなものは人格と呼べない。態度測定と行動観察の時間差を短くすれば予測精度が上がるという考えは、態度の定義そのものに反するのです。

態度概念を救う試みはこうして失敗します。何故でしょうか。それは人格や意志が行動を決定するという、西洋近代が生み出した個人主義的人間像が人間の実情に合っていないからです。

第6講
認知不協和理論の人間像

フェスティンガーの認知不協和理論は、社会心理学史上、最も大きな影響力を振るい、一九八〇年代初めにはすでに一〇〇〇本以上の論文が発表されていました（Cooper & Fazio, 1984）。そして、賛成派と反対派がこれほど意見を闘わせた理論も他にないでしょう。とてもシンプルでありながら、常識を覆す結論が導かれる。それだけに世界中の研究者を魅了する一方で、批判者も多く生み出しました（Cooper, 2007 ; Harmon-Jones & Mills, 1999）。この講ではフェスティンガー理論を紹介するとともに、その認識論的背景に迫ります。

自律感覚と影響の矛盾

人間は簡単に影響される。しかし同時に、自分自身で考え、行動を選び取るという感覚も我々は持つ。意志と行動の乖離に、なぜ我々は気づかないのか。意志にしたがって行動を選び取るという主体感覚が維持されるのは、どうしてなのでしょう。

意志が行動を決めると我々は感じますが、実は因果関係が逆です。外界の力により行動が引き起こされ、その後に、発露した行動に合致する意志が形成される。そのため意志と行動の隔たりに我々は気づかない。つまり人間は合理的動物ではなく、合理化する動物である。これがフェスティンガーの答えです。

我々は日常生活の中でいろいろな情報にさらされますが、それらはしばしば矛盾する。愛煙家を例に取りましょう。喫煙は健康に悪い、しかしタバコはやめられない。ここには「喫煙が健康を害する」という認識と、「私はタバコを吸い続ける」という、もう一つの認識とが拮抗している。このような状態は不快感をともなうので、情報のどれかを変更するか、他の情報をつけ加えて矛盾の軽減が図られます。例えば「タバコを吸うと癌になると言うが、現代生活は危険だらけだからタバコだけやめても意味がない」とか、「私の父は相当な愛煙家だったが九〇歳すぎまで生きた。うちは長寿の家系だから心配ない」などという理由を持ち出せばよい。

認知不協和理論はこのように常識的な前提から出発します。しかし、その論理を忠実に追ってゆくと、我々の慣れ親しんだ人間像が根底から覆され、驚くべき結論に達します。具体例を出しましょう。

一九六〇年代初め、アメリカ合衆国で大学紛争が起こり、鎮圧のために警察が介入します。この事件が契機となり、警察介入に対抗して大学自治を守ろうという雰囲気が学生の間に広がる。そんな状況の中、次の実験が実施されました。「今回の事件に対する学生の考えをよく理解して、大学生活をより充実させるために調査をしている。それには警察介入に賛成と反対、両方の意見を広く求める必要がある」という口実の下に、「警察介入賛成の人たちの理由を想像して、できるだけ説得力ある文章を書いて欲しい」と被験者に依頼する。参加の手間賃を支払う約束をし、警察介入を奨励する文章を書いてもらい、最後に被験者自身の意見を尋ねました。

実験条件によって手間賃の金額が異なります。どの条件の被験者も警察介入に反対であり、したがって自分自身の信条と相容れない意見を支持した事実（警察介入を求める声明文の作成）にはかわりない。しかし、そのために受け取る報酬が条件によって異なるという設定です。

常識で考えれば、多額の報酬を受け取る方が、警察介入を認める方向に影響されやすいと予想される。これは二十世紀前半に勢力を振るった行動主義（アメとムチの学習理論）の予測にも合致します。

しかし先に述べた認知的整合性の観点からみると、これと反対の結果が現れなければならない。すなわち「自分は警察介入に反対だ」という認識と、「警察介入を擁護する文章を書いた」という認識は矛盾する。ところが、そのためにたくさんの報酬をもらったのなら別に矛盾でも何でもない。嫌なことや自分の信条に反することも、生活に必要とあれば、我々は仕方ないと割り切って行います。したがって報酬金額が高くなるほど、自分の本心にそぐわない意見を述べた事実から生ずる矛盾は小さい。逆にほんの少額しかもらわなかったのに嫌なことをした場合は矛盾が大きい。そこで矛盾を緩和するために、「警察介入はいけないと思っていたが、よく考えると紛争の取り締まりも必要だし、民主主義を守るためにも、やはり最小限度の秩序維持装置は必要だ」などと、報酬額が高い場合に比べて低い場合の方が、警察介入を正当化する方向に意見修正すると予測される。そして実験結果もその通りになりました（Brehm & Cohen, 1962）。

実験研究を理解する上で大切なことですが、どんなおかしな結果が出ても、その正否を常識に照らし合わせて判断してはいけない。常識の正否がまさしく問題になっているのですから。仮説が正しく、また実験が適切に行われたのならば、結果は仮説に適合するはずです。仮説の通りの結果が出なければ、実験のやり方をまちがえたか、理論が誤っているかです。ですから実験方法に不手際がなく、かつ結果が仮説に合致すれば、仮説が正しかったと判断するのが妥当です。常識的な学習理論は現実に合わない、認知不協和を緩和するために人間の判断が変化するとフェスティンガーは主張するのですから、もし彼の理論が正しければ、どのような結果が出るべきかを、常識を括弧に入れて演繹しなければならない。そして彼の仮説通りの結果が出れば、従来からの学習理論は誤りであるとわかります。

もっと身近な分野、例えば食べ物の嗜好に関しても研究がなされています。バッタ数匹の焼き物を並べた皿を被験者の前に出して試しに一匹でも食べるように勧めます。約半分の被験者は尻込みしましたが、残りの半分は実験者の勧めにしたがってバッタを食べました。一つの条件においては実験者が優しい人だという印象を被験者に与え、もう一つの条件では実験者が意地悪な人間に見えるよう細工します。

どちらの条件において被験者はバッタをより美味しい（思ったほどは気持ち悪くない）と感ずるでしょうか。好きな人のためなら犠牲を払うことも厭わないが、嫌な人のためには何もしたくないのが人情。バッタを食べるのは気味悪いが、好感の持てる実験者の頼みならば、彼に喜んでもらえるならば、努力のしがいもある。ところが嫌いな人のためならば、不味いものを無理に食べる理由がわからない。したがって嫌いな実験者に請われてバッタを食べた場合の方が、好意を持つ実験者に依頼された場合に比べて認知不協和が大きい。バッタを味見した事実は動かせない以上、認知不協和を緩和するためには結局、思っていたほどバッタが不味くはなかったと思い込むほかない。こうして意地悪な実験者の条件の方がバッタの味の印象が向上するという、常識とは逆の予想が立てられる。実験結果はその通りになりましたから、先ほどの実験と同様に、常識に反して、認知不協和理論の正しさを認めなければなりません（Zimbardo *et al.*, 1969）。

さて認知不協和理論の基本的枠組みを理解したところで、以下ではこの理論の歴史背景を踏まえて、その射程を検討しましょう。

常識との闘い

認知不協和理論が提唱された当時、従来の学習理論にしがみつく学者がほとんどでした。斬新な発想や新学説の正しさを証明するデータが提出されても簡単には受け容れられない。古い理論枠に何とか収拾しようという動きが大勢を占めました。このような保守的態度をモスコヴィッシは嘆きます（**Moscovici, 1972, p. 44**）。

ベムの研究［後述］は例外だが、他の学者は誰もが方法論の些末な部分にばかりこだわった。チャパニスの有名な論文が提示した批判は被験者の選定方法と統計的検定の細部に集中した〔Chapanis & Chapanis, 1962〕。認知不協和の適切な測定方法をフェスティンガーが明示しておらず、それでは結果の予測ができないと他の研究者たちは非難した。しかしそれ以上の発展は何もなかった。学習強化理論〔アメとムチ式の行動主義理論〕や交換理論の枠内に多くの社会心理学者は留まった。まるで認知不協和理論が存在しないかのごとくだった。彼らが無批判に受け容れていた行動理論と、認知不協和理論が矛盾しないかのように振る舞った。

認知不協和理論の正しさを証明したフェスティンガー最初の実験（Festinger & Carlsmith, 1959）を例に批判者の言い分を吟味しましょう。実験の概要は次の通りです。具体的イメージを頭に描きながら実験手順を追って下さい。理解しやすいはずです。

退屈でつまらない作業を長時間、大学生にさせた後、「どうもありがとう。実験は終わりですが、今日はアシスタントが病気で休んでいるので、彼の代わりに次の参加者を呼びに行ってくれませんか。この実験がとても面白かったと言って下さい。その方がやる気が出るでしょうから」と頼みます。被験者にすれば、つまらないことをさせられたのに、それが面白かったと嘘をつくわけです。

実は「次の参加者」はサクラで、被験者が依頼された通りに嘘を言うかどうかを確認する役を務めます。この後、被験者は質問用紙に答えますが、先ほど行った退屈な作業の印象に関する質問もその中に含めておく。

条件が二つあります。第一の条件では、被験者は参加報酬として二〇ドル受け取る。第二の条件では一ドルしかもらえない。認知不協和理論によると、どのような結果が予想されるでしょうか。

「退屈な作業だ」という認知と「面白い作業だった」という嘘は対立するから認知不協和が生じます。すでに嘘をついた事実は否定できない。したがって不協和を軽減するために被験者に可能なのは、作業が実は楽しかったと思い直すことだけです。そうすれば、楽しい作業をした後に楽しかったと他の被験者に述べるわけだから矛盾がなくなります。

ところで報酬が高額ならば、嘘をつくことに大きな矛盾はない。嫌なことや少々悪いことでも、報酬のためにならば人間はするものです。しかし金額が少なければ、自分の気持ちに反することを他人に言った理由が正当化しにくい。結局、二〇ドル受け取った被験者に比べて、一ドルしかもらわなかった被験者の方が、より強い認知不協和を感じるはずです。したがって不協和を緩和するために態度を変化させるという予測が導かれる。報酬額が高い場合よりも低い方が、行った作業をより楽しく感じるという予測ですから、学習理論にも常識にも真っ向から反します。結果は仮説の通りになり、フェスティンガー理論の正しさが確認されました。

しかし、この実験結果に対してミルトン・ローゼンバーグから反論が出ます（Rosenberg, 1965）。二〇ドル受け取った被験者はなぜ意見を変えなかったのか。被験者は大学に入ったばかりの学生であり、人間の性格を調べる学問として心理学を理解しているはずだ。だから、大金につられて嘘をつく傾向を分析されるのではないかと学生が恐れたに違いない。もしこのような心配が生じなければ、従来の理論通り、報酬が高いほど、作業が楽しかったと思うはずだ。こう推測しました。つまり実験方法に欠点があり、余分な要素が邪魔したために変則的な結果が出ただけだと言うのです。確かに、実験が行われた一九五〇年代末の二〇ドルと言えば大金です。

そこでローゼンバーグは、声明文を書く段階と、意見を表明する段階とを別々の実験者に担当させ、被験者が両者を結びつけないように工夫する。これならば、自分の性格を判断されると学生が恐れず、行動主義の教えるとおり、報酬が高いほど、意見が変わるだろうと考えました。

具体的な実験手順を見ましょう。被験者が実験室に着くとすぐにアシスタントが「実験担当者が遅刻しているので、用意が整うまで別の研究に参加してきて下さい。その後で、こちらの研究にも参加してもらいます」と言い、被験者を他の部屋に移動させてから「あなたの大学のフットボール・チームは全国大会に出場する権利を得ましたが、出場に反対する声明文を書いて下さい」と頼みます。条件によって実験への参加報酬が〇・五ドル／一ドル／一・五ドル／五ドルと異なります。その後、被験者は最初の実験室に戻り、フットボール・チームの全国大会参加中止に関して意見を述べる。被験者はどう答えるでしょうか。

ローゼンバーグの推論が正しければ、フェスティンガー理論の予想と反対の結果が出るはずです。そして実験結果は彼の予測通り、報酬が高いほど、意見書の方向に意見修正しました。やはりフェスティンガーは実験方法をまちがえたのでしょうか。

しかし認知不協和理論擁護派は、この実験設定を再批判します。チームの全国大会参加に反対する声明文を書かせられる第一段階において、拒否する可能性が被験者に与えられていない。それでは認知不協和は生じない。強制的行為ならば、それが嫌な内容であっても何ら矛盾は生じない。だから、この結果は認知不協和理論の否定にはつながらない。こう抗弁しました。

そこで次の実験を行います（Linder *et al.*, 1967）。ローゼンバーグ実験と同様に、自分の考えとは反対の内容を支持する声明文を書かせますが、被験者の半数には「まず他の研究に参加してもらいます。言われたとおりの作業をしてから、この部屋に戻ってきて下さい」と説明します（第一条件）。残りの半数には「まず他の研究に参加してもらいますが、何の作業か私は知りません。言われた通りにするかどうかはあなたの自由です。終わったら、この部屋に戻ってきて下さい」と頼み、実験者の要求を受け容れるか拒否するかは被験者の自由に任せると説明します（第二条件）。そして参加の御礼を五〇セント（A条件）あるいは二・五ドル（B条件）に設定する。すなわち（i）強制的に声明文を書かせるか、被験者の自由に任せるか、（ii）報酬額が高いか低いかという二つの変数を組み合わせて四つのグループに被験者を分けました（1A・1B・2A・2Bの四種類）。先のローゼンバーグ実験のデータを強制の結果だと証明するために、こうして新たな実験設定を考えました。

結果を見ましょう。自由意志に任せられた被験者にまず注目すると、最初の意見を変えて、全国大会参加に反対する率は、報酬が少ない場合（2A条件）により顕著です。したがって認知不協和理論の予測通りです。しかし声明文を強制的に書かされた被験者の場合は逆に、報酬が高いほど（1B条件）、意見を変えやすいという結果になりました。つまり強制条件の下では従来の行動主義理論の通りですが、選択の自由がある場合は認知不協和理論の正しさが判明したわけです。

しかし、これで決着がついたわけではなく、その後も両陣営は応酬を繰り返します。第1講で示したようにデータは様々に解釈できるからです。

自己知覚理論

フェスティンガーの理論に対する批判のほとんどは常識的発想の枠内でデータを再解釈するだけでした。自分たちの理論に合致しない実験結果を前に、方法論的な問題があると文句をつけていたにすぎません。しかし一九六〇年代半ばになると、より根本的な見地からダリル・ベムが異議を唱えます。自己知覚理論（self-perception theory）の登場です（Bem, 1967 ; 1972）。データ批判に終始した、それまでの学者たちと異なり、データをそのまま認めた上で、徹底的行動主義（radical behaviorism）の立場から彼は異なる解釈を提示します。

徹底的行動主義とは何か。行動主義心理学の創始者ジョン・ワトソンは、直接観察できない精神活動を研究対象から除外しました。バラス・スキナーはこの立場をさらに徹底し、意識・感情・判断などの精神現象も行動の一種として条件反射の枠組みで理解しました。つまり意志や意識は広義の行動であり、身体運動と同じように、刺激対象への反応だと考えたのです。主体概念を根本から否認する、フェスティンガー以上に常識を逆撫でする発想です。

意識と行動の乖離をどう説明するか。外部から影響される事実と、それでも自律感覚が維持される矛盾をどう解明するか。フェスティンガーとは異なるアプローチで、ベムはこれらの問題に挑みます。

他人の心の中は覗き込めない。したがって行動の観察を通して、その人の心理状態を推測するしかない。犬を連れて散歩する隣人を毎日見かければ、その行動から推察して、「ああ、この人は犬が好きなのだな」と我々は思う。ところでベムによると、心の中を覗き込めないのは他人の心だけでなく、自分自身の心も同じです。自分の行動を見て心理状態を推測しているにすぎない。飼っている犬を連れて毎日散歩に出る、その自分の姿から、「ああ、私は犬を好きに違いない。そうでなければ、高い餌代を払って犬を飼うはずもなければ、仕事が忙しいのに毎朝散歩に連れて行くはずもないから」と推測するのです。

突拍子もない発想だと思うでしょうから、自分の感情も外界の状況から推測する例として次の研究を参照しましょう（Valins, 1966）。『プレイボーイ』誌掲載のヌード写真を男子学生に見せて、どの女性を気に入るかを測定した実験です。被験者は「測定器具」を身体に装着されます（見せかけだけで実際には何も測定しない）。半数の学生には「心拍の状態を調べるからマイクを胸につけて下さい。しばらくするとマイクを通して貴方の心拍音がスピーカーから聞こえてきますが、気にしないで下さい」と指示します（第一条件）。残り半数の学生には「温度計を指につけて下さい。雑音がスピーカーから聞こえるかもしれませんが、気にしないで下さい」と説明します（第二条件）。指の温度計は何の役にも立ちませんが、できるだけ第一条件に揃えるために、マイクを胸につけるのと同様の行為をさせます。

両条件の比較ができるように、実際に流される音は録音済みの心拍音です。次にヌード女性一〇人のスライドが順に被験者に提示されますが、あらかじめ任意に選ばれたスライド五枚が提示された時、スピーカーから聞こえる「心拍音（雑音）」が速くなるようにしておきます。すなわち胸にマイクを装着されて自分の心拍音を聞いていると信じる被験者（第一条件）は、五人の女性に対して鼓動が高まる「経験」をする。それに対して、指に温度計を取りつけられ、単に雑音が聞こえていると思う被験者（第二条件）は雑音の速度が変化しても女性との関連は意識しない。

さて、このような操作を行った後に、女性一〇人それぞれの魅力度を質問用紙に記入してもらいます。そしてさらに帰り際に「実験に参加して下さり、どうもありがとう。本当は謝礼を払いたいのですが、予算の都合で無理なので、その代わりに写真を五枚進呈します。気に入ったものを選んで下さい」と説明します。被験者が実際に欲しがる写真を確認するための口実です。

結果をみましょう。「心拍音」を聞かせた第一条件においては、「心拍音」が速くなったスライドの女性が、他のスライドの女性に比べ、より魅力的だと判断されました。「雑音」を聞かせた第二条件では同じ効果は現れない。また参加の御礼として受け取る写真も、第一条件では「心拍音」が速くなったものを選びましたが、第二条件では、そのような傾向は観察されない。ちなみに効果の持続が一カ月後に再確認されました。人間の感情は、このようにかなりいい加減です。

外部情報を誤って自己の感情と取り違える場合とは逆に、自分自身で生み出した情報が外部に投影される場合もあります。統合失調症の患者は幻覚をしばしば経験する。幻覚とは、自分の脳が作り出す情報を外部から来たと錯覚する現象ですが、健常者においても類似の現象を簡単に起こせます。「対象Xについては考えるな、それ以外ならば何を思ってもよい」と言われると、かえってこのXがよけいに気にかかります。例えばシロクマのことだけは思うなと被験者に指示した上で雑踏のざわめきを録音したテープを聞かせると、録音に出てこないにもかかわらず、「シロクマ」と聞いたと被験者は錯覚します（Wegner & Whearley, 1999）。

心理過程は意識に上らない。行動や判断を実際に律する原因と、判断や行動に対して当人が想起する理由との間には大きな溝があります。原因と理由という二つの概念の区別は心身問題の中核に触れるので容易ではありませんが（Davidson, 1980 ; Ogien, 1995）、ここでは原因を物理的・生理的メカニズム、理由を行為の主観的説明だと理解すれば十分です。ある心理状態がどのようにして生じるのか、何を原因として喜怒哀楽を覚えるのか、どのような過程を経て判断・意見を採用するのか、つまり精神活動の原因は本人自身にもわかりません。

しかしそれでも何らかの合理的な理由があって行為や判断を主体的に行うと我々は信じています。急に催す吐き気のような形で行為や判断の原因が感知されることはない。何故か。

簡単な実験をしましょう（Nisbett & Wilson, 1977）。女性用ストッキングをスーパーマーケットに展示する。そして通りかかる消費者に声をかけ、市場調査という口実の下に商品の質を評価させる。スタンドには見本としてストッキングを四足吊るし、消費者はそれらに触れながら製品の品質を比較します。ここで実は色・形・寸法・肌触りなど、商品は同じものにしておく。もちろん、この舞台裏を被験者は知りません。

普通に考えるなら、どの商品も同じ評価を受けるはずですが、実験をすると、被験者から見て右側の商品ほど高い評価を受けました。さて「最も良質」のストッキングが選ばれたところで評価の理由を被験者に尋ねます。すると「こちらの方が肌触りが良い」とか「丈夫そうだ」などと、もっともらしい理由が返ってくる。しかし商品の位置に言及する被験者は皆無です。選んだストッキングが単に右側にあったからではないかと尋ねても、そんな不合理な理由で選ぶはずがないという答えしか得られない。

右側に吊るされたストッキングが好まれた原因は不明ですが、それはここでの問題ではありません。何らかの情報が被験者の判断に無意識のうちに影響する事実だけ確認しておきましょう。虫の知らせとか勘が働くなどと言いますが、これも同様の現象です。外部情報の影響を受けても、その過程が意識されないために超自然現象だと勘違いするのです。

商品の位置に影響されながらも被験者は選択した「理由」を述べました。影響された事実を隠すために嘘を言ったのではありません。被験者は選択の「理由」を誠実に「分析」して答えました。自らが取った行動の原因が実際にはわからないにもかかわらず、我々はもっともらしい理由を無意識的に捏造するのです。

これは催眠術が解かれた後に現れる暗示現象によく似ています。被験者を催眠状態におき、「催眠が解けた後で私が眼鏡に手を触れると、あなたは窓辺に行って窓を開けます」と暗示する。そうしておいてから何気ない会話をし、自然な仕草で眼鏡に手をやる。すると被験者は突然立ち上がって窓を開けに行く。この時、なぜ窓を開けたのかと尋ねても、「どうしてかわからないが、急に窓が開けたくなった」とはまず答えません。「ちょっと暑かったので」とか「知人の声が外から聞こえたような気がしたので」などと、もっと合理的な理由を持ち出す場合がほとんどです。会話の途中で不意に窓を開けた原因がわからない当人は、自らを納得させるために妥当な「理由」を常識と照らし合わせて見つけるのです。第3講で紹介したガザニガの分割脳実験を思い出して下さい（九六頁）。同じ現象です。このような捏造メカニズムがすでに脳に組み込まれているのです。

認知不協和理論　対　自己知覚理論

さてベムの理論に戻ります。認知不協和とは具体的にどのような心理状態を指すのか。これがフェスティンガー理論に対してベムが提示した批判の出発点です。「タバコを吸う」事実と「タバコを吸うと肺癌になりやすい」という知識の関係のように矛盾する情報が共存する時、そこに心理的葛藤が生じるとフェスティンガーは言う。しかし実験時に葛藤は実際に測定されません。各実験状況において情報間の論理整合性を外から検討して、その認知不協和の程度を研究者が推定するだけです。「タバコを吸う」事実は「タバコを吸うと肺癌になりやすい」という知識と論理的に矛盾する。だから被験者は認知不協和の状態にあるにちがいないと推測する。しかし被験者の本当の心理状態がどうなのかは確かでありません。

フェスティンガーとベムの理論はどちらも同じ結果を予測する。したがって、そのまま実験しても両者の優劣は判断できない。女性差別に反対する人に逆の内容の声明文を書いてもらうとしましょう。認知不協和理論なら、こう説明します。女性差別反対という態度と、女性蔑視の声明文を書いたという事実は相反する。したがって報酬を得た人と、そうでない人を比較すると、後者において認知不協和がより強い。そこで、報酬を受けなかった人は認知不協和を緩和するために女性蔑視の方向に態度が変化する。

説明の仕方は異なりますが、自己知覚理論も同じ結論に達します。被験者の立場になって想像してください。自分は女性差別に反対だと思っていた。しかし現実に女性蔑視の文章を書いた。ところで報酬を得るために嘘をついたのならば、この矛盾は理解できる。しかし報酬を何ももらわないのに女性を軽蔑する声明文を私は作成した。ということは結局、自分は女性蔑視の意見を持っているにちがいない。他人事であるかのごとくに、こう外から判断します。こうしてフェスティンガーと同様にベムも、報酬を受けない人の方が、女性蔑視の声明文内容に近い態度を示す。

両理論の正否を決するためには、どうすべきか。それには認知不協和という心理状態が本当に生ずるのかを調べればよい。認知不協和状態になると、ストレス時のような不快な生理的興奮が生ずるとフェスティンガーは説明します。ならば、被験者の生理状態を確認すれば、答えが出るはずです。そこで被験者の本音と逆の声明文を書かせた上で皮膚の発汗作用を調べました。嘘発見器と同じ原理です。フェスティンガーの主張通りならば、報酬を得た人では認知不協和が弱く、無報酬の人の認知不協和がより強い。したがって前者よりも後者の方が皮膚の発汗は顕著なはずです。そして実際に確認すると、その通りの結果が出ました（Croyle & Cooper, 1983）。

さらに、認知不協和状態の被験者にコーヒーなどの興奮剤を与えると生理的興奮度が増し、態度変化もより顕著になる。逆にアルコールや鎮静剤を与えて生理的興奮を抑えると態度変化は減少・消失します。この結果もフェスティンガーに有利です。

ところで生理的興奮が起きても、それが矛盾のせいだと認知されなければ、態度変化は生じない。認知不協和が起きる状態に被験者をおきながらも、同時にプラシーボを与え、興奮剤だと説明すると、矛盾した言動のために生じた生理的興奮を被験者は薬のせいだと勘違いするので態度変化は起きません。自己知覚理論によると生理的興奮は生じないので、以上の結果はベムの理論では説明できない。したがって認知不協和理論に軍配が上がります。

しかしフェスティンガーに不都合なデータも見つかっています。認知不協和状態を緩和するために態度が変化するとフェスティンガーは主張する。彼の理論が正しければ、態度表明後に被験者の皮膚の発汗は静まるはずです。ところが実験すると、態度を表明した後でも生理的興奮は減少しない（Elkin & Leippe, 1986）。したがって認知不協和理論が正しい保証もありません。

認知不協和理論の哲学

複数の情報間に齟齬や矛盾がある時、それを緩和する心理的動きが現れる。こんな当たり前の仮説からフェスティンガーは出発し、常識に真っ向から反する結論が導かれます。こういう理論は美しい。

科学理論は、単純でありながら、可能な限り多くの現象を説明できるのが望ましい。逆に、多くの変数を含む複雑な理論や、適用条件を限定したり、応用範囲が狭い理論の価値は低い。これは分野を問わず一般に言えることです。驚きをもたらさない理論は退屈ですし、簡潔さを尊ぶ美意識が科学では重要です。認識論について多くの書を残したイギリスのアーサー・ケストラーは言います（Koestler, 1964, tr. fr., p. 130）。

「数学の証明は知性だけに関係すると思われがちだ。だから美的感覚が重要だと言うと驚かれる。しかしそれは数学における美意識、数や形の調和、幾何学的優美さを忘れているからだ。数学者ならば誰でも知っている真の美意識だ…… 適切な組合せは至高の美を演出する。この何とも言えない美的快感に［数学者は］魅せられるのだ」。これは［フランスの数学者］ポアンカレの言葉である。［……］ケプラーやアインシュタインを始め、最も偉大な学者は皆同じ考えだ。「大発見とは美しい発見のことだ。醜い数学理論は短命に終わる」とは、『ある数学者の弁明』を著したゴッドフレイ・ハーディの言葉である。「美意識のみが数学的発見を導く」と、発明の心理に触れながら［フランスの数学者］アダマールは断言する。「美しい方程式を生み出すことは実験データとの合致よりも重要である」という［イギリスの物理学者］ディラックが物理学者に発した警告もある。

攪乱要素に晒されると、生物は元の均衡状態に戻ろうとする。この性質を念頭にフェスティンガーの理論は練り上げられました。新しい情報や物質の侵入によって生体のバランスが崩れると、均衡状態を取り戻すために負のフィードバックが生じる。ホメオスタシス・モデル（緊張緩和モデル）と呼ばれ、ほとんどの心理学理論がこのタイプです。

外気温が下がれば、皮膚が収縮して体温低下を防ぐ。逆に外気温が上昇すれば、毛穴が拡がり、発汗が促進されて体温が下がる。こうして体温調節されます。血液中のカリウムや糖の濃度なども一定に保たれている。暖房機の温度を一定に保つサーモスタットはホメオスタシスの最も単純な形態です。同様に心理状態も平衡が維持され、変化が生じると、それに対する反作用が起こり、元の状態に戻ろうとする。こういう考えです。精神分析学が挙げる防衛反応も均衡維持のメカニズムです。

ゲシュタルト心理学と対比してフェスティンガー理論の特徴を探りましょう。ゲシュタルトとはドイツ語で「形」を意味します。世界の様々な対象・状況には、調和のとれた〈正しい構造〉が存在するというアプローチです。

この発想を人間関係に応用したのがフリッツ・ハイダーのバランス理論です（Heider, 1958）。我々は様々な対象を認知する際に対象間の論理的整合性を求める傾向がある。AとBの二人が芸術や政治について議論を交わす場面を考えて下さい。議論の対象をXとすると、AもBもXに賛成ならば、あるいは共にXに反対ならば、AとBは仲良くなり、A・B・Xの関係は安定する。しかしAはXが好きなのにBはXが嫌いなら、AとBは意見が合わず、A・B・Xの関係は不安定です。そして、このような不安定的な状況は、より安定な関係へと変わりやすい。一方は他方の意見を変えようと説得し、意見が一致すれば、三項間の関係は安定する。それが不可能ならば、二人は仲違いして口をきかなくなる。これがハイダー理論の骨子です。

物理的対象物の関係は、好まれるもの（〈良い形〉）と、そうでないものが存在する。これがゲシュタルト心理学の根本原理ですが、ハイダーの功績はこの原理を対人関係に応用した点にあります。線分や図形がまとまって知覚されたり、お互いに反発し合って分離状態で認識されたりするように、人間関係においても認知整合性が好まれると考えました。

ハイダー理論には少なからず欠点があります。ある男性Aが女性Xに恋をする。とても素敵な女性なので他の男性BもXに恋愛感情を抱く。したがってハイダー理論によるとAとBは友好関係を築くはずですが、当然ながら現実の結果は逆です。AとBは恋敵であり、このような関係はハイダー理論では説明できない。フェスティンガーは面白い例を出して、ハイダー理論の不都合を指摘します（Festinger, 1999, p. 382）。

矛盾状態を定義するために――少なくとも三項関係については――とても美しい数学的表現をバランス理論は試みた。AがBを好きでBがCを好きなのに、AはCを嫌いならば、この関係は不均衡だ。しかし、この考えは明白な誤りだと私は当時何度も主張したものだ。例えば私は鶏が好きだ。鶏は鶏用飼料を好む。しかし鶏用飼料は私の好物でない。冗談を言っていると思い、私の反論を真面目に取り上げてくれる者はいなかった。しかしかなり重要な批判だったのだ。

ハイダー理論の正否は棚上げしましょう。フェスティンガーのアプローチを理解する上で我々がここで関心を持つのはゲシュタルト的発想です。バランスの良い客観的構造が存在し、その状態に向かって知覚現象が構成される。ホメオスタシス・モデルの典型です。ハイダー理論は平衡点が固定されており、それを中心に運動が収斂すると考える。したがって振り子やサーモスタットと同様に単調な機構です。

ところが、クルト・レヴィンの弟子であったフェスティンガーは異なるアプローチを採りました。認知不協和理論の源を探るためにレヴィンの立場を簡単に確認しておきます。彼は物理学とゲシュタルト心理学を学び、「場の理論」を提唱しました（Lewin, 1964）。ゲシュタルト心理学に比べて、レヴィンはダイナミックに心理状態を捉えます。温度調節や血液成分維持のような生理的反応と異なり、心理場の安定状態は状況次第で変化するため、平衡点は一つだけでない。宗教における改宗や政治的転向の場面を考えましょう。同じ立場を維持しようとして、ある時点までは心理的抵抗が現れる。しかし葛藤との闘いを経て新しい立場を採用した後は、それが新たな安定状態をなす。

レヴィンのアプローチを理解するために研究例を挙げます（Lewin, 1952）。日米戦争中に食糧不足を補う目的で行われた実験です。米国人の大半は豚や牛などの臓物を食べる習慣がない。どうしたら食生活を変更して、これら食材を捨てずに利用できるでしょうか。レヴィンは二種類の影響方法を比較しました。第一の条件では、牛の心臓・胃・腎臓に含まれるビタミンや無機質などの大切さを強調するとともに、内臓の触感・見た目・臭いの違和感を緩和するための調理方法を指導しました。第二の条件では、この説明に加えて、臓物の食品利用をめぐって参加者全員で討議してもらった。そして討議の最後に、臓物料理を家庭で試すかどうかについて挙手による態度表明を行わせました。

栄養素と調理に関する説明を専門家から受けただけのグループ（第一条件）では、臓物料理を家庭で食べた人の割合は三パーセントにすぎませんでした。対して、集団討議を行ったグループ

（第二条件）では三二パーセントに上りました。

この違いをレヴィンは主に二つの原因に帰します。挙手による態度表明を他のメンバーに対して行ったグループでは問題をより真剣に考えるだけでなく、誓約したような心理状態が生まれる。また、討議を経ることで、何人かの参加者がそれぞれ個別に意見を変えるのではなく、集団自体の規範が変化する。この点は重要です。テレビ・ラジオ・新聞雑誌などマスメディアによる影響力は各人に対して個別的に行使されるため、影響を受けて態度や行動が変化しても、すぐに周囲の影響力によって元の状態に引き戻されてしまう。したがって個人をターゲットにするのではなく、集団全体の社会規範を変化させないと影響力は長続きしない。各人を別々に考えるのではなく、集団に属す人々の相互関係を考慮する必要があります。

集団の心理状態が外因により流動的になった後、以前とは違う状態に変化した後また安定する。これを「解凍」「変化」「再凍結」という三段階プロセスでレヴィンは捉えました。システムが不安定な状態になった後、新しい平衡点にシステムが収斂して再び安定状態に落ち着くのです。

ハイダーの研究は知覚要素の関係に限られたために、人間関係が〈良い形〉へと向かう求心的なバランス運動として単調な解釈がなされました。そのためハイダー理論においては各関係の安定・不安定の事実は考慮できても、安定度という量的変数は理論に導入されない。それに対してフェスティンガーは同じゲシュタルト的発想を採りながらも、レヴィンの伝統を引き継いだため、認知対象の関係にではなく、態度と行動との関係に注目し、そこから生ずるダイナミックな変動を研究しました（Cooper, 2007, p. 26–27）。

様々な情報の間に矛盾が生じる時、その矛盾を解消する方向に情報構造が変化すると認知不協和理論は主張します。したがって本来は行動と態度の関係だけを扱うのではない。しかし認知不協和理論発表後に続々と実施された研究のほとんどは、不本意な行動を強いられた際に生ずる態度変化をテーマとしました。そのような学問界の動向がフェスティンガー理論の成長と変遷を促した事実も忘れてはならないでしょう。

第7講
認知不協和理論の射程

サーモスタットや振り子のようにホメオスタシスは、ある定点を中心に揺れるシステムです。外部からもたらされる攪乱要因によってシステムの状態が変化すると、それに対して負のフィードバックが生じ、システムは元の状態に戻ろうとする。すでに見たようにフェスティンガーの理論はハイダーのバランス理論に比べれば、よりダイナミックな発想で変化を理論に取り込みました。しかし、それでもホメオスタシス・モデルの一つであることには変わりません。

社会心理学の教科書を手に取って認知不協和理論の項を読むと、態度と行動の間の矛盾を解消するために態度が変化すると説明してあります。そのため、人間の心理変化を扱う理論だと理解されやすい。しかしそれは誤解です。フェスティンガーの理論は個人の心理や社会の変化ではなく、逆に個人や社会が変化せずに同じ状態を維持するプロセスに光を当てています。

以下では認知不協和理論の論理構造を明らかにするとともに、そこから帰結する矛盾を指摘しましょう。

よくある誤解

認知不協和を緩和するために生ずる心理変化は、説得による影響効果に比べ、より深部に達し、より長く持続する。フェスティンガーの高弟エリオット・アロンソンは、こう主張します（Aronson, 1980）。理由を考えましょう。

一九五〇年代に米国で支配的だった社会心理学パラダイムには三つありました。第一に行動主義、つまりアメとムチ式の学習理論、第二にイェール大学のカール・ホブランドを中心とする、説得を通しての行動変化研究、そして第三にソロモン・アッシュが先鞭をつけた多数派影響研究です。これらパラダイムはどれも、影響源の判断に追従すると広義の褒美が与えられ、そうでないと罰が与えられるというメカニズムです。行動主義は言うまでもなく、第9講で詳しく検討するアッシュ実験も多数派に同調しないと嘲笑をかう状況ですから、外部からの懲罰を避けるために影響されるという同じ構図です。説得を通して影響を行使するホブランドのアプローチも、権威を帯びた影響源の主張を受け容れることで被験者は心理的安定を得るわけですから、外部からもたらされる報酬と懲罰に依存する発想です。

ところで、これらの方法による影響効果は長続きしない。アッシュ実験は、その典型です。簡単に紹介します（Asch, 1956）。図が二枚被験者に提示される。一方には約二〇センチの線分（基準線）が一本、他方には異なる長さの線分三本が描かれている。基準線と同じ長さの線分を、数メートル離れた位置から選ぶよう被験者に指示します。線分三本の長さはかなり違うので、通常はまちがえない。しかしサクラ数人が実験に参加し、全員が口裏を合わせて誤答を選ぶと、サクラに影響されて被験者はしばしば判断を誤ります。一二回の試行で被験者全体の七五パーセントが少なくとも一回はサクラと同じ答えをしました。判断総数に対する割合でみると三三パーセントの回答に相当する。誰が見ても明らかにおかしな回答でも、他の全員が一致して正しいと判断すると、それに抗して自らの意見を主張するのは想像以上に難しい。

ところが実験が終わるやいなや、被験者は通常の感覚を取り戻します。サクラがいなければ、線分の長さ判断を誤ることはありません。ホブランドのパラダイムでは影響源の説明を被験者が信用する結果、態度変化が起きると考えます。したがって時間経過とともに影響源の記憶が薄れたり、影響源の信憑性に疑いが生じたりすると影響力が弱まります。また、いったん影響されても、他の人から反対されると簡単に元の意見に戻ります。

対して認知不協和状態におかれた人間は、自分がとった行動の正当化を通して認知不協和を減少する。つまり他人に影響されるのではなく、自らを説得して意見を変えるわけです。そのため、意見の変化は安定し、長続きする。

加えて、説得による影響の場合は被験者にとって重要なテーマで実験されるのは稀です。実験室で行う簡単な操作では本格的な変化を起こしにくいからです。しかし認知不協和実験では被験者にとって重大な行為ほど、「大変なことをしてしまった」という自覚を通して認知不協和が高まるので、マリファナへの誘いや、大学キャンパスへの警官隊導入に賛成する声明文作成、バッタを食べるといった、被験者の信条や好みに反する行為を積極的にさせます。重大な行為をなした自分を正当化するために意見を変えるのだから、誰かに言われて意見を変える場合に比べて、変化の効果が安定して長く続くはずです。

臓物料理を食べるように仕向けたレヴィンの実験を思い出して下さい。グループ討議した被験者は臓物を食べると他のメンバーに約束したわけですから、決定を守る責任を感じます。他人事ではなく、自分の問題として真剣に考えるほど、変化後の態度がより安定した状態で「再凍結」される。レヴィンの弟子であるフェスティンガーの理論も、この発想を踏襲しています。

ただし効果の持続を実際に確認した研究はほとんどありません。認知不協和実験では被験者の政治信条を変えさせたり、バッタを食べさせて美味しいと思わせたりというように、倫理的に問題のある課題が用いられる場合が多い。それゆえ実験後すぐに真相を被験者に明かす必要があり、長期的な影響効果を調べられないのだとアロンソンは説明します。

実証データで確認できないのは残念ですが、認知不協和理論の仕組みから考えて、態度変化が長続きする可能性は十分理解できます。しかし、ここで我々に関心があるのは、その事実自体よりも、フェスティンガー理論が態度変化を説明するパラダイムだとアロンソンが理解している点です。実はこれは誤解です。隔離された実験室から出て、もっと広い社会的文脈に実験を置き直すと、認知不協和理論の本当の姿が見えてきます。

新興宗教のケーススタディ

認知不協和理論が発表されたのは一九五七年ですが、その前年に、新興宗教団体の動向を研究した『預言が失敗する時』が上梓されています（Festinger *et al.*, 1956）。宗教教義が揺るいだ時に何が起こるかを追ったレポートです。信仰を疑ったり棄教に傾くどころか、逆に信仰が維持・強固されるメカニズムが分析されている。簡単に紹介します。

ところは米国シカゴ。新興宗教団体の教主が宇宙からメッセージを受け取ります。一九五四年十二月二十一日に大洪水が起きて人類が滅亡する。しかし空飛ぶ円盤が宇宙からやってきて、この宗教団体の信者だけは救ってくれるという内容です。このような終末論はそれまでにも多くの宗派によって唱えられてきました。もちろん迷信ですから、期日が来れば、預言の誤りが明らかになる。フェスティンガーらは、この新興宗教の動向を探り、預言が失敗した時、信者がどのような行動に出るかを観察しました。第一章の冒頭で著者らは、こう述べます。

信仰は簡単に揺らがない。迷信や誤りだと断言しても信者は無視するだけだ。事実やデータを示せば、その出所を疑うだろう。論理で攻めれば、そんなことが何になるのかと反論するに違いない。根強い信念は変えようとしても徒労に終わるだけだと誰もが経験上知っている。信者が信仰に人生を賭けている場合は特にそうだ。信念を守るために動員される多くの巧妙な防衛反応はよく知られている。最も破壊的な攻撃を受けても信念を変えない。そのために信者がどんな適応を示すか我々はわかっている。

預言がはずれると信者の心に強い認知不協和が生じます。大洪水が起こり、人類が滅亡の危機に瀕するが、宇宙の果てからやってくる空飛ぶ円盤のおかげで信者だけは救出されるという預言と、洪水も起こらなければ、円盤も飛来しなかったという現実は矛盾する。この認知不協和はどのように緩和されるでしょうか。信仰を捨てるのは難しい。信者は教団のために多くの犠牲を払い、人生を賭けてきたので、過去の努力がすべて無駄だったと認めるのは辛い。したがってこのような方向には変化が起きにくい。認知不協和がかえって強まってしまいます。自らの過ちを認め、棄教することに比べれば、矛盾をそのまま維持する方が心理的には楽です。

認知不協和を減らすもう一つの方法は、預言がはずれた事実の否認です。かといって現実に洪水も起きなければ、円盤も飛んで来ないので、そのままでは預言の失敗をごまかせない。だから預言の核心部は正しいが、預言の成就する日時など些末な部分が誤っただけだと譲歩する。実は預言の日はまだ来ていないとして新しい日付を公表すれば、その日までは認知不協和を緩和できる。あるいは経典や歴史の再解釈を行い、預言の本当の意味を開陳するなど、様々な捏造・防衛・言い訳を通して認知不協和の低下が図られる。

しかしこのような防衛反応が実を結ぶためには、言い訳を信じてくれる支持者が必要です。各自の家に留まり、お告げの成就を独りで待った信者たちと、教団内で他の信者と一緒に預言の失敗を知った信者たちとをフェスティンガーらは比較しました。孤立状態で預言の時に臨んだ信者たちは信仰を捨て教団を去りましたが、集団の結束を通して互いに信仰を支え合った信者たちの反応は違いました。まさに自分たちの信仰のおかげで世界は洪水に襲われず、救われたのだという神のメッセージを捏造し、信仰を維持したのです。

フェスティンガーの理論が教えるように、周囲の人間が同じ信仰を支持すれば、認知不協和は軽減されます。認知的に不協和な要素が増えるほど、全体の不協和度が上がり、逆に協和状態の要素が増えるほど、全体の不協和度が減少する。支持者が多ければ、それだけ協和の度合いが強まる、逆に言えば不協和度が減るわけです。しかし独りで現実と対峙した信者の場合は信念を補強する仲間がいないため、認知不協和を低下するための手段がない。そのために両者の反応が分かれたと考えられます。

もう一つ重要な発見があります。結末を集団で待った信者らは、預言がはずれた後に布教活動を始めたのです。それまでこの教団では布教活動をしていなかった。しかし預言の失敗を機に精力的な布教活動が始まる。信者を増やせば、教団の信仰を支持する人の数が増加し、認知不協和の低減が図れるからです。信者増加の事実は、とりもなおさず、信仰内容が正しい証拠です。

臓器移植を受けた患者はその後、臓器移植推進運動に参加しやすいという報告があります（Le Breton, 1993, p. 283）。この現象も認知不協和理論で解釈できるでしょう。自分が生き続けるために他者の死あるいは大きな犠牲を必要とした。移植患者の多くはこの事実に罪悪感を抱きます。これは重大な認知不協和です。死にたくない、しかし他人の臓器をもらってまでして生き続けて良いだろうかという葛藤がある。この不安感を和らげる手段の一つは臓器移植制度の正しさを信じ、もっと多くの人を助けるために努力すべきだと自分を納得させることです。

このフィールド・ワークにおいてフェスティンガーらは信仰の変化ではなく、維持を説明するために認知不協和理論を用いています。しかしこれまで紹介した実験研究では、行動に合致するように態度が変化する現象を扱っている。一方では現状の維持を研究し、他方では現状の変化を説明するために同じ理論が動員されている。何故でしょうか。

次のように考えれば、謎が解けます。行動に合致するように態度が変化するとは、どういう意味か。まずその点を考えましょう。態度とずれる行動がそもそも何故生まれるのか。それは各人の意志に反する行動を社会が強要するからです。我々は幼少の頃から両親・親戚・近所の知り合い・学校教師、そして後には会社の上司などによって社会規範を押しつけられます。裸で外を歩くな、嫌いな野菜でも食べよ、他人のものを盗むな、未成年者は喫煙してはいけない、理不尽でも上司の命令には従えなどと言われながら人間は社会の規則を内在化する。強制の下に行動しながら、我々の態度・意志・信条が作られます。同様に、実験参加者は嫌いなものを食べたり、電気ショックを受けるなど不快な行動をさせられる。あるいは本当は反対なのに声明文に賛意を表明したりする。その上で、強制された行動に合致する方向に態度が変化する。つまり実験研究にせよ、新興宗教のフィールド・ワークにせよ、認知不協和理論が説明するのは集団規範維持のメカニズムなのです。

教科書の簡単な解説に満足せず、フェスティンガーの著書『認知不協和理論』に直接当たると、このことがよくわかります（Festinger, 1957）。参考文献と索引を除くと二八〇頁あまりのこの本は一一章で構成されていますが、個人や集団の信条を支える他者の役割の分析に三章が割かれている。分量にして八四頁、全体のちょうど三〇パーセントに当たります。フェスティンガーは一九五〇年代に「日常的社会コミュニケーション理論（informal social communication theory）」

（Festinger, 1950）・「社会比較プロセス理論（theory of social comparison processes）」（Festinger, 1954）・「認知不協和理論」という三つの理論を発表しました。当人が意識していたかどうかとは別に、これらはどれも、社会変化の説明ではなく、社会秩序が維持されるメカニズムの分析です。それを言い換えるならば、社会変化を説明する理論は彼の発想からは出てこないということです。それは偶然ではない。フェスティンガーはホメオスタシス・モデルで考えました。彼の認識論的立場から言って、必然的にそうならざるをえなかったのです。この点については第9講で影響理論を分析する時に再び取り上げます。

周囲から影響を受け、考えが変わり、その結果として行動に変化が生ずると我々は信じている。したがって社会環境が行使する影響の事実を認めながらも、人間は主体的存在であり、意識が行動を司るという自律的人間像が踏襲されている。しかしフェスティンガーはこの人間観を覆しました。社会の圧力が行動を引き起こし、その後に、行動を正当化するために意識内容を適応させるという逆の発想を提示しました。

「人間の意識が存在を規定するのではなくて、逆に人間の社会的存在形態が意識を規定する」というカール・マルクス『経済学批判』「序言」の有名なテーゼがあります。フェスティンガーの発想はこれに通じます。社会の中で自分の置かれた状況に応じた思考を人間は持つ。つまり認知不協和理論は社会構造の再生産プロセスを説明する心理学理論です。

個人主義の陥穽

前講で紹介した認知不協和実験を思い出して下さい。これらの研究に共通するのは、普通ならば行わないはずの行為を被験者に行わせるという状況です。昆虫を試食させたり、自らの信条に反する声明文を書かせたり、嘘をつかせたりします。苦痛な電気ショックを自ら受けるという不快な体験をさせる場合もある（Zimbardo, *et al.*, 1966）。ところで、なぜ被験者はこのような行為をするのでしょうか。

自らの信条・道徳・欲望に反する行為を自らの意志で行ったと被験者が認識しなければ、認知不協和は生じない。強制されたと感じれば、そこに何ら矛盾はありませんから認知不協和は起きません。したがって、どの実験においても不快な行為を要請した後に「もちろん、するかしないかは、あなたの自由です。もし嫌なら仕方ありません」などと必ず確認をする。ですから被験者にとっては正当な理由がないのに、いやいや、したくない行為を自由意志の下に行うという形容矛盾としか言えない状況がここに生じています。

フェスティンガーの理論をめぐってなされた実証研究は夥しい数に上りますが、研究者の要請を拒否する被験者は稀です。バッタを食べさせる実験でさえも参加者の半分以上が昆虫の試食を自主的に承諾し、実際に食べました。何故このような不思議なことが起こるのか。

この謎はしかし簡単に解ける。実は被験者は自由意志によって行為するのではありません。ミルグラムやリベットの研究が如実に示すように人間は自由な存在ではない。自由であると錯覚するだけです。自ら主体的に選択したと思っても、我々は知らず知らずのうちに外界からの情報に影響を受けて判断や行動をしている。嫌ならば拒否しても良いと明確に指示をしてもしなくても、実験参加を承諾する被験者の割合はほとんど変わらない。しかし「嫌ならいいですよ。強制する気はありません」と言われると、本当は外的強制力が原因で引き出された行為であるのに、その事実が隠蔽され、あたかも自ら選び取った行為だと錯覚するのです。この錯覚がなければ、矛盾した心的状況は初めから起こらない。ここには自由意志などない。あるのは自由の虚構です。

この論理を推し進めると、個人主義者ほど簡単に意見を曲げやすいという、常識とは正反対の結論が導き出されます。他人の意見に流されず、自分の頭で考えて判断・行動し、自らの行為に対して責任を持つ。そんな自律的人間像が近代社会の理想です。しかし心理機構の原理からして、そんな人間は実際にはありえない。したがって個人主義的とは、外部情報に依存しても、その事実に無自覚だという意味にすぎません。何らかの行為を行った後で、「何故このような行動をとったのか」と自問する時に、個人主義者ほど自らの心の内部に原因があったのだろうと内省し、自らの行動に強い責任を感じやすい。そのため行動と意識との間の矛盾を緩和しようと自らの意見を無意識に変更する。こうして個人主義者こそ、強制された行為を自己正当化しやすい、したがって認知不協和を緩和するために意見を変えるという逆説的な結論が導かれます。

米国で行われた実験を例に挙げましょう（Sherman, 1973）。自分の行動の原因を自らの意志に帰する傾向の強い者と、逆に自分の行動を説明するに際して他人や状況のせいにしやすい者とを前もって振り分けます。前者は「他人に影響されず、自分自身で何でも決める」と信じる個人主義者であり、後者は「周囲に影響されやすい」と思う、個人主義的傾向の弱い人々です。もちろんこれは程度の差にすぎません。今までの推論が正しければ、自らの考えに反する行動をした際、認知不協和は前者の方が強くなる。したがって個人主義者の方が、行動に合致するように意見を変更しやすいという予測が立てられます。

実験では二つの異なる方法で大学生に影響を与えました。選挙投票資格の年齢を引き下げるべきかどうかを被験者に前もって尋ねたところ、年齢引き下げ案に全員が賛成しました。そこで逆に、投票年齢の現状維持を望む方向に影響を行使します。第一の方法では、投票年齢維持を勧める内容の、予め用意した意見書を読ませ、その結果、被験者が影響を受けるかどうかを調べます。第二の方法では認知不協和理論を応用し、投票年齢維持を支持する意見書を被験者自らに書かせ、その後、意見が変わるかどうかを測ります。

結果を見ましょう。第一の方法では個人主義者の方が影響力に抵抗し、自分の意見を保つ。この結果は常識通りです。しかし第二の方法では認知不協和理論の予測通り、個人主義者の方が年齢維持に賛成する事実が証明されました。個人主義者ほど影響されやすいという、常識に反する傾向が確認されたのです。

同様に、自分の信条と矛盾する行動をした時、自信が強く、他人に頼らないで判断しようとする者の方が、周りの人の評価を気にしがちな者に比べて認知不協和がより強くなる。したがって認知不協和を低減するために、自信のある人間の方が意見を変えやすい（Greenbaum, 1966）。また知能の高い者ほど、自分の行動は自分で決めたと錯覚しやすいので、認知不協和緩和のために意見を簡単に変える（Watts, 1971. Sherman, 1973 に依拠）。知識人は理屈をこねて自己の立場を正当化しやすいのです。

近代イデオロギーと自律的人間像

人間は周囲の影響を簡単に受ける。しかし同時に我々は自律幻想を持つ。根本的帰属誤謬を再び取り上げます。性別・年齢・文化にかかわらず、このバイアスが広範に観察されるため、人間に共通する普遍的な認知形式だと考えられてきました。しかしこの自律幻想は人類すべてに共通する認知バイアスではなく、近代が生んだ個人主義イデオロギーと深い関連があることが後ほどわかりました。「根本的」という形容からうかがえるような、ヒトの脳が持つ癖というよりも、社会に流布する世界観に依存する産物です。例えばアジア人やアフリカ人に比べて西洋人にこの錯覚がより強い（Markus & Kitayama, 1991）。また同一社会内でも社会階層を上昇するほど、学歴が高いほど、自律幻想が強い（Beauvois, 1984 ; Dubois, 1987）。そして子供よりも大人の方がこの錯覚に囚われやすい。このバイアスが社会的に学習される産物だからです。

フランスの実証研究を参照して、この点を具体的に確認しましょう（Joule & Beauvois, 1987）。大学のキャンパスでタバコを吸っている学生を見つけ、「タバコと集中力」に関する実験への参加をもちかけます。一日に一五本以上吸うことを確認し、参加するなら一八時間禁煙しなければならないが、参加報酬として三〇フラン（約六〇〇円）払うと約束します。一三パーセントの学生が参加を了承しましたが、実際に一八時間の禁煙を守り、翌日に実験室にやってきたのはわずか四パーセントでした。実験内容を正直に話して参加をもちかけると、このぐらい低い参加率になる。そこでこの率を伸ばすために工夫を凝らします。

先ほどと違い、今度は報酬を三〇フランの代りに五〇フランの設定にし、また一八時間の禁煙をこの段階では伏せておきます。そして参加を了承した学生を一週間後、実験室に呼び出し、先ほどの実験と同じ条件に訂正します。被験者はすでに実験参加の意志を表明しただけでなく、そのために実験室まで出かけています。このような心理状態にしてから研究者は「言い忘れましたが、この実験に参加するためには一八時間禁煙する必要があります。それと報酬は五〇フランと言いましたが、実は予算の都合で三〇フランしか払えません。実験に参加するかどうかは自由ですが、どうしますか」と切り出します。最終的に支払う報酬は三〇フランですから、実験内容は前の状況と変わらない。最終条件明示までの経緯が違うだけです。

それでは話が違うから参加しないという選択も可能です。ところがこの詐欺まがいの操作のおかげで参加率が飛躍的に伸びます。九五パーセントの被験者が実験参加を承諾し、九一パーセントが実際に一八時間の禁煙を守りました。最初の実験結果と比較すると口約束の段階で一三パーセントから九五パーセントへの増加、実際行動では四パーセントから九一パーセントへの変化です。いったん決断して行為を始めると、その後に考えを変えるのは想像以上に難しい。訪問セールスなどで頻繁に使われる心理テクニックです。

ところで実験を行う前に被験者の個人主義傾向を調べておきました。結果をみると、個人主義的傾向の強弱を基準に被験者を比較しても参加率と禁煙率は同じです。つまり影響される度合いに違いはない。しかし、どうして禁煙したのかという動機の説明が異なります。個人主義者の場合、「禁煙するのにちょうど良い機会だったから」とか「興味深い実験だと判断したから参加した」という理由を持ち出し、自分自身が判断したのだと答えやすい。個人主義的傾向の低い者は逆に「状況が状況だけに、あそこで嫌だとは言いにくかった」というように外部の圧力を参加理由に挙げました。

これまでの考察から、(一)自律感覚の強弱にかかわらず、外界の力によって行動が影響される度合いは誰でもあまり変わらない、(二)しかし、自分を自由だと信じる者ほど、外界の強制力に無自覚であり、行動を自分自身で決定したと錯覚するという二つの重要な結論が引き出されました。

以上のデータを基に思考実験をしましょう(Beauvois, 1994)。二つのタイプの社会を比較します。市民に自由があると信じる民主主義社会と、権力によって人間が押しつぶされる全体主義社会です。社会の規則を市民が遵守する程度は同じだと想定します。前者では市民がほぼ自主的に規則を守る。対して後者では警察権力が怖いから仕方なく規則にしたがう。社会規範はどう維持されるでしょうか。

すでに確認したように社会の強制力によって人間の行動が大きく左右されるのは、どちらの社会にも共通する。しかしその時、各人が思い浮かべる理由は異なります。全体主義社会では権力に強制される事実が明白だから、行動の原因を自らの内的な動機や人格に結びつけない。しかし民主主義社会では、自分自身で決定したという正当化が起きやすい。つまり既存ヒエラルキーを維持する上でむき出しの暴力に頼る全体主義に比べ、民主主義社会ではより巧妙かつ隠されたメカニズムを通して秩序が維持される。強制されている事実に気づかず、自らの意志で行為を選択するという虚構がかえって支配状況を可能にする。被支配者が自ら率先して正当性を見いだすおかげで支配はその真の姿を隠蔽し、自然法則の如く作用する。本当は自由の身でないのに、自由だという幻想を抱くからこそ、我々は権力の虜になるのです（Beauvois & Joule, 1981）。

第8講

自由と支配

考察をさらに進めましょう。すると民主主義の綻びが見えてくる。フェスティンガー理論を解釈する一環で、個人主義的人間像と社会構造維持との逆説的関係が浮かび上がりました。以下ではこのテーマをさらに掘り下げます。そのために根本的な問いを立てます。支配とは何か、平等な社会の実現は可能かという問いです。

本当は自由でないのに自由だと錯覚する時、社会に何が起こるのか。平等を叫ぶ人々が本当に求めているのは何なのか。正義が成就した社会とは何を意味するのか。そんな問いも政治哲学・社会学・経済学だけに任せないで、社会心理学も格闘するべきです。それができないならば、社会と心理の相互作用を研究するという看板を下ろさねばなりません。

社会の安定と支配

人間は言語を媒介にした意味の世界に生きる存在であり、他の生物とは比べものにならないほど外界に開かれた認知構造に支えられている。ところで生物は何らかの閉鎖回路の内部でしか、安定した生を営めません。体温、水分の割合、カリウムなどの無機物含有量が一定の範囲以上に変化しないように自らの内部環境を絶えず調節し、変化に富んだ外界に随時適応しながら生物は生存している。同様に、認知的に外に開かれた人間には、外部に拡大した自己を閉じるための装置が必要です。文化は、体外に創出された〈内部〉であり、したがって社会制度に人間が依存するのは当然です。

文化は様々な規範・価値を通して我々の思考・行動に制限を加えます、そのおかげで日常生活の行為が可能になる。攻撃するつもりがないと知らせるために、犬ならば尻尾を振ります。この行動は遺伝子的にほぼ決定されている。しかし生物としての所与に対して人間はもっと自由であり、好意を示すという同じ目的のために多様な表現が可能です。したがって社会制度が我々の思考や行動に制限を加えなければ、好意を示すためにどのような表現をすべきかの決定さえできません。また相手の方も、示された表現がどういった意味を持つのかを判断できない。生物学的所与から多大の自由を獲得しつつも、安定した生を人間が営めるのは、その補償作用として社会が人間の自由を制限するからです。

ところで、他者が行使する強制力として規則が感じられると、社会生活が円滑に営まれないので、社会規制に何らかの正当性が付与される必要があります。集団が及ぼす力は、外部から強制される暴力としてではなく、内面化された規範の形を取って自然な感情の下に服従を促すのが望ましい。

マックス・ヴェーバーによれば、支配とは次のような関係を言います（Weber, 1956 tr. fr., p. 95）。少なくとも二人の個人あるいは集団AとBの間に上下関係が存在している。そしてAが発した命令・示唆に適合した行動をBが取り、かつ、Aからの命令・示唆がなければ、Bはその行為を実行しない場合に、AはBを支配すると形容される。

ここで問題は支配を可能にする手段・方法です。物理的な強制力や拘束力、すなわち殺傷したり飢餓状態においたりして直接的にまたは間接的に苦しみを与える能力だけが、支配形態の発生と存続を可能にするのではありません。それどころか反対に、継続する安定した支配はこのようなむき出しの強制力によってはもたらされない。「一定最小限の服従意欲、すなわち服従に対して外的あるいは内的な利害関心のあることが、あらゆる真正な支配関係の要件である」（*Ibid.*, p. 285）とヴェーバーは述べます。真の支配においては命令意志が根拠あるものとして現れる。つまり支配関係に対する被支配者自身の合意が必要です。

そしてこの合意が強制力の結果として現れずに自然な感情として感知されればされるほど、支配は強固になる。支配が理想的な状態で保たれる時、支配はその真の姿を隠蔽し、自然の摂理の表現であるかのごとく作用する。国王の前で頭を垂れ、親・先輩・上司・教師に従順を示すのも支配です。

安定した社会秩序維持に支配は必要不可欠です。支配から自由な社会は空想の産物にすぎず、そのようなユートピアは「どこにもない場所」というギリシア語の原義通り、建設しようがありません。人類の努力が足りないから、支配から解放された世界が実現しないのではない。支配は社会および人間の同義語だと言ってもよいほど、我々の生活の根本を成しています。支配関係の消失は原理的にありえません。社会には必ずヒエラルキーが発生し、人々の地位の違いは何らかの方法で正当化される必要がある。そうでなければ絶えず争いが生じ、社会が円滑に機能しない。

近代民主主義社会も平等ではなく、人々の間に上下格差があります。不平等は社会生活の本質的姿でさえあります。もちろん時代や地域により不平等の形態は様々であり、それに対する正当化の仕方も異なります。しかしどんな形態の社会であれ、格差が完全になくなりはしない。強硬路線を推進する労働組合幹部でも完全な平等は望みません。新入社員と勤続三〇年の社員に同じ待遇を与え、社長も部長も平社員も全員同じ給料にするべきだと考える人はいません。

人間は常に他者と自分を比較しながら生きている。そして比較は必然的に優劣をつける。『広辞苑』で「欲望」を引くと「不足を感じてこれを満たそうと望む心」と説明されています。問題は客観的な欠如ではない。恋愛の例がわかりやすいでしょう。美しい人に出会うだけでは恋愛感情は必ずしも生まれない。最初は気にもとめていないのに、その人に注目するライバルを身近に感じた時、にわかにその人を独り占めしたくなる。ライバル関係の導入により、相手の絶対価値が社会での相対評価に変換される。ダイヤモンドの指輪や高級時計などを欲しがる気持ちも同じです。

テレビ番組で有名人の持ち物を紹介する時しばしば値段を告げる。これはモノ自体の評価が背景に退き、価格という共通基準によって一元的に比較される事態を意味します。人間はモノと直接に関係を持たず、他者との関係を通してモノと関わる。だから給料などの格差は単なる経済的次元を超えて、人間の価値比較に結びつきます。格差はなくならない。他者との比較が自己同一性の維持と密接な関係にあるからです。

とはいえ格差は少しでも減る方がよいのではないか。士農工商と身分が分かれて公然と差別される社会に比べれば、民主主義社会の方がましではないか。しかしそれは人間心理を知らない者の楽観論です。近しい比較対象との差こそが問題を孕むとアリストテレスは『弁論術』「羨望」(第二巻第十章)において指摘しました(Aristote, 1991, p. 227–229)。

妬みを抱くのは、自分と同じか、同じだと思える者に対してだ。それは家系・血縁関係・年齢・人柄・世評・財産などにおいて似通った人のことだ。[……]時・場所・年齢、世の評判などで人は自分に近い者を妬む。[……]競争相手や恋敵、一般に同じものを欲しがる者と人々は競う。そのため彼らに対し必ず嫉妬心を覚える。

社会の底辺に置かれた者が肯定的アイデンティティを持てるかどうかは社会資源の分配量だけでは決まらない。封建社会においては出生の違いにより身分が固定されました。しかし同時に、下層の人間は上層の人間との比較を免れるため、近代社会に比べて羨望に悩まされにくいのです。クルト・レヴィンの考察を参照しましょう(Lewin, 1935/1948, p. 145–158)。ドイツのユダヤ人は十九世紀末のゲットー消滅後に深刻なアイデンティティ危機を迎えました。それまでユダヤ人と非ユダヤ人の間の隔たりは相互に維持されていた。ところが解放を経て接触の機会が増えるにつれてユダヤ人の心理的葛藤が増す。上位集団（非ユダヤ人）の仲間にもう少しでなれるという心理がユダヤ人に生まれたからです。

憧憬する上位集団に実際に入れるかどうか予測しがたい不確かな状況は、伝統社会における絶対的排斥よりも耐えがたい。上位集団に属する可能性の期待感が高まるにつれて、格差に対する不満が強くなる。平等な社会が人間を幸福にするとは限りません。比較の対象にならないほど他者と自分の能力が異なれば、羨望は起きない。生まれるのは尊敬の念です。バスケットボールのマイケル・ジョーダンや野球のイチローのような非凡なスポーツマン、あるいはアインシュタインのような天才科学者を想像すれば、それは明らかです。しかし能力が拮抗する者を前にして自らの劣等性を受け容れるのは辛い。

差別の心理

差別を例に敷衍します。異質性が原因で他民族が排斥されると常識的には考えられていますが、それはまちがいです。人種差別についてモスコヴィッシは次のように述べました（Moscovici, 1985, p. 185）。

人種差別は逆に同質性の問題だとわかる。私と深い共通性を持った者、私と同意すべきであり、私と信条を分け合うはずの者との間に見いだされる不和は、たとえ小さくとも耐えられない。その不一致は実際の度合いよりもずっと深刻なものとして現れる。差異を誇張し、私は裏切られたと感じ、激しい反発を起こす。それに対して私とまったく異なった者に対峙する時、我々を分け隔てる、越えることのできない溝に対して注意を向けることさえないだろう。つまり我々に耐え難いのは差異ではない。我々の同質性と繫がりなのである。

ナチスによって多くの同胞が虐殺されたユダヤ人を考えて下さい。当時、東ヨーロッパのユダヤ人はゲットーに閉じこめられ、伝統的文化を残していた。それに対し西ヨーロッパに住むユダヤ人はフランス革命による解放、そしてそれに続くナポレオンの影響によって急速に同化への道を辿ってゆく。そのような事情からドイツのユダヤ人は非ユダヤ人とほとんど区別できないほどに社会に溶け込んでいました。「黄色い星」を身につけるようにナチスはユダヤ人に強制しましたが、それは汚名の刻印を彼らに押すためだけではない。そうでもしないとユダヤ人を非ユダヤ人から区別し難かったからこそ、採られた措置でした。

しかしこのように同化の著しく進んでいたドイツにおいて反ユダヤ主義は最も激しい暴力を生み、また住民に熱狂的に支持されました。フランスの思想家アラン・フィンケルクロートは近親性と憎悪との関係についてこう語ります（Finkielkraut, 1980, p. 88. 強調フィンケルクロート）。

一般に信じられているところとは違い、ユダヤ人が集団虐殺の犠牲になったのは、彼らが同化の努力をしたにもかかわらず、虐殺政策から逃れられなかったのではない。そうではなくて、この同化の努力自体に対する反動として虐殺が行われたのだ。ユダヤ人が非ユダヤ化すればするほど、彼らはより恐怖の対象にされた。彼らの出身がばれないようになればなるほど、反ユダヤ主義の世論が彼らに投げかける呪いは激しさを増した。非ユダヤ化して他の住民の中に溶け込んでゆくことが、これほど激しい憎悪につながるなどと、啓蒙主義に育まれたユダヤ人にどうして想像できただろうか。彼らの敵が攻撃するのは、彼らの中に残存するユダヤ性だとばかり彼らは思いこんでいた。しかし実は非ユダヤ人というこの新しい身分こそが、まさに敵の恐怖と怒りを煽ったのだった。自らに残るすべてのユダヤ性を消し去るべく、同化ユダヤ人は細心の注意を持って純化に努めた。ところがゲットーの住民に対する伝統的嫌悪とは比べものにならないほど、はるかに激烈な反応が、この文化的同一化に対して引き起こされたのだ。

距離が近くなればなるほど、境界を保つために差異化の力学がより強く作用する。フランスの社会学者エドガール・モランも『オルレアンの噂』の中で同様の現象を報告しています。パリから一〇〇キロほど南に位置する街オルレアンで一九六〇年代末に起きた事件です。洋服店の試着室に入った女性が麻酔をかけられて誘拐され、売春奴隷として外国に売り飛ばされているという流言が広まった。噂が大きくなり、警察が調査に乗り出しましたが、そのような事実はない。中傷の対象になったのはどれもユダヤ人経営の店でした。ところで彼らは完全にフランス社会に同化し、出身が容易には判別できない人ばかりだったのに対し、いかにもユダヤ人風で東欧訛の残った人たちは被害に遭いませんでした（Morin, 1969, p. 25, 48–56）。

異質性よりも同質性の方が差別の原因になりやすい傾向は広範に認められます。他の例もいくつか挙げましょう。フランスで現在もっとも厳しい差別にさらされているのはアルジェリア・モロッコ・チュニジアからなるマグレブ（北アフリカ）出身者です。彼らに比べると中国人や旧仏領インドシナ出身の人々はそれほど差別を受けません。その理由として、マグレブ出身者の異質性に言及するフランス人は多い。しかし実際にはフランス文化への同化度や宗教の類似性などの点で、東南アジア人に比べてマグレブ出身者の方がフランス人により近いのです（Tribalat, 1996, p. 189–213）。身体的にもマグレブ出身者はフランス人とほとんど見分けがつきません。

差別が客観的な差異の問題でないことは部落差別を考えても明らかです。いかなる文化的・身体的基準によっても判別できない人々を、その「家系」を探って異質性を捏造するのであり、何らかの異質性が初めにあるのではない。

在日朝鮮人が日本社会で差別される理由として、彼らの異質性に言及する日本人は少なくありません。しかし文化的にも身体的にも朝鮮人ほど日本人に近い人々はいない。そのうえ在日朝鮮人のほとんどは日本で生まれ育った世代であり、彼らの多くは日本語しか話せません。

黒人差別も同様に、差異の問題ではありません。米国南部出身の白人知識人は自らが抱く不合理な感情を次のように分析しました（Leonard, 1964. 我妻／米山1967、二一一―二一二頁より引用）。

［……］私が若い頃北部に移って黒人達と対等の立場に立ってつきあいを始めた頃、私は自分が、感情的にも、知的にも、黒人に対する偏見を払拭していたつもりだった。しかし

〔……〕黒人と握手をするたびに、私は自分の手を洗いたいという、甚だ不合理な、しかし、強烈な衝動に駆られたのであった。私はあわて、困惑し、自らを恥じた。しかし、黒人と握手をした自分の手がよごれているという感情を、どうしても禁じえなかった。これは実に信じられない、おかしな感情であった。というのは、私は生まれおちた瞬間から、黒人召使の黒い腕に抱かれ、黒い手によって体を洗われ、黒い乳房から乳をもらい、黒い手の作る食事をたべて育ったのであり、彼等の黒い肌がきたないと感じたことは、ただのいっぺんたりともなかったからである。

境界が曖昧になればなるほど、境界を保つために差異化のベクトルが、より強く作用する様子がわかります。人種差別は異質性の問題ではない。その反対に同質性の問題です。差異という与件を原因とするのではなく、同質の場に力ずくで差異を捏造する運動のことなのです。

同質性のパラドクス

同質性と差異をめぐって例をもう一つ出します。ドイツや日本のように血縁を基に国籍を規定するのではなく、またアメリカ合衆国・カナダ・南米諸国のように属地主義を採るのでもなく、共同体に属する意志を表明する者が国民なのだという契約主義的国家理念はフランス革命によって生まれました。「国民の存在は日々の人民投票である」というエルネスト・ルナンの有名な章句もあります（Renan, 1882/1992, p. 55）。そのためにフランスでは外に開かれた国籍概念が採用されており、帰化が比較的容易です。一八八〇年から一九八〇年の一〇〇年間に出生したフランス人のうち、一八〇〇万人が第一・第二・第三世代の移民を親に持つという統計があります（Frémy & Frémy, 1995, p. 647）。あまり知られていませんが、フランスはアメリカ合衆国に比するべき移民国です。最近になって移住した一世代目の外国人を除けば、フランス人だという自覚をほとんどの外国出身者が持っており、彼らを外国人だと考えるフランス人もあまりいません。このようにほんの数世代で、外国人が比較的簡単にフランス社会に溶け込んでゆく。同化しないと信じられていたアルメニア人の場合でも実際には予想以上の速度で同化しました。フランス人との外婚率は一九二五―二九年において一・四パーセント、一九三〇―三九年に六・四パーセントという低い数字でしたが、その後、急速に増加し、一九六〇―六九年には五一・九パーセント、そして一九七〇年度には七三・二パーセントに達しました（Bardakdjian, 1973. Noiriel, 1988, p. 232より引用）。

権力の中枢においても短期間で外国人が受け入れられる。ミッテラン大統領時代に首相を務めたピエール・ベレゴヴォアはウクライナ移民の子供、ルーマニア出身セルジュ・モスコヴィッシの次男ピエール・モスコヴィッシは経済・財政・産業大臣の要職にあり、前大統領のニコラ・サルコジはハンガリー人の父を持つ移民第二世代です。他にも韓国ソウルで生まれた孤児で、一歳の頃にフランス人の養子として引き取られたフルール・ペルランは社会・経済担当大臣を務め、同じくソウル生まれで七歳の時にフランス人夫婦の養子になったジャン゠ヴァンサン・プラセも元老院（上院）議員として活躍しています。アフリカ出身の大臣もいます。サルコジ政権下で任命されたラマ・ヤデ人権担当大臣はセネガル人の両親を持ち、一一歳の時にフランスに移住しました。ラシダ・ダチ法務大臣とファデラ・アマラ都市政策担当相はフランスで生まれましたが、二人とも両親はアルジェリア人です。現政権でも、モロッコ人の両親を持つナジャット・バローベルカセム女性権利担当大臣や、アルジェリア人の両親を持つヤミナ・ベンギギ仏語圏担当大臣がいます。

ところで多民族主義を標榜するアメリカ合衆国では家族構造・宗教・食習慣をはじめとして均一化が著しいのに、民族の固有性を認めない普遍主義のフランスの方にかえって文化的多様性が残っている事実をフランスの歴史人口学者エマニュエル・トッドが指摘しています（Todd, 1994, p. 205–208）。このパラドクスをどう説明するか。

まずは次の事実確認から始めます。文化内容が均一化しつつも、民族固有性が以前に増して強調されることは稀でない。米国社会での黒人など少数派集団のアイデンティティ高揚とは裏腹に、現実には各集団の類似性が増しています。イスラエルにおいても北アフリカ出身のユダヤ人セファルディムと、ヨーロッパ出身のユダヤ人アシュケナジムとの間の文化差が共同生活を通じて減少したにもかかわらず、各集団が自らの固有性を強く主張するようになりました（Weingrod, 1979）。主観的な差異感覚と客観的な均一性は矛盾しない。この点をまず押さえましょう。

さて民族差を重要視しない普遍主義のフランスよりも、各民族の固有性を公式に認める多民族・多文化主義のアメリカ合衆国が均一化を促進する謎をどう解くか。次のように考えてみましょう（小坂井 2004）。

一般にA・Bという二つの範疇が作り出される時、AとBの間の差異が誇張されると同時に、

A・B各内部の多様性が見逃される（Tajfel & Wilkes, 1963）。平均的に言えばスウェーデン人は日本人よりも背が高いが、それは全員にあてはまるわけではない。両集団の平均値の差は一〇センチ程度にすぎません。しかし各集団内の最大値と最小値の差は少なく見積もっても五〇センチはある。集合Aと集合Bが相違するといっても、まったく同じ要素では構成されてないという意味にすぎず、両集合は多くの要素を共有しています。しかし範疇化されると、AとBに含まれる要素がすべて異なるような錯覚に陥る。また集合それぞれには多様な要素が含まれていますが、一つの名称の下に一括して把握されると、各集合の要素が皆似ているような均一化の錯覚が生まれます。

多民族・多文化主義の社会においては各市民が民族集団の枠を通して認識されるために、実際にはほとんど差がなくとも、他の集団と異なる文化基盤を持つと錯覚しやすい。また自己同一性は他者との差異化に支えられるため、差異感覚の確保は心理的安定をもたらし、ひるがえっては他の民族集団からの異文化受容を促進する。この点は第12講と第13講で詳しく述べますが、他者の価値観を受け入れても自らの本質的な部分は変化しないという確信あるいは錯覚のおかげで、自らの変身が許容されます。

反対に、人間はみな本質的に同じだと捉える普遍主義においては現実に文化差があっても、その違いは非本質的なものとして見すごされやすい。またこのような認知環境では差異化が十分に働かないために、他者の価値観の受容は自己同一性を脅かしかねない。こうしてフランス国民の文化的均一化に歯止めがかかります。

多民族・多文化主義では、外部と内部を隔てる壁を取り去るのではなく、反対に両者の融合を阻止するがゆえに外部が馴致される。それに対して普遍主義においては、外部の痕跡を内部において消し去る過程を通して、かえって外部の異質性が実質的に残存するのです。

民主主義の罠

小さな格差こそが問題を孕む。社会システムの安定が、そこで試練を受けるからです。明白な差は誰にも納得できる。しかしほんの小さな違いしかなければ、自らの劣等性を受け容れ難いし、優越者もわずかな優位を守るために多大のエネルギーを費やさねばならない。したがってすべての人間を平等に扱い、物質・文化資源を均等に分配する社会は実現しえない。そのため格差を正当化する何らかのメカニズムがいつの世でも必要です。この事実を念頭に自由と平等の関係について考えましょう。

近代以前の伝統社会と近代社会とを区別するのは平等・不平等の事実ではありません。民主主義社会も依然として不平等な社会であるのは変わりない。程度の差が問題なのでもない。両者の違いは他にあります。

封建制度やカースト制度など身分制社会では貧富や身分を区別する根拠が、神や自然という、共同体の〈外部〉に投影されるため、不平等があっても社会秩序は安定する。人間の貴卑は生まれで決まり、貧富や身分の差があるのは当然です。まさに格差の存在が秩序の正しさを傍証します。伝統社会にとって平等は異常であり、社会の歯車がどこか狂った状態を意味する。しかし実際、社会は平等でないから疑問は生じない。

対して民主主義社会は平等が建前です。人間はすべて同じ権利を持ち、正当な理由なくして格差は許されない。しかし実際には平等が実現不可能な以上、常に理屈をつけて格差を弁明しなければなりません。正当化に失敗すれば、争いが生じ、社会が円滑に機能しない。十分な正当化なしに地位の差が長期間にわたって維持される状況は人間に耐えられません。ヴェーバーによる支配の分析を思い出して下さい。安定したヒエラルキーには被支配者の合意が不可欠です。

近代以降、不平等が緩和されたにもかかわらず、さらなる平等化の要求が叫ばれるのは何故でしょうか。近代社会では人間に本質的な差異はないとされる。市民は同胞であり、同類です。ところで、すでに確認したように同類の間には比較が必ず起き、格差が現れます。したがって下層に位置する人間は自らの劣等性を否認するために社会の不公平を糾弾する必要がある。すなわち平等主義イデオロギーは、個人主義的人間像が必然的に引き起こす自己防衛・正当化の反応です。平等を理想として掲げる民主主義社会の出現に際して、フランスの思想家トクヴィルは矛盾を鋭く指摘しました（Tocqueville, 1835/1961, t. II, p. 192–193）。

同胞の一部が享受していた邪魔な特権を彼らは破壊した。しかしそのことによって、かえって万人の競争が現れる。地位を分け隔てる境界そのものが消失したのではない。単に境界の形式が変化したにすぎない。［……］不平等が社会の常識になっている時には、最も著しい不平等にも人は気づかない。それに対して、すべての人々がほとんど平等になると、どんな小さな不平等であっても人の気持ちを傷つけずにはおかない。だからこそ平等が増大するにしたがって、より平等な状態への願望は常に一層いやしがたいものになり、より大きな不満が募っていくのだ。

どんなに考え抜いても人間が判断する以上、格差を定める基準が正しい保証はない。したがって常に不満が渦巻き、完全平等という理想と、不平等が残る現実との必然的齟齬を近代社会では正当化し続ける必要がある。神や自然という〈外部〉に支えられる身分制社会と異なり、人間が主体性を勝ち取った近代民主主義社会は本質的に不安定なシステムであり、近代社会の激しい流動性の一因がここにあります（Dupuy, 1982）。

以上議論したように、貧富の差は解消不可能です。では公平な格差ならば、よいのでしょうか。正義が実現した社会とは何か。社会秩序が正義に支えられ、階層分布の正しさが証明される以上、自分が貧困なのは差別のせいでもなければ、社会制度に欠陥があるからでもない。まさしく自分自身の資質や能力が他の人より劣るからに他なりません。序列の基準が正当ではないと信ずるおかげで、我々は自らの劣等性を否認できる。しかし公正な社会では、この自己防衛が不可能です。下層に置かれる者に、もはや逃げ道は残されていない。ある日、正義を成就した国家からこんな通知が届きます（Anderson, 1999, p. 305 を参考にした）。

欠陥者の皆さんへ

あなたの能力は他の人々に比べて劣ります。しかし、それはあなたの責任ではありません。愚鈍な遺伝形質を授けられ、劣悪な家庭環境で育てられただけのことです。だから自分の劣等性を恥ずかしがったり、罪の意識を抱く理由はありません。この不幸な事態を補償し、あなたの人生が少しでも向上するように、我々優越者は文化・物質的資源を分け与えます。あなたが受け取る生活保護は、欠陥者として生まれた人間の当然の権利です。劣等者の生活ができるだけ改善されるように、社会秩序は正義に則って定められています。

同期に入社した同僚に比べて自分の地位が低かったり、給料が少なかったりしても、それが意地悪な上司の不当な査定のせいならば、自尊心は保たれる。格差の基準が正当ではないと信ずるからこそ、人間は劣等感に苛まれないですむ。正しい社会ほど恐ろしいものはありません。社会秩序の原理が完全に透明化した社会は理想郷どころか、人間には住めない地獄の世界です。

上昇可能性と既存支配構造の維持

ところで民主主義社会の構造的帰結として格差への不満が生じても、それが社会の変革につながるとは限りません。身分制社会と異なり、共同体の桎梏から解放された自由な個人として、近代人は相互交換可能な存在になりました。したがって社会内で構成員の位置が入れ替わってもシステム自体は維持できる。〈要素〉の位置関係は変化しても、〈全体〉の構造は元のままです。社会構造を覆さなくとも、個人の能力により社会上昇する可能性があれば、あるいは可能だという幻想が保たれれば、不満は大きくならない。またひるがえって社会上昇の現実が既存構造を正当化する。激しい流動性とシステムの強固さが矛盾に陥らず、相補関係をなす理由です。

ドイツの社会学者ヴェルナー・ゾンバルトは、十九世紀後半のアメリカ合衆国に社会主義が育たない理由として個人的に社会上昇する可能性を挙げました。当時、米国労働者には夢と希望があった。ヨーロッパ諸国と異なり、アメリカ社会では創立時から男子普通選挙制が布かれ、機会均等の原則に支えられた将来の可能性が広範に信じられていた（Sombart, 1906, tr. fr., p. 157）。

米国労働者の社会上昇可能性はヨーロッパの状況と比較にならなかった。民主主義が進んだ、この若い社会では指導者階級と労働者階級との隔たりが小さく、多くの植民者は情熱を抱いていた。［……］たくさんの単純労働者が資本主義階級社会の梯子を次第に登っていった。頂上まで登りつめることも不可能ではなかった。ヨーロッパではとても無理なほど大金の貯蓄が可能だったし、商人や喫茶店主など小中産階級に入り込むこともできた。

不満を抱く労働者大衆にも他の道が用意されていた。前世紀に数十万、いや数百万もの人々が夢見て、そして実際に手に入れた目標だ。資本主義の重荷から彼らを救ったもの、それは誰も住んでいない西部開拓地に自分の家を所有する夢だった。

階層上昇が可能であるか、あるいは実際にはそうでなくとも、可能だという幻想がある時、不平等の現実にもかかわらず社会構造自体の是非は問われない。貧富の原因が各人固有の能力に帰されるからです。これはすでに述べた根本的帰属誤謬であり、そのイデオロギー性も第4講で指摘しました。

自分の力で現状を変革できるという信念が支配維持に貢献するという逆説は集団アイデンティティ研究でも指摘されています（Ellemers *et al.*, 1988 ; 1990 ; 1993）。下位集団のメンバーが肯定的アイデンティティを持てるかどうかは、上位集団と下位集団を隔てる境界の浸透性に左右される。下位集団から上位集団への通過が可能な場合、それが不可能な場合に比較して、自らの属する集団を放棄して上位集団に自己同一化する動きがより顕著です。また同時に下位集団の成員はより強い不満を感じます。社会上昇が不可能ならば諦めもつくが、上位集団に入れる可能性が高まるにつれて期待が増大するからです。ドイツのユダヤ人についてレヴィンが提示した分析を思い出して下さい。

また上位集団への通過が可能な場合、既存の上下序列が正当であると認知されやすい。すなわち集団間に身分・地位・声望などの不平等があっても、個人的能力によって集団の間を移動できる事実、あるいは、それが可能だという幻想がある場合には、社会秩序が正当性を付与され、支配構造が維持されやすい。具体例を出しましょう。

フランス領アンティル人の〈名誉白人性〉をフランツ・ファノン『黒い皮膚・白い仮面』は告発しました（Fanon, 1952）。ブラック・パワー旋風が吹き荒れる一九六〇年代以前の話です。アフリカ人に比べると明るい肌を持つアンティル人は自らをヨーロッパ人と認識し、アフリカ人に対して優越感を抱いていた。フランス本土の白人に同一化し、アフリカ人を「野蛮で迷信深い土人」だと侮辱していた。

アフリカ人よりも、白人に近いアンティル人に名誉白人症候群が現れやすい点に注意しましょう。身体的な違いが大きすぎて準拠集団に同一化できない場合は、被支配関係に置かれても、そのような現象は生じない。そのためアフリカ人よりもアンティル人の方がかえって屈折した自己像を作り出す。同様な傾向はユダヤ人や在日朝鮮人にもみられます。支配側の人間と外見的に差がなく、支配者側への通過が容易だからです。

『朝鮮人がなぜ「日本名」を名のるのか』を著した金一勉《キムイルメン》は、在日朝鮮人が日本通名を使用する問題を掘り下げました。朝鮮・韓国籍を維持しながらも出自を隠す人は少なくない。その典型的な例としてプロレスの力道山がいました。敗戦で疲弊した日本人を励まし、「日本の英雄」として絶大な人気を博した彼は、朝鮮人である事実を隠蔽するために嘘の出生物語を捏造しました。弟子の金一《キムイル》に「大木金太郎」というリング名を与え、韓国名の使用を厳禁したと言います。彼が本名を名乗るようになるのは力道山の死後です。

在日朝鮮人である金嬉老がライフル銃で人質をとり、静岡県の旅館に立てこもった「金嬉老事件」。一九六八年の出来事です。差別に虐げられながらも彼は日本人になりたいと切望していた（鈴木1968、三九三頁）。


天皇の玉音を聞いて泣いたのは、私の感情は日本人のそれと変わる処がなかった事と、私の性格（一本気）から云って、天皇のために兵隊に行って死ぬんだ、立派な（？）手柄を……と思いこんでいた時でもあります。ですから、戦後も、アメリカ兵を敵視する感情が取れず、名古屋の中村遊かくで、奴らの車がむらがっているのを見て、日本女性をアメ公などにと云ういまいましさから、タイヤの空気を抜いてやる事で、そのうっぷんを晴した事もありました。又、東京の上空で空中戦を見て、日本機が落されると、ぢだんだふんでくやしがり、石を拾って空へ投げる程の激しい敵意を表現したのも、私の感情が日本人化していたという事でしょう。[……]

私が「朝鮮人」として、虐げられた事実は私の記憶の中にも多く残って居りますが、それだけに私は、朝鮮人が嫌いだったし、自分を早く日本人にしてしまいたいと思って、無駄な努力を無駄でないように思い込んでしたのです。

差別を受ける少数派が支配側に同一化するのは、それを可能にする、あるいは可能だと錯覚させる客観的条件が存在するからです。支配集団に似ているが故に、同質性が高いが故に、かえって差別との闘いが難しい。出自を隠して支配側に身を寄せれば、個人的には差別を回避できますが、差別構造自体は揺らぎません。

日本の近代化と名誉白人現象

以上の心理メカニズムは日本人にも当てはまる。日本近代化の歴史は西洋化の歴史でもありま す。福澤諭吉の「脱亜論」(『時事日報』一八八五年)に象徴されるように、西洋の一員になろうと日本人は努力してきました。

我日本の国土は亜細亜の東辺に在りと雖《いへ》ども、其国民の精神はすでに亜細亜の固陋《ころう》を脱して西洋の文明に移りたり。然るに爰《ここ》に不幸なるは近隣に国あり、一を支那と云ひ、一を朝鮮と云ふ。〔……〕我国は隣国の開明を待て共に亜細亜を興すの猶予ある可《べか》らず、寧《むし》ろ其伍を脱して西洋の文明国と進退を共にし、其支那朝鮮に接するの法も隣国なるが故にとて特別の会釈に及ばず、正に西洋人が之に接するの風に従て処分す可きのみ。悪友を親しむ者は共に悪名を免かる可らず。我れは心に於て亜細亜東方の悪友を謝絶するものなり。〔……〕

一切万事西洋近時の文明を採り、独り日本の旧套を脱したるのみならず、亜細亜全州の中に在て新に一機軸を出し、主義とする所は唯脱亜の二字に在るのみ。

「脱亜入欧」の発想は当時の指導者層に広範に受け入れられました。例えば外務大臣の職にあった井上馨は「我帝国及ビ人民ヲ化シテ恰《アタカ》モ欧米諸国ノ如ク、恰モ欧州人民ノ如クナラシメル」べきであると政府宛の意見書（一八八七年）に記しましたし、初代文部大臣・森有礼は『国語英語化論』（一八七二年）において、日本語を廃止して英語を国語にするよう提案しました。森の発案は陽の目を見ませんでしたが、第二次大戦で負けを喫した際に日本語廃止論が再び甦ります。それが志賀直哉の「国語問題」（『改造』一九四六年）です。日本語ほど不完全で不便なものはないと主張し、日本語を廃止してフランス語の採用を提案しました。

そもそも日本人はアジア人でないという論者も出た。自由主義経済学を日本に導入した田口卯吉は『破黄禍論』（一九〇四年）において、西洋で流行する黄禍論を批判しました。しかし人種差別自体に反対したのではない。日本人を他の非白人から切り離し、〈アーリア人種〉だと主張したのです。

余は従来の研究に於て大和民族は支那人と別種にして、印度、ペルシャ、グリーキ、ラテン等と同種なることを確信したる者なり。故に余の見る所を以てすれば、黄禍論は其の根帯に於て誤れるものなり。日本人を以て支那人と同じ黄色人種となせるの一点已に事実を誤れりとすれば、黄禍論は全く無根の流説たらざるを得ず（橋川 1976、四五頁より引用）。

故に余は日本人種の本体たる天孫人種は一種の優等人種たることを疑はざるなり。此の人種は天の如何なる方面より降りしかは、実に史上の疑問なり、然れども其の言語文法より推断すれば、サンスクリット、ペルシャ等と同人種にして、言語学者が称してアリアン語族と云へるものに属するや喋々を要せざる事なり（同四八頁より引用）。

『破黄禍論』の翌年に田口が著した「日本人種の研究」でも、ロシアとの戦争に日本が勝利した理由として日本人が白人だからだと主張しました。同じ発想です。日本人は西洋人より劣るという気持ちが開国後、特に知識人の間に次第に広まっていく。この劣等感は文化面にとどまらず、身体にも及びます。日本人の美貌について田口はこう述べます。

然れども全体に於て我が日本男子の面色は決して黄色にあらざるなり。其の欧米人種に比して揚らざるあるは、其の修飾の足らざるが為めなり。［……］然れども若し之れに修飾を加ふるときは、好しアングロ・サクソンの上等人種には及ばずとも、其の下等には勝るなるべし。ラテン人種に至りては、余は共に馳騈して多く劣らざることを見るなり。余は暫く婦人に関しては論ぜずして特に男子にのみ観察を限らんに、米国市場に於ては日本男子はポルトガル、スパニス等よりは婦人の愛を博すと聞く（同四九頁より引用）。

優越民族アングロ・サクソンにはかなわないが、欧米人の下層に位置するラテン民族に比べれば、日本人はまだましだと言うのです。白人優越説を批判するに際して人種差別の論理そのものは踏襲しながら、名誉白人として日本人を位置づけ、自らの価値を肯定しています。白人との混血を勧める「人種改造論」も明治初期から現れる。福澤諭吉門弟の一人、高橋義雄は『日本人種改良論』（一八八四年）の第五章「雑婚の事」において、白人との混血を通して日本人の劣等性を改良するよう推奨しました（南 1994、二二六―二二八頁）。

名誉白人という表現は、アパルトヘイト（人種隔離）政策を採っていた南アフリカ共和国で生まれました。「有色人種」であるにもかかわらず、準白人として日本人が扱われ、また日本人自身が率先してそのように振る舞ってきた歴史に由来します。経済力を買われて一九三〇年代から日本人は、他のアジア人や黒人とは違う待遇を南ア国内で享受していた。そして一九六一年に南ア国会で当時の内務大臣ヤン・デ・クラークが「居住区に関するかぎり日本人を白人なみに扱う」と宣言して以来、名誉白人という不名誉な肩書きを正式に頂戴したのです。

日本が十九世紀中葉に出会った西洋は文化的な存在というよりも、強大な経済力を背景とした帝国主義勢力として、あるいはもっと端的に言って一つの恐るべき力として姿を現しました。その危機的状況の中で、西洋という力に対抗するもう一つの力として日本は自らを形成していった。そこから、異質な力である西洋と、それに競合する力としての日本という図式ができあがり、それ以外の地域の人々は両者によって支配される単なる対象と見做されるようになる（吉田 1985）。

支配構造の中で個別に社会上昇する可能性がある時、あるいは、そう信じられる時、支配構造自体には批判の矛先が向かわない。すでにみたアンティル人や在日朝鮮人の例のように支配層の仲間になれるという希望を抱く時、名誉白人症候群が現れる。これは近代化の過程で日本人自身が辿った道でもあります（詳しい分析は小坂井 1996）。ここでは我妻洋／米山俊直『偏見の構造』から象徴的なエピソードを引用するにとどめます（一〇九頁）。

先に触れた、日本の著名な社会学者は、アメリカ南部を旅行して、ある町のレストランに入ってゆくと、中にいた白人がいっせいに彼を見たという。「だから私は〝何くそ〟と思って、白人の間に腰掛けたんです。みんなが見ているんですよ。〝敗けるものか〟と私そう思いましてね、腰掛けたんです。」この話を聞きながら、私たちは正直のところ、彼が〝何くそ〟と思って黒人の中に腰掛けたのかと思った。〔……〕「その黒人たちの中に座ってみようという気持ちは、お持ちにならなかったのですか」という私たちの質問の意味を、この社会学者は理解しなかったように思う。

人種差別に怒った日本人学者は、差別を否定する象徴的行動として黒人のあいだに腰掛けることもできた。しかし彼は「有色人種」の範疇に自分が放り込まれることを拒否するとともに、「名誉白人としての当然の権利」を主張して白人のあいだに腰掛けたのです。外国人排斥の姿勢を露骨に示すスキン・ヘッド数人にパリで取り囲まれ、「私はベトナム人ではない。日本人だ」と言ったら逃がしてくれたと得意顔で述べる日本の留学生に私自身、出会いました。彼の無邪気さには呆れましたが、本人が左翼を自任していたから、よけいに苦笑した覚えがあります。

人間の限界

認知不協和理論の検討から、ずいぶんと遠くまで来ました。人間以外にもネズミ・ハト・ネコ・イヌなど訓練可能な動物にならば、認知不協和理論が適用できるとフェスティンガーは信じていました（Lawrence & Festinger, 1962）。しかし後に蓄積されていった研究を見ると、理論の普遍性に対する彼の考えは正しくなかったようです。認知不協和のメカニズムは、自由・自律性・主体性を基本に据える個人主義的人間像と密接な関係があります。

自由や平等が孕む逆説に光を当てました。抑圧のない世界秩序は可能なのか。あるいは人間の未来に待っているのは袋小路なのか。どこかに正しい世界があるという考えがそもそも誤っているのか。システムを構成する各要素が変化しても、システム自体の変容にはつながらない。出口を探してもがきながら我々は堂々巡りをしているだけなのかも知れません。

マルクスの分析を引きましょう。奴隷制・農奴制・封建制・資本制と経済形態が変遷するにつれ、剰余価値搾取の方法は変わりました。奴隷の生産物は奴隷所有者がすべて取り上げる。自分がする労働の一部を農奴は領主の所有地に振り分ける。自ら生産した農作・畜産物の一部を小作農は封建領主に差し出す。これらの支配形態では搾取の仕組みが明白です。

人間の労働力が商品の形態を取る資本主義社会では事情が変わります。労働力以上の価値が労働（すなわち労働力の消費）によって生み出される。しかし労働力の価値と労働の価値との差は労働者に還元されず、資本家によって吸収される。結局、搾取自体はなくならない。剰余価値移転の仕組みがより巧妙に隠蔽されるだけです。

労働価値説に基づくマルクス経済学の正否は棚上げしましょう。ここで示唆したいのは経済と政治次元での類似性です。格差のない社会は実現不可能です。近代に成立した議会制民主主義は人間に自由と平等を与えたのか。そうではなく、不平等を隠蔽し正当化する形態が変わっただけではないか。近代になって奴隷制が廃止され、人間の平等が認められるようになった、まさしくその時に人種差別イデオロギーが台頭してきました。フランスの文化人類学者ルイ・デュモンは警告します（Dumont, 1977, p. 21）。

これこそ平等主義が意図しなかった結果の恐らく最も劇的な例だろう。〔……〕イデオロギーが世界を変革する可能性には必ず限界がある、そして、その限界に無知なゆえに、我々が求めるところと正反対の結果が生じてしまう危険をこの事実は示唆している。

近代が生んだ個人主義にまつわる問題群は膨大です。人間や社会が機能する仕組みに関与するだけでなく、人文・社会科学を支える認識論の根幹にも絡んでいる。ここで検討した自由や自律性が孕むパラドクスは、それら問題群のほんの一面にすぎません。個人という〈部分〉の自律性が高くなることで、かえって社会という〈全体〉の構造が維持されるという逆説です。その意味で新自由主義や自己責任論も、人種差別などの支配構造と補完的関係にあります。

フェスティンガーの理論は集団構造の維持に力点を置く。その点は後ほど、さらに明らかになるでしょう。生物や社会というシステムは、自己の維持と変化という反対方向に作用する矛盾したベクトルを持つ。次講以下ではモスコヴィッシを中心に変化について考えます。変化はとても難しい概念です。社会心理学がこの難問とどう闘ってきたのか、その片鱗だけでも示せたら幸いです。

第３部

変化の謎

第9講
影響理論の歴史

社会心理学は十九世紀末から二十世紀前半にかけて成立しました。どの学問分野もそうですが、社会や歴史が必要としない研究は発達しない。西洋世界ではルネサンス以降、自律し合理的に判断・行動する「個人」という人間像が定着しました。人間の合理性が謳歌され、輝ける未来が人類を待ち受けると信じられたのです。ところで、産業革命を経て労働者階級が形成され、社会の大衆化が進むとヨーロッパ各地で暴動や革命が頻発します。十九世紀のことです。このような社会状況の中で社会心理学は誕生しました。

その後、第二次世界大戦の悲劇、特にナチス・ドイツによるユダヤ人虐殺を知り、社会心理学者は自問する。なぜ人間は、あのような残虐な行為ができるのか。権力に命令されれば、何でもしてしまうのか。どのような影響プロセスによって人間は他者に支配されるのか。以下では、これらの問題に立ち向かった社会心理学の理論変遷を概観します。

ルボンとタルドの集団心理学

フランス第三共和制時代、頻繁に起きる暴動を理解する試みとして集団心理学が発達しました。独りの時には冷静で合理的な判断ができるのに、集団をなすと人間はなぜ理性を失うのか。感情に身を任せ、道徳に反する行動を平気で行うのか。フランスの社会学者ギュスターヴ・ルボンとガブリエル・タルドはこの問題に挑みました。

合理的な個人の精神も集団に取り込まれると変質し、原始状態に戻るとルボンは主張します。感情に踊らされ、無意識の働きにより各人は集団に溶け込み、主体性を失う。集団内の個人は自律性をなくし、集団全体が一つの精神と化す。ルボンは言います (Le Bon, 1895/1963, p. 13–14)。

催眠術にかかると精神活動が麻痺する。あらゆる無意識的活動の奴隷になり、催眠術師の思う通りに操られる。意識的人格は消え失せ、意志と判断力が停止する。そして感情と想念が催眠術師に誘導される。

群衆に巻き込まれた人間の精神状態はこのようなものだ。自らの行為に対する自覚を失う。催眠術にかけられた患者と同様に、群衆に飲み込まれた人間は心理機能の一部を破壊され、他の機能も極端な興奮状態に陥る。暗示効果は嵐のような激しさで人を襲い、行為を強いる。催眠状態の患者以上に、群衆の人間は強い影響を受ける。暗示の効果自体は誰にでも同じように働くが、群衆の中ではそれが相互に強められるからだ。［……］人間は自分自身を失い、意志を制御できない自動機械に変わり果てる。

タルドも催眠暗示との類推で群衆の性質を捉えました（Tarde, 1895, p, 68）。

催眠状態と同じように、群衆化した人間の状態は一種の夢でしかない。強制された夢、そして行動を引き起こす夢だ。暗示された想念だけを受け容れ、それを自発的なものと信ずる。これが群衆に巻き込まれた人間と夢遊病者とに共通する錯覚である。

催眠術は十九世紀にすでに知られ、心理療法として実施されていました。しかしルボンやタルドは、個人の心理メカニズムにヒントを得て集団現象の説明に応用したのではありません。当時の催眠術はもともと集団的治療法として行われていた。ですから集団現象を理解する鍵として、催眠による暗示に彼らが思いついたのは当然でしょう。フランス北東部の街ナンシーでイポリット・ベルンハイムとアンブロワズ＝オグスト・リエボーが催眠による診療所を主宰していました。そこで行われていた治療方法についてフロイトはこう述べます（Freud, *Hypnosis*. Moscovici, 1981, p. 117より引用）。

新来の患者は最初しばらくの間、他の患者が催眠にかかる様子を見学させられる。あるいは、催眠が解かれて、症状が消えたと他の患者が答える場面に立ち会わされる。このようにして新来患者は催眠術に慣らされた後に自分自身も深い催眠に落ちるのである。

十八世紀末、ドイツの医師フランツ・メスメルは「動物磁気」理論を提唱しました。宇宙に充満する流体に影響を加えて、流れを変えることで病気を治癒するという説です。後にスコットランドの医者ジェイムズ・ブレイドが催眠術としてこの理論を発展させますが、精神疾患の治療が影響の一種として当初より位置づけられていたのは、そのためです。

シェリフの影響理論

一九三〇年代に入ると、トルコ出身の社会心理学者マザファ・シェリフが画期的な実験を発表する（Sherif, 1936）。催眠状態として集団の影響を捉えたルボンやタルドと袂を分かち、別の角度から新しい影響理論を模索しました。

依拠すべき社会規範がまだなく、不安定で曖昧な状況に置かれる時、人は他者とのコミュニケーションを通して相互に依存し、安定した認知環境を作ろうとする。個人間の相互作用から共通の規範が生まれ、その後、判断する際の認識枠になる。個人の単なる群れが集団という質的に異なる存在に変化する事実をシェリフは社会規範の形成プロセスとして把握しました。各人の心理状態が融合して別個の集合心理ができると考えた社会学者エミール・デュルケムと、この点は似ています。異なるアプローチからシェリフは社会規範の形成に注目し、心理状態と社会機能とを結びつけました。

真っ暗な部屋に被験者を入れ、ブザーが鳴ったら光源（電球）が移動し始めると説明し、その移動距離を判断するよう指示する。自動光点運動と呼ばれる錯覚を利用して、規範形成プロセスを観察する実験です。距離を判断するための目印が何もない暗室では、静止した光源でも移動するように見える。実際には光源は動かないので、「移動」距離の判断は錯覚にすぎない。しかし判断を繰り返すうちに被験者に固有で安定した基準が形成されます。こうして各自の個人的基準ができた後に第二段階として、異なる基準を持つ被験者三人を一緒に暗室に入れ、光源の「移動」距離を順番に口頭で答えさせる。すると互いに影響し合い、共通の集団的基準が次第にできあがります。集団的基準ができた後にメンバーを一人ずつ入れ替えると、新しいメンバーは集団的基準を受け容れます。いったんできあがった社会規範は、こうして全員が入れ替わっても、そのまま維持される。世代交代にかかわらず、文化や社会制度が維持されるプロセスの小規模なシミュレーションです。

シェリフの理論的立場がルボンやタルドの発想と異なる点に注意しましょう。ルボンとタルドが依拠した暗示原理は、催眠術師に対する患者の依存関係のみに影響の原因を求めます。何についての影響かという対象の性質は考慮に入らない。どんな分野の問題を扱うか、どのような意見に導くかにかかわらず、影響を及ぼす人間と影響を受ける側の人間との二項関係だけから集団心理を理解するアプローチです。

何についての影響か、どの方向への影響かという点を捨象するという意味で、これは行動主義の発想と変わらない。パヴロフの犬を例に取りましょう。刺激対象（ベルの音）と、それに関連づけられる生理的反応（唾液分泌）との関連のみに行動主義は注目します。ベルの音でなくとも、香り・色・形・文字・模様など、どんな刺激対象を用いても同じ効果が現れる。また唾液分泌だけでなく、他の生理的反応とも結びつけられます。同様にルボンやタルドの集団心理学は、主体性のない受動的存在として群衆状態の人間を把握し、どんな意見や行動にも導きうると考えました。

しかしシェリフは異なる発想から出発します。人間は安定した認知環境を必要とする。だから対象が曖昧な時、不安定な状態を脱するために心理が変化すると考えました。典型的なホメオスタシス・モデルです。光点の移動は錯覚の産物です。したがって客観的な基準はない。しかしそのような曖昧な認知状態は人間にとって苦痛なので、安定した規範が自然に生み出される。試行を繰り返すうちに各自固有の判断範囲が定まるのは、そのためです。

被験者が独りで個人的規範を作り出す現象も、複数の被験者が相互に影響し合って集団規範を生み出す現象も同じ心理プロセスが原因だとシェリフは考えました。催眠暗示に依拠する説や行動主義とこの立場は違います。もう少し説明を続けましょう。

ルボンやタルドの暗示理論と、ワトソンらの行動主義は異なる哲学に基づきますが、どちらの立場も、影響が作用する単なる受動的な媒体として人間を理解する以上、人間の主体性を否定する点は変わらない。ある行動を起こさせるために鈴の音や赤い布を使用して条件反射を学習させるように、メガネに手を触れると被験者が窓を開けに行くなど、何らかの行動を催眠術師は起こします。つまり任意の刺激に任意の反応を結びつける行動主義の条件反射と同じように、手振りや言葉の表現など任意の合図を使って催眠暗示も任意の行動を起こします。条件反射を学習させる実験者と被験者、あるいは暗示をかける催眠術師と患者の関係だけが影響結果を左右します。どちらの理論においても被験者は受動的存在にすぎず、導かれる行動の性質を自分自身で吟味する主体ではありません。

シェリフの実験結果は行動主義によっても催眠暗示によっても説明できません。光点の移動距離を被験者が独りで判断する際、誰にも指示されないのに自ら判断を調節するのは何故か。複数の被験者が一緒に判断する場合も、実験者からの指示がないのに被験者間の相互作用を通して自発的に判断を変えるのは何故なのか。それは被験者にとって光点の移動は錯覚ではなく、実際の運動であり、したがって正しい答えは一つしかないと被験者が信じるからです。そのため、安定した基準を求め、判断がある範囲に収斂する。

光点の移動を感じるのは単なる錯覚のせいだと被験者に告げると、どうなるでしょうか。錯覚の産物だと知っても錯覚自体は消えない。実際は同じ長さの二本の線分が異なる長さに見えるミユーラー・リヤー錯視のように、人間の認知メカニズムに深く組み込まれている錯覚ですから、いくら頑張って目を凝らしても光点運動の錯覚はなくならない。しかし錯覚だと知っていれば、影響は起きません。

正しい答えが一つしかないと信じるからこそ、第一段階の個人判断が少しずつ変化して、安定した規範が生まれるのです。第二段階の集団規範形成プロセスでも同様です。正しい答えは一つしかないはずなのに、意見が分かれ、誰の答えが正しいのかわからない。この状況は認知的に不安定です。そこで基準を一つに収斂させ、知覚環境を安定させようとする。こうして、お互いに影響を及ぼしながら参加者間の差が縮まります。しかし錯覚だと知っていれば、このような相互影響は生じない。

つまり対象の性質に被験者が注目し、主体的に考慮するからこそ生ずる現象です。ルボンやタルドのように、盲目的存在として人間を捉えるのではありません。

アッシュ実験に対する誤解

第7講で紹介したアッシュの実験（一八五頁）は、個人が集団によって簡単に影響される典型的な例として、どの社会心理学の教科書にも載っています。しかし実のところ彼の研究目的は人間の他律性や自己決定能力の欠如ではなかった（Asch, 1956, p. 10. 強調小坂井）。

> 三分の一の判断が多数派によって影響された。［……］確かに多数派の影響力は著しいが、かといって多数派が完全な勝利を収めたわけでもなければ、多数派の力が最も強かったわけでもない。各実験グループにおいて大多数の回答は正しかったし、多数派に対して被験者は独立を守ったのである。

一九五三年から一九八四年までに英語で出版された社会心理学の教科書九九冊を分析した論文（Friend *et al.*, 1990）によると、アッシュの実験結果が発表された当初は、多数派の圧力に抵抗する人間の力や自由の証明として、アッシュの主張通り理解されていました。しかし徐々に実験の意味が歪曲され、人間の自由ではなく、逆に、集団への依存性や簡単に影響される傾向が強調されるようになりました（p. 30）。

皮肉なことに、まさにアッシュが反駁しようと努めた主張をアッシュ実験の解説の多くは引き出した。極めて厳しい条件の下でも独立を保つ人間の力を確実に立証したとアッシュは結論づけた。しかし逆に、社会的圧力の前に人間は脆く崩れる事実を証明したのだと、ほとんどの解説者はアッシュの研究を位置づけた。アッシュが特に強調し、最も重要な発見だと考えた成果を、これらの批評は軽視あるいは無視したのである。つまり過酷な緊張と疑いに晒されても、集団の圧力に抗する能力がほとんどの人間には備わっているという事実が無視されたのである。

この誤解を生んだ最大の原因は、後代の社会心理学者が実験結果だけを読んで早合点した点に求められるでしょう。あるいは原典に直接当たらず、教科書の表面的解説だけを読んで理解したつもりになっていたのかも知れません。アッシュがどのような人間像から出発し、何を目的として研究したかという原点に気を配らなかった。だから誤解したのです。

ゲシュタルト心理学の立場からアッシュは催眠暗示や行動主義の発想を厳しく批判しました（Asch, 1952, p. 387–416）。先ほど検討したように、対象の客観的性質を自ら吟味して判断する主体的人間像は両者から導けない。しかし合理主義者アッシュにとって人間は独りの時もまた集団の中でも常に理性に基づいて行動する存在です。他者の判断を無批判に受け容れる動物ではない。それゆえ、催眠暗示によって受動的に操られる結果として影響を把握したルボンやタルド、そして、ネズミ・ハト・イヌなどの動物を使って得られた条件反射研究の成果を人間に応用する行動主義に対立しました。

行動主義と催眠暗示の発想は被験者と影響源を直接結びつけ、対象や課題自体の性質を考慮に入れない。したがって対象・課題が何であれ、いかなる反応でも起こせると考える。影響を被験者と影響源だけの二項関係で捉えるこのアプローチをアッシュは批判し、被験者・影響源・対象が織りなす三項関係に注目するべきだと主張しました。

なぜアッシュはこのような考えをしたのか。ゲシュタルト心理学の基本に戻りましょう。世界の様々な対象・状況には、調和のとれた正しい形・構造が実在し、その形や構造に導かれて知覚現象が生ずる。世界は恣意的に認識されるのではない。人間の認知システムと対象の物理的性質との関係から構成される客観的現実が存在する。これがゲシュタルト心理学の原点です。

ミューラー・リヤー錯視を例に取りましょう。錯覚の原因は二本の線分のどちらにもない。しかし線分二本を一緒に知覚する時、同じ錯覚が誰にも必ず現れる。対象自体の物理的性質が、そのまま認識されるのではなく、そこには主体が必ず介在します。しかし主観的錯覚だからといって、どんな錯覚でも起こせるわけではない。主体と対象とが織りなす関係から生まれるのは客観的な現実です。

錯覚の客観性を理解するために色の知覚を例に敷衍します。ここに赤いバラがある。赤色はバラの性質の一つですが、赤色というモノはない。赤色波長（七〇〇ナノメートル）の光をバラの花が反射し、他の波長の光を吸収すると、赤色光だけが我々の眼に到達する。そしてその光が網膜を刺激して脳に信号が送られ、認知処理の後に我々は赤いバラだと認識する。しかし赤色というモノはどこにもありません。赤色の存在する場所はバラでも眼でも脳でもない。虹や蜃気楼もそうです。空間の物理的性質と、人間という認知システムとの相互作用が生む現象であり、虹や蜃気楼の場所は特定できない。しかし現実に存在する現象であり、対象とは無関係に脳が生み出す幻覚とは違います。

同様の視点からアッシュは文化相対主義を批判します（Asch, 1956, p. 364–383）。エスキモーはアフリカの住民とは異なる様式の家屋に住む。しかしそれは文化が異なるというよりも、居住地域の気候や利用可能な材料による違いです。老人になると自ら命を絶つ習慣がかつてエスキモーにあったようですが、この習慣も単に文化に原因を求めるのではなく、老人を養うための厚生施設の欠如や食料事情を考慮しなければならない。他民族の奇異な文化習慣も社会的機能やメカニズムを検討すれば、客観的な社会経済条件から説明できる。しかし文化相対主義は現実の物質的条件を無視して、どんな習慣でも生まれると主張する。それは誤りだとアッシュは批判します。対象の客観的性質を考慮せず、どんな恣意的な習慣も文化が可能にするという文化相対主義の発想は、暗示が影響の原因だとするルボンやタルド、そして行動主義と同じ誤謬に陥っていると指摘します。

模倣概念も同様にアッシュの批判にさらされます（Asch, 1952, p. 390）。大人の微笑に答える形で生後数カ月の乳児が微笑を返す。しかしこれは模倣による学習ではないとアッシュは言います。乳児は自分の顔を見ることができない。だから大人の顔つきを真似できるはずがない。子供が受け取るのは大人の微笑という視覚情報であり、自分自身に関して知るのは顔の運動についての触覚情報である。異なる種類の情報がどうして模倣によって結びつけられるのか。

彼の解釈はこうです。大人が微笑む様子を見て、それが危険を示す兆候ではなく、安心できる状況だと子供は微笑の意味を学ぶ。それで子供も安心すると、ヒトの筋肉組織の構造的理由から、顔に生じる生理的反応が微笑むという形になるのだ、と。危険を感知した時に鳥が特殊な声で鳴く現象も、危険時に出すべき声を成鳥の模倣を通して学習するのではない。仲間の泣き声の意味を学習し、自分も怖いと表現する時、種に固有な発声器官が作り出す声なのだとアッシュは考えました。

文化相対主義や模倣に関する彼の解釈が正しいかどうか、ここでは問題でありません。対象の客観的性質を考慮せずに人間の行動様式を把握する立場をアッシュが一貫して否定した点を押さえましょう。

アッシュの発想

自動光点運動という曖昧な判断対象をシェリフは選んだのに、線分の長さを比較する明確な状況をアッシュはなぜ設定したのか。彼らの発想の源を辿れば、その理由が判明します。

シェリフはホメオスタシス・モデルで人間や集団を捉えました。認知環境を安定させるプロセスが社会規範形成の基にある。したがって曖昧な環境に置かれた時、個人はどう反応するか。他者と自分の判断が異なれば、認知環境が不安定になる。そのため人は曖昧さを減らそうとして他者の判断に近づくはずだ。これが彼の問題意識です。明確な判断対象を用いる理由は、この発想からは出てこない。

アッシュは影響研究史上初めて、明確な判断対象を影響実験に用いました。催眠暗示に基づく影響理論も、恣意的関連を作り出す条件反射も、判断対象の性質を考慮する必要がなかった。それに対し、ゲシュタルト心理学の発想を引き継いだアッシュは、対象の〈良い形〉を無視して被験者の判断は理解できないと考えました。その仮説に導かれて彼は曖昧性のない判断対象を用いたのです。理由なく適当に材料を選んだわけではない。アッシュは言います（Asch, 1952, p. 450–451）。

どんな物理的性質の対象が実験に用いられるかにかかわらず、集団の圧力は心理変化を恣意的に誘発するという前提に、通常のアプローチは基づく。集団の圧力に盲目的に服従すると考えるこのような発想は、人間が独立を保つ可能性、そして人間環境に対して生産的関係を生む可能性を無視する。条件さえ揃えば、集団の圧力や偏見に抗して立ち上がる力が人間に備わる事実を否定してきたのである。

客観的現象の判断であり、正答は一つしかないと被験者が信じている点はシェリフ実験でもアッシュ実験でも同じです。意見や好みを尋ねるのではなく、物理的性質についての判断だから、参加者全員が同じ答えをするはずです。ところが自分と異なる判断を他の被験者がするため、何故なのかと被験者は自問する。判断が分かれるのなら誰かがまちがえているにちがいない。参加者間で判断が相違する事実と、正しい答えを見つけようとする努力とのはざまで被験者の心は揺れます。

その際、被験者がどう反応するかは対象の曖昧度に左右される。知覚は〈良い形〉に収斂するとゲシュタルト心理学者アッシュは考えます。シェリフの実験では錯覚を利用するため、対象の客観的知覚状態は存在しない。したがって被験者の相互作用だけから正しい移動距離が構成される。移動距離が収斂する値は物理的性質に依存しないから、被験者に大きな葛藤は起きません。

それに対してアッシュ実験の場合、線分の長さは物理的性質として定まっており、〈良い形〉は一つしかない。参加者全員が自分とは違う判断を主張するのを知り、被験者は当惑し、緊張を強いられる。自分の判断よりも他人の判断の方が正しいと考える理由はない。正しい答えは明らかです。周囲に同調して意見を変えれば、知覚の〈良い形〉を否認しなければならない。しかし他の参加者全員が判断を誤るはずもない。真理は一つしかない。それなのに、ここには異なる二つの真理が発露している。同調と独立のどちらの選択も不可能です。このようなジレンマに置かれた時、被験者はどうするか。これがアッシュの問いだったのです。

普段は合理的に判断・行動できる個人が、集団状況に置かれると理性を失うのは何故か、催眠術にかけられたように無謀な行為をするのは何故か。ルボンやタルドが注目した矛盾をアッシュはこうして解こうとしました。実は矛盾など、もともとなかった。人間は常に合理的思考力を持つ。しかし判断対象が曖昧な場合は〈良い形〉が存在しないため、正しい判断が定まらない。そのため集団に惑わされる。常軌を逸した暴力的行為に走る時、そこには線分判断のような客観的対象はない。孤立した状況にあるか集団の中にいるかが問題なのではない。影響プロセスを解明するためには判断対象の性質に注目しなければならない。これが彼の解釈です。

アッシュの研究をどう評価すべきでしょうか。人間は合理的存在であり、影響源の言うなりにはならない。判断対象が曖昧ならば、より正しい知覚判断を求めて他の被験者の意見を参考にする。しかし判断対象が明らかであれば、他人が何と言おうと自分の判断を信ずるはずだ。これが実験前に彼がした予想でした。

確かに被験者の四分の一は決して影響されず、独立を保った。しかし残りの四分の三は少なくとも一度はサクラにつられました。彼らはどうして誤った回答をしたのか。アッシュが予想した通り、対象の知覚自体が変化した被験者は稀でした。しかし自分の判断が正しいと信じながらも、他の被験者全員の答えが誤りであるはずがないという理性的推測との間で、圧倒的多数の人々の心は揺れ、訳がわからないままに口裏を合わせました。人間の自由と独立を信じるアッシュの期待は裏切られたのです。

機能主義モデルの特徴

アッシュの実験が発表される前年にフェスティンガーは「日常的社会コミュニケーション理論」を発表しました（Festinger, 1950）。認知不協和理論の七年前に出された論文です。この影響理論の骨子は二点にまとめられます。人間は認知環境の安定を求める。これが一点目であり、シェリフの主張と同じです。フェスティンガーは人間環境の対象を二種類に分類しました。例えば窓ガラスの頑丈さならば、ハンマーで叩いて調べればよい。しかし客観的な方法で判断できる対象ばかりではない。政治や宗教に関する意見や食べ物の好みなどは、他人の意見と照らし合わせて自分の判断の正しさを推測するしかありません。したがって認知環境を安定させるために、人間の判断は他者の意見に左右される。

実は一九三〇年代末に発表した論文においてすでにフェスティンガーはアルフレッド・ビネやウィリアム・マクドゥガルなどの暗示理論を分析し、認知環境の不安定さと暗示効果との結びつきに注目しています（Festinger, 1939）。被験者が何らかの答えに到達すれば、判断の曖昧さが減ると同時に暗示にかかりにくくなる。この事実に示唆され、人間は認知を安定させるために他者に歩み寄り、影響を受けるというフェスティンガーの理論が生まれました（Laurens & Kozakai, 2007）。

しかしこの考えではアッシュの実験結果を説明できない。線分の長さを比較する客観的判断においては、自らの確信を捨ててサクラに追従しても認知環境の安定は望めないからです。ここで、フェスティンガー理論の二点目に注目しましょう。判断対象の曖昧度以外に、集団の性質も影響力を左右すると彼は言います。各集団のメンバーは相互依存の状態にある。集団依存度が高ければ、多数派の立場に反対し難い。集団の目的を成就するために一丸となる必要がある時、個人の勝手な振る舞いは許されない。この種の影響は本音ではなく、往々にして周囲との軋轢を避けるための方便にすぎませんが、実際の社会状況でよく生ずる影響です。アッシュの実験でサクラに同調した被験者には、このタイプの影響が行使されたと考えられます。

モートン・ドイチュとハロルド・ジェラードは、この二つのタイプの影響をそれぞれ「情報的影響」と「規範的影響」と名付けて区別しました（Deutsch & Gerard, 1955）。日々の出来事や芸術作品の評価などは他人の意見や判断と比較しなければ、考えが正しいかどうかを確認できない。そのため多数派や専門家の主張に影響されやすい。これが前者です。それに対し、誤っていると思っても、反抗すれば周囲の人々による嘲笑・叱責・仲間はずれなどの社会的制裁を招くため、多数派に追従する。これが後者です。

フェスティンガーも含め、一九六〇年代までに提唱されてきた理論はすべて、人間は多数派によって影響されるという前提に立ちます。人間の独立性を信じ、他人の意見に惑わされることなく、客観的に正しい答えが必ず選ばれると考えたアッシュだけが例外です。情報に関して影響源に依存するから、人は自分の意見を変えて認知環境の安定を求める。あるいは規範的理由から影響源に依存するから、周囲との軋轢を避けるために自らの意見を曲げる。こう信じられていました。影響源に依存するという意味で、これらの理論は従属モデルと呼ばれます。また、社会秩序の維持を説明するという意味で機能主義モデルとも称されます。社会の必要部品として各人は機能するという意味です。

権力や権威のある人、あるいは人気者は、そうでない人に比べて影響力が強いと誰でも思います。いくら自分の信念が固くとも、周囲の人々からの嘲笑や差別など社会的制裁を招く状況では、それに逆らって自らの信ずる通りに発言し行動するのは難しい。そこで長いものにはまかれろという格言通り、自己防衛のために常識や良識にそった行動を普通は取る。

それに多数派の影響力が働かなければ、逸脱者が勝手なことをして紛争が絶えません。子供は社会規範を学ばないし、道徳が遵守されなくなる。それどころか道徳の存在そのものが消失します。多数派により影響が行使されなければ、社会生活はそもそも機能しません。

機能主義モデルの行き詰まり

しかし一九七〇年代に入るとフランスのセルジュ・モスコヴィッシが、このような常識的発想に異を唱えます。社会秩序の維持は今までの理論で説明できる。しかし変化はどう理解するのか。影響は多数派から少数派へと行使される。では少数派はどうなるのか。多数派の意見を受け容れ、現存する社会規範に従うか、さもなくば社会から排除されるのであれば、既存の価値観や社会規範は変化しえない。新しい価値はどこからも生まれない。こうして社会変動の説明が困難になります。

集団や社会の変化を説明するための努力は従属モデルあるいは機能主義パラダイムの内部においてもなされてきました。集団の最も人気者、他の成員から尊敬され、権威を帯びる指導者、権力構造において上位を占める者などは、過去の貢献のおかげで他のメンバーから信用される。そのため社会規範からの逸脱が、ある程度可能になる。あまりに急激な変革は他のメンバーの抵抗を呼び起こします。しかしその逸脱が許容範囲を超えない限り、集団は変化を容認する。集団の効率や機能が低下する危険がある時、集団のリーダーが率先して規範から逸脱し、「上からの改革」によって集団を変える。こう考えれば、機能主義パラダイムを踏襲しながらも歴史の変化を説明できる。エドゥイン・ホランダーが提示した解決です（Hollander, 1958）。

ところで一般にリーダーは集団の支配的規範を最も強く体現しています。なぜ、そのような人間が率先して規範を破るのか。この矛盾を前にホランダーは時間的ズレを導入して論理的困難を避けようとします。改革を目指す者は、リーダーとして認められるために、まずは集団に忠誠を尽くして高い地位を確保する。こうして支配的勢力や人望を得た後であれば、集団の規範に反する行動を取り、改革できると考えました（Hollander, 1960）。

しかし、このような発想には少なくとも三つの問題があるとモスコヴィッシは反論します（Moscovici, 1976）。まずは歴史を振り返りましょう。キリスト・ガリレイ・フロイトなどの例を出すまでもなく、真に革新的な思想・価値観は常に社会規範に逆らって伝播してきた。数の上で少数派であるだけでなく、威信にも権力にも欠けていた彼らは当時の社会から非難や虐待を受けながら、自らの信念を説きました。ジャズはアメリカ合衆国のみならず、世界各地で市民権を得ましたが、元はと言えば黒人奴隷が作り出し伝えてきた音楽です。あるいは一九六〇年代から吹き荒れた黒人意識運動の嵐や女性解放運動、そして性革命が社会規範を根底から揺るがした事実をどう説明するのか。根本的な社会変動は、上からの改革のような妥協的形態を取らない。真に革新的な動きは〈上〉からではなく、〈下〉から起こってくる。

次に変革の動機を考えましょう。自らの権威・権力の依って立つ基盤を脅かしてまで、既存社会システムを根本的に変える動機を社会システムの上位者がなぜ持つのか。社会のために自己を犠牲にする指導者もいるかも知れません。しかし現実には自分の地位を守るために、上位者は既存社会秩序の維持に努めるのが普通です。この問いにホランダーは答えられない。

さらに、上からの改革では変化の前と後で同じ者が社会システムの上位に居続けます。しかし現実には、社会変動が激しく深部に到達するほど、社会システムの上位を占める者は変革前と後で異なる。政治革命による支配階級の交代もそうですし、科学や芸術の変遷における主役交代もそうです。ホランダー説はこの事実と矛盾する。

官僚の世界でも学問界でも、あるいは民間企業においても下っ端では何もできません。したがって権力を握るまでは我慢して組織の論理に従う。しかし頂点に立った暁には、腐敗した組織を改革しよう。自分がいつか学界を変え、より創造性の高い組織を作ろう。こう意気込む若者は少なくありません。でもこのような妥協的姿勢では結局、支配体制を崩せない。ミイラ取りがミイラになるだけです。変革を目指す論理自体に矛盾が内包されているからです。モスコヴィッシは言います（Moscovici, 1972, p. 63-64）。

> 社会を分析する上で、現状を維持する力に注目するだけでは不十分だ。斬新的変化や革命を推し進める力も同様に重要だ。［……］妥協の手段ばかり研究していては結局、科学自体を駄目にする。人間にとって最も重要な目標が、社会の安定や個人の平穏と満足にない事実

はすでに明らかだ。［……］正義・真実・自由・尊厳の理想のために人間は生き、あるいはそれを求めて死ぬ。生と死のあるべき姿を人間はこれら価値の中に見いだす。革命や革新、そして対立が人間集団の変遷には不可避だ。今日の社会心理学者は、この明白な事実にどうして気づかないのだろうか。

機能主義パラダイムに固執して、少数派による影響の可能性を否定し続ける限り、影響研究は行き詰まりを打開できない。影響は〈上〉から〈下〉に流れるという常識に挑戦して、社会システムの真の変革は少数派の「力」によってのみ可能だと考えるべきです。

第10講
少数派の力

社会や文化は時間と共に変化します。同じ日本人と言っても、江戸時代と現代とでは考え方が大きく異なる。何故でしょうか。当たり前すぎて問いになっていないと思われるかも知れません。しかし実は社会心理学者の頭をとても悩ませた難問なのです。現在でも決着がついたとは言えません。

生物と同様に、社会システムは同一性を維持しながら変化し続ける。何故そのような矛盾する現象が可能なのか。負のフィードバックに依拠するシステム維持のホメオスタシス・モデルは理解しやすいのですが、逆に正のフィードバックにより変化を生み出すプロセスの説明は簡単ではありません。

以下ではモスコヴィッシの理論を検討します。まずは多数派と少数派が行使する影響の違いを見ます。その後、アッシュやフェスティンガーの立場と対比して、影響の原因についてモスコヴィッシの見解を吟味します。

少数派影響の特徴

会社の上司や学校の教師など広義の権力を行使する者に反対すると、報復を受ける恐れがあります。そのため部下や学生は納得しなくても同意の振りをする。しかし権力者がいないところでは建前を捨てて本音が出る。あるいは芸術家や評論家など権威を帯びる人の説を聞くと、内容を深く吟味せずに鵜呑みにしやすい。

しかし権力を恐れて自分の考えを押し殺すのでは本心は変わらないし、自分の頭を使わず、専門家の言葉だから正しいと無批判に信ずるのでは、深い理解は望めない。そのため、以前と同じ判断や行動を無意識的に取り続けます。すなわち権力・権威・声望などを持つ多数派が影響を行使する際には、影響効果が表面的で浅薄な追従の形を取りやすく、長く継続して無意識にまで到達する深い影響は与えにくい。多数派が目前にいるか、あるいは実際にはいなくても心理的圧力がかかる間は、その意見・判断を受け入れる、もしくは少なくとも受け入れる振りをする。しかし影響源が消え去るやいなや、多数派の権力・権威・声望などの呪縛から逃れ、自らが持っていた意見・判断・信条を取り戻す。

対して少数派が影響する場合は、どうでしょうか。少数派の意見に我々は反発しやすい。少数派と同じ立場を公然と表明すると周囲の嘲笑をかったり、社会的制裁を受ける可能性がある。それに少数派との心理的同一化を避けるために、あからさまな影響は拒絶されがちです。したがって少数派の影響効果は間接的かつ無意識的な形で現れる。そのため実際に影響力が行使されていても、その事実を見逃しやすいのです。

多数派と少数派が行使する影響は性質が異なります。前者は表だった効果をもたらすのに対し、後者の影響を受ける場合、表向きの立場は変化せず本音だけが変わります。米国で行われた実験を参照しましょう（Maass & Clark, 1983 ; 1986）。同性愛に関する討論の内容を大学生に読ませ、意見を聞く。討論では同性愛者の権利擁護に四人が賛成し、一人が反対したことがわかります。実験条件は二つあり、半分の被験者に対しては、彼らの氏名と回答が公表されると告げ、残りの被験者には無記名で答えてもらい、彼らの意見は誰にも知らせないと保証します。

結果を見ると、自分の意見が公にされると思った被験者は多数派の主張に追従し、回答の匿名性が保証された被験者は少数派の意見に近づきました。この結果は、同性愛者の権利を支持する側が多数派であるか、少数派であるかに関係ありません。先ほどと反対に権利擁護の立場を少数派にし、反対意見を多数派にしても結果は同じです。少数意見への同意を公表するのは躊躇するが、内心では受け容れることがわかります。

第二の特徴として多数派の影響は表面的な効果に留まります。それに対して少数派影響源の場合は無意識に至る深い影響が起こります。モスコヴィッシの実験を例に取りましょう（Moscovici & Personnaz, 1980）。暗室に六人の被験者が入って、白いスクリーンに投影された青色スライドの色彩判断を行う。それに加えて、光の投射を停止した際に知覚される残像の色も判断する。残像はスライド色の補色なので、青色スライドの残像ならオレンジ色です。

第一段階ではスライド色と残像色とを被験者は各自判断し、与えられた質問用紙に無言で回答を記入する。スライド色に関しては青色から緑色までを、残像色に関してはオレンジ色から紫色までを表示した段階尺度で判断する。このようにして影響前に各被験者の知覚状態を測定します。

第二段階ではスライド色のみを参加者が順に口頭で回答し、これを一五回ほど繰り返す。このとき不思議なことが起こります。スライドは明らかに青色なのに、緑色だと数人が答えるのです。被験者と思わせて実はサクラが数人加わっており、影響を行使します。四人の被験者に対してサクラが二人加わっている場合（少数派影響源）と、反対に被験者が二人に対してサクラが四人の場合（多数派影響源）とを比較します。

第三段階では、第一段階と同様にスライド色と残像色とに関する判断を質問用紙に無言で記入する。この段階で得られた数値を第一段階（影響前）での数値と比較して、第二段階でサクラに影響を受けたかどうかを調べます。

実験の進行をここでいったん確認しましょう。実験研究に慣れないと複雑な感じがしますが、やっていることは簡単です。実験は三段階あります。第一段階で各被験者の影響前のデータを取った後、第二段階でサクラが影響力を行使します。そして第三段階で、再び第一段階と同じデータを取り、比較すれば、第二段階でサクラの答えに影響されたかどうかがわかります。

さて結果はどうか。口頭判断をする第二段階に先ず注目しましょう。多数派影響源の場合は被験者の一部がサクラにつられて、「そう言われれば、少し緑がかっているような気がする」「ああ、今度ははっきりと青緑に見える」と答えるなど、若干ながら影響される傾向が見受けられます。それに対して少数派影響源の場合、このような反応は現れません。サクラの回答に首を傾げたり、嘲笑したりするだけです。ここまでは当たり前の結果です。

自分の判断を質問用紙に無言で記入する第三段階においてもスライド色の判断については、口頭回答の第二段階と同様に、多数派影響源の方が少数派よりも顕著な影響を及ぼす。これも当然です。

しかし残像色に関する無意識的影響については事情が異なります。サクラが多数派の時、被験者はオレンジ色（青色の補色）の残像を知覚し続けますが、サクラが少数派の時は逆に、被験者は赤色（緑色の補色）の残像を見る。つまり多数派影響源の場合には、ほとんど影響効果が現れないのに、不思議なことに少数派影響源の場合には顕著な影響効果が出るのです。

意識的な知覚変化を起こしてスライドが緑色に見えるのは多数派の影響を受ける場合です。影響源が少数派の場合、このような意識的な知覚変化は起きません。この結果は常識的に理解できる。しかし無意識の次元では反対に、サクラが少数派の場合、被験者はスライドが緑色であると本人も知らずに「知覚」する。それに対してサクラが多数派だと、真の影響は行使されません。本人自身スライドが緑色に見えているつもりでも、無意識の次元では青色だと「知覚」し続けます。

多数派のサクラは意識的な影響を起こしますが、少数派のサクラは無意識の影響を行使するのです。この点が肝心です。

残像がスライドの補色だと知る被験者はいても、青色や緑色の補色が実際に何色であるかについて正確な知識を持つ者は稀です。したがって自分が無意識的に影響されても、その事実に気づかないため、少数派の影響に対する拒否反応を示しません。

この結果は重要なので多くの追実験がなされています。特に興味深い研究を紹介しましょう（Moscovici & Personnaz, 1991）。今度は青色スライドではなく、オレンジ色のスライドを用います。このスライドには黒色で模様が描かれている。レーニンの似顔絵ですが、かなり曖昧な絵なので、そう言われてもレーニンには見えません。

やり方は先の青色スライド実験とほとんど同じです。第一段階ではスライド色・残像色に加えて、曖昧な模様（レーニンの似顔絵）について各被験者の影響前の知覚状態を確認します。影響を行使する第二段階ではスライドと残像の色については尋ねず、スライドに描かれている黒い模様が何を表すかだけ、参加者に口頭で答えてもらいます。サクラは常に「レーニン」と答えます。つまり先ほどの青色スライド実験では、スライド色の判断をサクラが直接影響しようとしましたが、今度はレーニンの顔について影響力を行使するだけで、スライド色と残像色の判断を間接的に変えようというのです。青色スライド実験と同じように実験条件は二つで、サクラは多数派あるいは少数派の影響源をなします。そして第三段階では第一段階と同様にスライド色・残像色・模様の判断を質問用紙に無言で記入させ、両段階の変化を分析します。

モスコヴィッシの仮説はこうです。色には様々な意味がある。レーニンは共産主義の指導者であり、赤色は共産主義のシンボルです。そこで、少数派の行使する影響が無意識にまで浸透すれば、サクラが言及しない
スライド色の知覚がオレンジ色から赤色に変化するだろう。そして、それに応じて残像色もオレンジ色の補色すなわち青色から、赤の補色である緑色に変化するだろう。

こう予測し、仮説の正しさが判明しました。

影響を行使する第二段階を先ず見ましょう。影響源が多数派の場合、被験者がサクラにつられてレーニンの顔だと答える傾向が見られますが、少数派の場合、このような影響は起きません。第三段階では、サクラが多数派の場合、スライド色にも残像色にも変化が出ません。しかしサクラが少数派の場合は事情が異なります。第二段階でレーニンの顔に関して影響されなかったのに、第三段階ではスライドの知覚がオレンジ色から赤色に近づきます。また残像色もそれに応じて赤の補色、つまり緑色に変化する。レーニンだと認識しないのにもかかわらず、無意識的な影響を受け、共産主義のシンボルである赤色にスライド判断が変わったのです。

青色スライド実験に比べて、実験操作はもう少し複雑ですが、考え方は同じです。結果が追認されただけでなく、少数派が行使する影響の性質がより明確になりました。

時限爆弾のような影響効果

少数派影響の特徴をさらに抽出します。多数派の影響はすぐに現れるが、その場限りで消えやすい。対して少数派の場合はすぐには効果が現れないが、時間の経過とともに徐々に影響効果が浸透してゆく。これが多数派影響と少数派影響の第三の違いです。

先ほどの青色とオレンジ色のスライドを用いた二つの実験に実は第四段階があります。第三段階が終わった時点で、他の人との待ち合わせを口実にサクラが実験室を去る。そのあと第三段階と同じようにスライド色と残像色について被験者に答えてもらう。両段階の違いは影響源が部屋にいるかいないかだけです。
サクラが多数派の場合は、影響源の圧力が消え、時間が経つにつれて影響効果が減少する。これは常識的な結果です。しかし少数派が行使する無意識的な影響は逆に強くなります。不思議です。何故でしょうか。こう考えれば、理解できます。少数派と同じ立場を意識的に認めたり、賛意を公然と示すと、自分自身が少数派の一員に分類される恐れがある。そのために影響源の主張を表だっては斥けたり、意識の上では反対の立場を取り続ける。しかし本人も知らずに影響を受けているので、影響源がいなくなると同一化の心配がなくなり、時間差を伴って影響効果が現れるのです（Moscovici & Personnaz, 1980 ; 1991）。

この現象を理解する上で、フランスの遺伝学者が語る次の逸話が参考になるでしょう（Jacquard,1982, p. 88–89）。ある朝のこと、不意に独創的な考えが浮かびました。一刻も早く同僚に自慢したい気持ちで研究室に出かけ、アイデアを披露します。ところが予想に反して同僚の反応はかんばしくない。特に弟子の一人は冷ややかな笑みさえ浮かべている。意見を促すと、それまで黙っていた弟子が「それは私自身が学位論文で展開した考えです」と答えます。驚いた教授はすぐに弟子の論文を書庫から引き出して頁を繰る。確かにそのアイデアは一年半ほど前に自らが審査した弟子の論文にほとんど一字一句違わず書かれていた。それだけでなく、教授自身の筆跡で「この考えは誤りだ」と余白に記されていました。

弟子（少数派影響源）の主張を退けておきながらも無意識的には影響を受けており、後になってその効果が現れたのです。影響源は忘れられ、影響内容のみが受容される。まるで時限爆弾か、一定の潜伏期間を経て発病するウィルスのようです。影響源が少数派だと、本当は他者から受けた影響の結果なのに、自らが選択した判断であるかのごとく錯覚する場合が少なくありません。

この例が示すように、影響源の少数派性と主張とが切り離されて、主張内容そのものが吟味し直される。そのため権威や権力を持たない少数派でも影響を行使できる。影響効果が遅れて発露したり、影響が無意識に行使される現象は、一般に影響源が権力・権威・声望などを持たない場合に観察されます。ここに取り上げた知覚の分野だけでなく、公害・人種差別・妊娠中絶・死刑など社会問題に対する態度に関しても、その事実は広く実証されています（Moscovici *et al.*, 1981; Mugny & Pérez, 1986; 1989）。

少数派影響のメカニズム

多数派の影響が表層に留まるのに、なぜ少数派は深層に至る実質的効果をもたらすのか。以下では影響のプロセスについて考えます。

少年犯罪の増加、環境問題、死刑廃止の是非、芸術・料理の好みなど、社会生活において我々が直面する問題について、影響源（個人・集団・マスコミなどの情報源）と被験者との間に意見の相違があるとしましょう。影響源・被験者・判断対象の三項関係において、意見の相違・対立は次の三つの方法によって解消されます。

第一に、多数派影響源の権力・権威に寄り掛かって、その主張に同意してしまえば、心理的葛藤はなくなる。つまり問題になっている対象に目をつむり、影響源に無批判に追従する場合です。

フランス料理の一流レストランに出かけるとしましょう。ソムリエがワインについて説明する。気取った雰囲気に戸惑い、肝心のワインの味・香りを吟味するどころではありません。ソムリエの指摘する特徴を無理にでも感じとれるように自己暗示をかけて、「確かにそんな感じがする」と思い込んだり、本当は納得していなくても、周囲の人に対して通を気取るために「ええ、おっしゃる通りです」などと答えるかも知れません。しかし対象自体に注意が向かわないのではワインの好みそのものは変化しない。後日、ラベルや瓶などの特徴を隠して同じワインを出されても同じものだと気づかず、先日のワインの方が美味しかったなどと言いかねません。影響源が多数派の場合は、権威・権力に目が眩むため、肝心の対象の認知構造が変化しない。したがって権力者・権威者がいなくなれば、影響効果は維持されない。

判断対象をそっちのけにして影響源の言うことに追従すると、かえって真の影響効果が現れなくなる事実は実験で検証できます（Moscovici & Doms, 1982）。被験者を暗室に閉じこめ、聴覚・視覚・触覚などの感覚刺激を低下させると催眠状態のようになり、影響に対する抵抗が弱まる。二〇〇一年九月十一日の米国同時テロ事件容疑者に対してグァンタナモ収容所で、この技術が用いられた疑いが報道されています（http://wikileaks.org/wiki/Guantanamo_document_confirms_psychological_torture）。このようにして抵抗力が低下した被験者を用いて、すでに述べた色彩知覚実験を行うと、どうなるでしょうか。影響源が少数派であっても、抵抗力の弱まった被験者は簡単に影響され、青色のスライドを緑色だと判断します。ところが残像色に関しては反対に、影響されなくなり、青色の補色であるオレンジ色を知覚し続ける。すなわち抵抗力が低下して影響源に対して無批判に追従するがゆえに、肝心の対象（ここでは色刺激）に関する認知活動が働かない。したがって、かえって本当の影響を受けなくなります。

意見の対立を解消する第二の方法は、影響源の主張を影響源に固有な性質のせいにすることです。そうすれば意見の相違が正当化されます。ワインを勧める人が味音痴ならば、好みが自分と異なっても不思議ではない。毎年、秋になるとボージョレ・ヌーヴォーの試飲会が日本各地で開かれます。数カ月で人工的に作る酒などワインではないと酷評する人もいます。フランスのラジオ放送で聞いたのですが、「でも日本人はボージョレ・ヌーヴォーが大好きですよ」というジャーナリストに対して、「ワインの世界で日本人が何を言っても無意味でしょう」とワイン専門家が一笑に付したのを覚えています。同じ心理メカニズムです。あるいは色盲の人が青のスライドを緑だと判断しても不思議ではない。したがって相手の意見に合わせる必要がないので影響を受けません。

シェリフとアッシュの実験を思い出して下さい。被験者が影響を受けたのは、答えが一つしかないと信じるからです。影響源の主張が対象の客観的性質を反映してないと思えば、意見の違う人に合わせる理由がありません。

体制批判者の社会的影響を骨抜きにするために、全体主義社会では危険分子を精神病院に閉じこめる。刑務所に入れて隔離するだけでは影響力を防げなくとも、精神異常者の戯言だと思わせれば、影響力を弱められます。影響源が少数派である場合に、この方向で対立解消が図られやすい。

したがって少数派が影響力を行使できるのは次の第三の条件に限られる。影響源が一貫性をもって意見・判断を主張し続けるならば、あるいは影響源が一人でなく複数の場合、全員が同じ見解を固持するならば、主張に何らかの根拠があるかも知れないという疑問が起きる。一度だけの判断なら影響源が誤った可能性も考えられる。しかし確信に支えられて繰り返される意見だ。また一人だけなら個人的偏向だろう。しかし何人もが（多数派という意味ではない）同じ立場を表明するのだから何か根拠があるはずです。社会から孤立する危険にかかわらず、同じ主張を続けるのは何故なのか。その意見には一理あるかも知れない。主張者が誰であるかは別にして、対象そのものが吟味し直される。対立解消の第一の方法が対象から目をそむけて影響源の権威に依拠したのと対照的です。

ところで影響源に盲目的に追従するのではなく、主張される内容を自ら検討するのであれば、主張がそのままの形で受け容れられるとは限りません。主張の正しさを自ら吟味する際、主張の内容自体を超えて、その背景にある世界観や人間像も問い直される。例えば女性の基本的権利として妊娠中絶制度を擁護する立場に接する時、妊娠中絶だけでなく、隣接する他の諸問題、男女平等や性の自由、生命に関する見方、脳死問題や死刑の是非などをも深く考え直す誘因になる。つまり少数派による影響は単なる模倣ではない。異なった意見群の間で格闘が起き、新たな価値が生み出される創造活動です。

多数派が行使する影響と違い、少数派による影響は、主張がそのまま多数派に受け容れられ、社会に伝播する現象ではありません。化学反応の触媒に似た役を少数派が果たすと言ってもよいでしょう。少数派という触媒に刺激されて我々は自分自身を変革するのです。

閉鎖系と開放系

多数派から少数派へ、権力・権威・名声・人気などを持つ力の強い者から弱い者に向かって、〈上〉から〈下〉へと影響は行使される。これが機能主義モデルの前提であり、非対称的な流れとして影響は理解されます。個人が集団の規範に合わせるのであり、逆ではない。したがって影響は社会秩序を生み、維持する機能を果たす。しかしすでにみたように、この発想では社会変化が説明できない。

影響の原因は何か。フェスティンガーなどの機能主義モデルが、多数派の行使する影響ばかり研究したのは、影響の原因を従属状態に求めたからです。しかしモスコヴィッシが示したように、逆に少数派が多数派を影響する事実を説明するためには、情報や規範における従属関係以外の要素を探す必要がある。モスコヴィッシの提唱する理論は発生モデルと呼ばれ、多数派と少数派の相互作用の結果、どちらの方向にも影響は行使されると考えます。そして影響は社会秩序の維持だけでなく、変化にも貢献します。多数派と少数派の影響が質的に異なる二つのプロセスをなす点もすでに確認しました。

フェスティンガーの発想はこうです。人間だけでなく、生物は安定した環境を好む。攪乱要因が発生すれば、それを緩和し除去する方向に認知システムが調整する。典型的な機能主義的発想です。攪乱要因、つまりシステムにとっての異質性が、排除されるべき否定的要因としてのみ把握される以上、閉鎖された系として人間や社会が了解されます。規範を逸脱する少数派は邪魔者であり、多数派に吸収されるべき要因でしかない。社会は平衡を保つ自律システムであり、それだけで完結する閉ざされた系として立ち現れる。

撹乱要素を排除するためにシステムが変化し、他の平衡状態に落ちつく可能性はフェスティンガーも否定しません。サーモスタットのような単純なホメオスタシス・モデルではない。それは認知不協和理論でも同様です。しかし多数派から少数派への一方的な影響しか認めなければ、少数派は多数派の価値観に吸収されるか、社会から排除されるだけであり、他の可能性はない。したがって社会を支配する価値観は大きく変化しえない。すでに見た「上からの改革」というホランダーの発想もシステム内で重心が移動するだけです。システムを支える論理そのものを超えて、システム破壊に至る可能性は論理的に出てこない。閉鎖されたシステムとして社会が把握されているからです。

社会が閉じた系ならば、そこに発生する意見・価値観の正否はシステム内部の論理だけで決められます。規範に反する少数派の考えは否定され、多数派に吸収される。これが機能主義モデルです。それに対し発生モデルは開かれた系として社会を捉えます。システムの論理だけでは正否を決定されない撹乱要素がシステム内に必ず発生する。撹乱要因は社会の既存規範に吸収されず、社会の構造を変革してゆく。これがモスコヴィッシ理論の哲学です。

曖昧さを減少し、認知環境を安定させる機能をフェスティンガーは影響現象に見いだしました。しかし曖昧さや不安定は彼が考えたような所与ではなく、社会における相互作用の結果です。社会の成立には価値観の共有が欠かせないので、集団生活の開始と同時に共通の規範が発生する。しかし全員が同じ価値観に染まるわけではなく、そこから逸脱する人間が必ず現れる。意見対立が生じ、常識に疑いの目が向けられ、認知環境が不安定になるのです。

シェリフの実験では曖昧さが最初から与えられている。フェスティンガーの発想も同様です。しかし、このような静的なイメージで社会現象は捉えられない。人間の相互作用から対立が生まれ、それに応じて影響が行使される。したがって所与の曖昧さを減少して安定化へというプロセス以前に、対立から疑いや曖昧さが生まれるプロセスを前提する必要がある。機能主義モデルにとって社会環境はすでに与えられた条件ですが、発生モデルにとっては、少数派と多数派との相互作用が生み出し、常に変遷し続ける産物です。

アッシュの弟子スパーリングがニューヨークの社会科学新研究院で修士課程在籍中に実施したシェリフ実験の追試（Sperling, 1946）にモスコヴィッシは注目します。シェリフ実験と同じ設定で実験を行い、被験者の様子を克明に記録しました。被験者が身体をどのように動かして光点の動きを判定しようとしたかを観察するとともに、回答の理由を被験者に尋ね、主観的印象と意味を捉えようと努めました。スパーリングの報告をモスコヴィッシはこう解析します（Moscovici, 1991, p. 257. 強調モスコヴィッシ）。

準拠枠の欠如や曖昧さを意味する発言は実験のどの時点においても被験者はしていない。どの被験者も最初に驚いたのは、光点移動について他の被験者が行う判断の違いだった。集団判断において被験者の誰にとっても、自分自身に見えている通りに他の被験者が答えない事実がショックだったのである。〔……〕被験者が不確実感を経験したのは、他の被験者の判断を聞いた後であり、光点がランダムに移動するのを見た後ではない。不確実感が生じたのは、刺激〔光点〕の曖昧性が原因なのではなく、光点移動に関する判断の不一致が原因だろう。不確実感の源は被験者たちの相互関係に求められるべきであり、各被験者と刺激との関係にではない。判断の違いから生まれる葛藤を暗黙裏に解消するために被験者は相互に歩み寄ったのである。

　シェリフの理論仮説と被験者の理解は明確に異なる。シェリフによれば、集団内で生ずる影響と共通規範形成の原因は、判断すべき対象が錯覚の産物であるからだ。しかしスパーリングによれば、〔……〕他の被験者と意見が一致するように判断を変化させる原因は、他の被験者が異なる判断をするからだ。〔……〕

　シェリフによれば、各被験者が自問するのは知覚の問題である。曖昧で不安定な対象をどう見て、どう判断するか。対してスパーリングが指摘するのは社会関係の問題だ。なぜ他者が見る通りに私には見えないのか、なぜ他者が判断する通りに私は判断しないのか。シェリフの解釈にとって、刺激が錯覚である事実は決定的だ。しかしスパーリングにとって刺激の性質は重要でない。

アッシュの実験で行ったのは、明らかに異なる長さの線分比較ですから、フェスティンガー理論が想定する曖昧さはもともとない。しかしそれでも影響が生ずるのは何故か。サクラたちが一貫して被験者と異なる判断を主張し、その対立が疑いを生むからだ。こう睨んだモスコヴィッシは、より広い見地からアッシュ実験を解釈し直します。

この実験状況の内部に視野を限れば、サクラは確かに多数派です。しかし現実社会という、より広い環境に視線を投じれば、実はサクラは多数派ではなく、逆に少数派を意味するのではないか。長さが違う二本の線分を同じ長さだと判断するのは常識に反します。普通ならば、曖昧な点はなく、知覚は安定している。しかし今、反旗を翻す者が現れた。自分の判断が正しいと被験者は確信しているが、同時に他者は違う意見を主張する。何故だろう。こうして対立が生まれ、認知環境が不安定になる。アッシュは判断対象の特性に注目しましたが、それ以前に、人間どうしが取り持つ関係を分析の出発点に据える必要がある。

社会で対立が生じ、それを処理する動きの中で影響の方向が決まる。シェリフが行った実験は相互に譲歩・妥協するプロセスに光を当てました。規範が定まる以前には明確な多数派が形成されていない。どの立場を信じたらよいのか誰にとっても明らかでない状態では、シェリフが示したような形の影響が生じます。

それに対してアッシュが検討した状況では多数派と少数派がすでに明確に形成されている。前者が正常であり、後者は異常だという認識ができあがっている。この場合、お互いが歩み寄って妥協点を見いだすのは難しい。少数派を屈服させ、多数派に吸収することで対立が解消され、社会システムは再び安定を取り戻します。

しかし多数派への追従だけが影響の可能な方向ではない。多数派の立場に反対する少数派は間接的ながら影響を行使し、集団規範を変更するのです。

社会の新陳代謝

社会システムの開放性を理解するためにデュルケムの犯罪論を参照し、社会規範からの逸脱の意味を探りましょう。悪とは何か。どのように我々は善悪を判断するのか(Durkheim, 1924/1996, p. 60–62)。

殺すなかれという命令を破る時、私の行為をいくら分析しても、それ自体の中に非難や罰を生む要因は見つけられない。行為とその結果［非難や罰］は無関係だ。殺人という観念から非難や辱めを演繹的に取り出すことはできない。［……］処罰は行為内容から結果するのではなく、既存の規則を遵守しないことの帰結だ。つまり過去にすでに定められた規則が存在し、行為がこの規則に対する反逆であるために処罰が引き起こされるのである。［……］禁止行為をしないよう我々が余儀なくされるのは、単に規則が我々に対して当該行為を禁ずるからにすぎない。

行為の内在的性質――殺人はAという理由で悪である――によって犯罪性は決まらない。犯罪は単に社会規範からの逸脱を意味します。ところで逸脱、つまり規範からの隔たりは、予め定まった内容として積極的には定義できない。社会規範は人々の相互作用が生み出す産物であり、そこに内在的な根拠や理由はありません。

行為が正しいかどうかは社会的・歴史的に決まる。それは美人の基準と同じです。顔をどれだけ眺めても女性の美しさの理由はわからない。美の根拠は外部すなわち社会規範にあるからです。美しいから美人と呼ばれるのではない。逆に、美しいと社会的に感知される人が美貌の持ち主だとみなされる。善悪の基準も同様です。悪い行為だから非難されるのではない。我々が非難する行為が悪と呼ばれるのです。

共同体が成立すれば、規範が生まれる。社会全員が同じ価値観を持つのでない以上、必ず逸脱が感知されます。逸脱の一部は独創性として肯定的評価を受け、他の一部は悪と映る。犯罪と創造は多様性の同義語であり、一枚の硬貨の表裏のようなものです。それは食物を摂取する側にとって腐敗と発酵が区別すべき二つの現象であっても、化学的には同じプロセスである事情と似ています。社会で付与される価値は正反対でも、既存規範からの逸脱であり、文化的多様性の結果である点は変わらない（Durkheim, 1937/1981, p. 70）。

> 自らが生きる時代の価値観を超えようと夢見る理想主義者の創造的個性が出現するためには、その時代にとって価値のない犯罪者の個性も発現可能でなければならない。前者は後者なしにありえない。

逸脱する少数派が肯定的価値を付与されて、受け容れられるか、あるいは否定的烙印を押され、拒否されるかは、その主張内容からは決まらない。何が正しいかは結果論です。社会の支配的価値に対して逸脱者・少数派が反旗を翻す。安定した環境に楔を打ち込み、システムを不安定な状態にする。少数派と多数派との間に繰り広げられる対立から次なる安定状態が生まれ、社会は変遷する。社会を開かれたシステムとして理解するとは、こういう意味です。

もし同じ規範を全員が守るならば、社会は変化せず停滞する。いつまでも同じ価値観が続く、歴史のない社会です。犯罪のない社会は原理的にありえない。どんなに市民が努力をしても、どのような政策や法体系を採用しても、どれだけ警察力を強化しても犯罪はなくならない。悪の存在しない社会とは、すべての構成員が同じ価値観に染まって同じ行動をとる全体主義社会です。犯罪のない社会とは理想郷どころか、ジョージ・オーウェルの作品『1984年』に描かれるような、人間の精神が完全に圧殺される世界に他ならない。

デュルケム理論において犯罪は、共同体の新陳代謝で必然的に生ずる廃棄物を意味します。社会が維持される上で規範が成立し、そこから逸脱つまり多様性が生まれる。そして規範からの逸脱のうち肯定的評価を受ける要素は創造的価値として受け入れる一方で、否定的烙印を押された要素は悪として排除する。生物が食物摂取後に栄養分だけ体内にとどめ、無駄な要素を排泄し、新陳代謝過程で生成される有毒物を体外放出する仕組みに似ています。

第4講で示したように、意志は行為を開始する出発点ではなく、社会秩序を維持する上で援用される虚構です。自由だから責任が発生するのではない。逆に我々は責任者を見つけなければならないから、つまり事件のけじめをつける必要があるから、行為者が自由であり、意志によって行為がなされたと社会が宣言する。こう述べました。近代個人主義が生んだ自律的人間像は、犯罪＝悪が社会から排除される新陳代謝活動において中心的役割を果たします。意志という媒介項＝虚構が可能にする循環構造をそこに見る必要がある。

犯罪は正常な社会現象

犯罪の原因を社会の機能不全に求め、共同体内の利害調整が失敗する結果として犯罪を捉える限り、自由虚構と社会秩序維持装置とが構成するダイナミックな循環プロセスは析出されない。悪い出来事は悪い原因から生ずるという思い込みが、そもそも誤りです。社会がうまく機能しないから犯罪などの悪い出来事が起きるのではない。社会が正常に機能するから、必然的に問題が起きるのです。デュルケムは言います（Durkheim, 1937/1981, p. 66–70）。

> 正常な社会学現象として犯罪を把握するとはどういう意味か。犯罪は遺憾だが、人間の性質が度し難く邪悪なために不可避的に生ずる現象だと主張するだけに止まらない。それは犯罪が社会の健全さを保証するバロメータであり、健全な社会には欠かせない要素だという主張でもある。
>
> ［……］集団規範から逸脱する個人を含まない社会はありえない。そこで生ずる多様な行為の中には犯罪行為も当然含まれる。なぜなら行為に犯罪性が看取されるのは、その内在的性

質によるのではなく、集団意識によって各行為に意味が付与されるからだ。だから集団意識がより強ければ、すなわち逸脱程度を減少するための十分な力が集団意識にあればあるほど、同時に集団意識はより敏感になり、より気むずかしくなる。他の社会であればずっと大きな逸脱に対してしか現れないような激しい勢いで、ほんの小さな逸脱に対してさえも反発する。小さな逸脱にも同じ深刻さを感じ取り、犯罪の烙印を押す。

したがって犯罪は避けようがない。犯罪は社会生活すべての本質的条件に連なる。しかしまさにそのことが犯罪の有益性を表す。なぜならば犯罪と密接な関係を持つこれらの条件こそ、道徳と正義が正常に変遷するために欠かせないからだ。

失業者の存在は資本主義経済の論理的帰結です。市場原理がうまく機能しないから失業者が出るのではない。共産主義国家の中央機関が統制する計画経済と異なり、資本主義経済においては需要と供給によって労働市場が調整される。したがって失業者をなくすことは不可能です。失業者が生まれる現象は資本主義の論理自体に内包されているからです。

交通事故はなぜ起きるのか。米国イェール大学法学部の授業で、こんな話が紹介されているそうです（Dupuy, 2005, p. 59）。

ある国を訪れた精霊が首相に提案する。「あなたの国の経済は瀕死状態にあります。何とかお助けしたいと思って今日は参りました。実は素晴らしい新技術を提供する用意が私にあります。国内総生産が倍増し、雇用も飛躍的に伸びること、まちがいなしです。いかがでしょうか。ただしそのためには、ある程度の犠牲も覚悟していただかねばなりません。毎年二万人の命、特に若い男女の命を頂戴します。よろしいですか」。それを聞いて恐ろしくなった首相は精霊の提案を拒絶し、国から追放した。……こうして自動車を発明する機会が失われた。

工場や交通機関で事故が起きると、操作ミスなど人的原因によるのか、あるいは機器や設備の構造的欠陥が事故原因なのかと問われます。しかしこの発想がすでに誤っている。車の運転でも工場や医療現場でも、また鉄道や航空機の運行でも人間は頻繁にミスを犯します。しかしそのミスが、事故を生むための条件と一致する確率が小さいために、普段は事故になりにくいだけです。自動車運転中の注意力散漫は避けられない。しかし注意力が低下した瞬間に他の車と接触する状況になかったり、歩行者がいなかったりするので普通は事故につながらない。そして何の問題も起きなければ、ミスがあったこと自体意識されずにすぎてゆく。

穴が空いた防御板が何枚も重なった状況を想像して下さい。穴がすべての板で同じ位置に揃わなければ、どこかでミスが補われ、事故は起きない。しかし状況に応じて穴の位置は移動するので、いつかはすべての防御板で穴の位置が一致し、ある一定の確率で事故が生じる（Reason, 1997, p. 11–12）。これが事故発生のメカニズムです。

航空機の製作や運行、あるいは原子力発電所の運営にはシステム的発想が採られ、ミスが少々起きても事故につながらないための機構が何重にも用意されている。しかしそれでも事故は起きる。システム化が難しい医療現場では、手術に使用したガーゼや鉗子を患者の体内に置き忘れたまま縫合したり、手術するべき眼を誤ってもう一方の健康な眼にメスを入れたり、指示と違う薬品を点滴投与するといった事故が頻繁に起きている。米国医学研究所が一九九九年に出した報告書によると、医療事故で死亡する患者の数は米国内だけで毎年四万四〇〇〇人から九万八〇〇〇人にも上るそうです（Wachter & Shojania, 2005, p. 20）。

次は性犯罪を取り上げましょう。強姦被害者はなぜ苦しむのか。心に受けた傷は長期にわたって、あるいは一生かかっても癒えません。それは性という、人間にとって特別な意味を持つ世界での造反行為だからです。問題は肉体上の被害ではない。確かに、妊娠し中絶を余儀なくされ、二度と子供を産めなくなったり、性病を移されるなど、身体に傷跡が残る場合もある。それでも出刃包丁で腹部を刺されたり、頭部を鉄パイプで殴られれば、それ以上に酷い障害が生じます。ほとんどの強姦被害者にとって身体的危害は二の次であり、問題は心です。だからこそ肉体的損傷がなくとも性犯罪は厳しく罰せられます。

思考実験として、人間の性が完全に解放された世界を想像しましょう。猿のボノボは挨拶として性行動をする。人間がそんな存在になったら性犯罪は消失するか、今よりもずっと数が減るにちがいありません。誰とでも性関係を持つ社会では強制の必要がない。他者を支配する手段や、相手に認められるシンボルとしても性行動は用をなさなくなる。被害者の側も同様です。性関係を強要されても、そこに特別な意味はありませんから、喧嘩で殴られるのと同様に単なる暴力・

傷害にすぎません。したがって握手したり、一緒に食事したりする以上の意味が性から失われる社会では、強姦被害者がこうむる、性的造反による精神的苦悩は同時に消える。

性犯罪の後遺症として、その後、性関係を持てなくなる人もいる。しかしそれも性が特別な意味を持つ限りでのことであり、性が完全解放された世界では精神的後遺症は生じなくなるか、今よりも軽減されるはずです。つまり社会が機能不全に陥るから性犯罪が生ずるのではない。性犯罪は、性タブーを持つ社会に必然的に起こる正常な現象なのです。

性犯罪の責任を被害者に転嫁するのではもちろんありません。性タブーをなくせと無理を言うのでもない。我々の常識を支える論理構造に光を当てるのが、この思考実験の目的です。性道徳やタブーは正しい社会規範、必要な制度として理解されている。しかし、そこから性犯罪が必然的に生じ、被害者は苦しむ。この因果関係を把握しましょう。性の完全解放など、現実にはできやしません。第一、意識的に消去できるぐらいなら最初からタブーなどではない。つまり人間が人間である限り、性道徳が必ず社会に生まれ維持される。したがって性犯罪は人間社会の原罪のようなものであり、消えることはありません。

性犯罪は社会の規則を破る行為なのに、どうして正常な社会現象だと形容するのか。事故が生ずるメカニズムを再び考えて下さい。反射神経の鋭い人だけが自動車を運転するわけではないし、気の緩む瞬間はどんな人間にもあります。時速一〇〇キロ以上で走行する凶器を与えておいて、事故が一度も起きないようにと望む方がおかしい。性犯罪も同じです。人間の性格も様々ならば、置かれた状況も多様です。悪い行為は絶対にしないという立派な人ばかりではない。社会に欲望がある限り、誘惑に負ける人間はなくなりません。

システムを壊す要因がシステム内部から生まれてくるだけでなく、システムの論理構造自体にすでに組み込まれている。普遍的価値は存在しない。開放系として社会を把握するとは、こういう意味です。

耳で見る像、眼で聞く音

モスコヴィッシの青色スライド実験で、意識的次元と無意識的次元において、異なる知覚が同時に現れると述べました。どうして、そのような矛盾する現象が可能なのか。少々蛇足になりますが、この講を終える前に疑問に答えておきます。

まずは知覚の仕組みを説明します。身体に与えられる様々な刺激は脳で並列的に処理される。この事実はガザニガに依拠してすでに確認しました。この認知処理過程を経て意識に到達するまでに、外部からもたらされる情報は変形をこうむります。視覚・聴覚・味覚などという形で意識に上る各情報は、それらに対応する眼・耳・口といった個別の器官によって生み出されるのではない。具体例をいくつか挙げます。

未知の場所であっても障害物を探知して、不自由なく移動できる盲人がいる。障害物に近づいた際に、彼らは顔の直前に障害物の存在を感じると言います。コウモリの超音波レーダーのように、耳からの音情報で障害物の存在を探知し、距離を測定するのです。稀にこの探知能力が驚くほど発達する場合もあり、見知らぬ場所を自転車で自由に移動できた盲目の少年の例も報告されています（Delorme, 1982, p. 12）。音を基に判断する意識はなく、顔に何かがぶつかる感覚が生じる点が大切です（Supa *et al.*, 1944）。単なる代替能力というよりも、認知システム全体の再構成が起こっています。

耳で「見る」のが可能なら、皮膚を通して「見る」ことも可能です。いろいろな形の物体をテレビ・カメラで探知し、その視覚情報をコンピュータで解析する。そして盲人の背中に当てられた、小さなバイブレーターの端子を組み合わせて作った振動板に、その情報を伝達します。少し訓練を積むと、背中に感じる刺激を基に盲人は物体の形だけでなく、立体的な動きまで探知できるようになる。さらに慣れると情報が背中に感じられるのではなく、盲人の目前に物体が感知されるようになります。例えばカメラを自ら動かして物体を探ろうとする際に、誤ってズーム・ボタンを押すと、物体が急速に接近する感じを受け、驚いた盲人は、ぶつかってくる物体から逃げようとして上半身をねじまげるなどの反射行動を取る（White *et al.*, 1970）。

耳や皮膚を通して「見る」だけでなく、眼で「聞く」ことも可能です。会話の際に我々は相手の唇の動きを無意識に見ている。そして、そこから得た視覚情報の助けを借りて、耳から入る音情報を解読する。そのために、視覚情報と聴覚情報との間に矛盾があると、合成現象が生じます。ビデオ編集で細工をして「バ」という音を聞かせながら同時に、「ガ」と発音する口の動きを映像で見せると聴覚情報と視覚情報とが混ざり合い、「ダ」という「音」が被験者に「聞こえ」ます（Campbell & Dodd, 1980 ; Dodd, 1977）。身振り・手振りなどの言語外情報を無意識のうちに聴覚情報に取り混ぜて、我々は会話している。特に外国語で話す場合は、言語能力の不十分さを視覚情報で補います。外国語ができる人でも、電話だと内容理解が難しい。また一人と対面するよりも、数人がテーブルを囲んで話をする時の方が聞き取りにくい。聴覚情報の不足を視覚情報で補えないからです。

知覚は、複数の感覚器官と脳とを同時に動員する能動的かつ総合的な現象です。我々は眼だけで見るのでもなければ、耳だけで聞くのでもない。風邪を引いて鼻が詰まっていると、ワインの味がわからないように、舌だけで味わうのでもありません。メタ・クッキーという現象がありま す。味の付いていないクッキーを食べても、同時にイチゴやチョコレートの香りを与え、バーチャル・リアリティの技術でイチゴやチョコレート風味のクッキーに見せかけると、実際にそれらの味が付いたクッキーだと錯覚します。

知覚は外部刺激の単なる受容ではない。生理的刺激の束を、社会的に規定された仕方にしたがって切り取り、範疇にまとめ、構造化を通して意味を与える。これが知覚です。捨象・付加・歪曲を必ず伴う合成現象として知覚を把握しなければなりません。

神経学者オリヴァー・サックスが著した『妻を帽子とまちがえた男』に出てくる、脳に損傷を受けた患者の様子に知覚の構成的性格がよく現れています（Sacks, 1985, ch.1）。この患者の視覚機能自体は正常ですが、物を見る際、それが何であるかが把握できない。ある日のこと、患者の家を訪問する前にサックスは真紅のバラを一輪買い求め、患者に差し出しました。すると患者は、まるで何か不思議な標本でも提示された植物学者のような顔つきでバラを受け取り、「一五センチぐらいの物体だ」と第一声を発します。そして「赤い色をした渦巻状のものに、緑色の直線的な繫索が付着している」と分析を始めます。「そうですね。何だと思いますか」というサックスの催促に患者は困惑の表情を見せますが、「うーん、難しい問題ですね。多面体のような単なる左右対称性は欠落しているし……。もしかすると花の可能性もある」という答えがついに返ってきた。そこでサックスは「では香りを嗅いでみたら」と勧めます。多面体の匂いを嗅げと言われたかのように患者は再び怪訝な顔をしますが、結局、言われたとおりにバラに顔を近づける。すると突然バラの歌を口ずさみだし、「ああ、なんて美しいんだ。咲きかけたばかりのバラだ。すばらしい崇高な香りだ」と顔色を明るくしたと言います。

患者は嗅覚を基に合理的な判断をして、手にした物体がバラの花であることを突き止めたのではない。香りを嗅いだ時、バラの世界に引き込まれ、その美しさと意味とを瞬時にして理解したのです。我々が日常何気なしに行っている認知は、緻密な情報収集を通して犯人を合理的に判定する私立探偵や裁判官のような仕方ではなされない。人や物に対して、これは友人だとか、あれは机だとかいった判断をする際に我々を支えている確信は、そのような解析的方法からは決して生まれない。単なるデータの集積と合理的判定を超えた何か、宗教体験に通じるような質的飛躍がここにあります。

心の眼、心の耳

さて準備知識が揃ったところで残像のメカニズムを検討しましょう。ある波長の光が網膜に当たり、対応する光受容体が強く刺激されると、しばらく疲労状態に陥る。その間は他の色の光受容体だけが反応するため、補色の残像が生まれる。補色残像効果は普通このように説明されます。しかし実は実際の刺激がなくとも、想像するだけで残像を起こせます。

まずこんな実験を取り上げます。ある音を被験者に二・五秒間聞かせた後、一〇〇〇分の一秒以下という短い時間だけフラッシュを焚いて、円と十字を組み合わせた図形を見せる。この試行を九回繰り返して音と図形の間に条件反射を学習させます。そして一〇回目の試行ではフラッシュを焚かずに音だけを聞かせる。すると図形を見ていないにもかかわらず、音に関連づけられた条件反射により残像が現れる（Davies, 1974）。実験をさらに続け、円と十字の図の代わりに今度は三角形を見せる。すると実際に光を当てられて生ずる三角形の残像だけでなく、もう存在しない円と十字を組み合わせた残像も条件反射を通して現れます。二つの残像は同時に重なって生じる場合もあれば、交互に生ずる場合もある。被験者に実際に見せた二つの図が同じ寸法であったにもかかわらず、残像の大きさが違うこともある。残像が回転する現象も現れました。あるいは二つの図形がそれぞれ反対方向に移動するケースも観察されました。

マッカロー効果と呼ばれる残像現象があります。緑の縦縞と赤の横縞をそれぞれ数十秒ずつ交互に、数分間見続ける。その後で、縞模様を組み合わせた白黒のパタンに目を移すと、縦縞の部分は赤、横縞の部分は緑、つまり先ほど見続けた色つきパタンの補色が見えます。この時、白黒パタンを九〇度傾けて縦横の関係を入れ替えると、方向変化に対応して、色の現われ方が瞬時に逆転します。

ところで、この錯視現象は想像力だけでも生じます。縞模様の代わりに、縦横それぞれ六つずつ合計三六個の黒い点を並べ、緑色あるいは赤色の背景に重ねます。このパタンを見ながら、赤い背景では点が縦につながり、緑の背景では点が横につながった帯だと被験者に想像してもらいます。点があるだけですから、帯は想像の産物です。しかしこのように想像するだけで、その後に白黒パタンを見せるとマッカロー効果が現れ、想像した帯に対応する補色が見えます（Fink & Schmidt, 1978）。

さて残像現象の仕組みがわかったところで青色スライド実験に戻ります。多数派の影響を受けてスライド色判断の意識的変化が現れる時は残像色が変化しない。しかし少数派が影響を行使する時はスライド色判断が青のままなのに、残像は緑色の補色になる。この不思議な事実をどう説明するか。これが課題でした。

スライドと残像の知覚は、意識的次元と無意識的次元に現れる二つの異なる構成現象だと考えられます。意識するかしないかにより、脳に到達した情報の処理され方は同じではない。意識的に判断する時、少数派に影響されたくないという防衛反応から、いわば心の眼を閉じている。そのため、意識的に判断するスライド色は青のままで知覚される。しかし、そのような防衛が働かない残像に関しては緑を見たと脳が理解する。こう考えれば、意識的に青色を感じながら同時に残像が緑の補色に見える謎が解けます。

心の眼を閉じるという比喩表現は曖昧ですが、サブリミナル・パーセプションを考えれば、理解できるはずです。一〇〇〇分の何秒という非常に短い時間だけ文字や絵を見せると、被験者は何を見たのかわからないだけでなく、何かを見たという意識さえ抱きません。しかし意識には上らなくとも情報は脳に到達し、処理の後に何らかの反応が生じる。ところで同じ情報を受けても、意識される場合とされない場合では反応が異なります。

縦五×横五のマス目を使います。まず中央のマス目だけに単語を一つ、非常に短い時間示します。その後、周囲の残り二四のマス目に、最初の単語とは異なる単語を一つずつ、つまり合計二四個を十分な時間、同時に提示する。そして最初に見た単語がこの二四個の中にあると説明し、それを選ぶよう指示します。実際には最初の単語はこの中に含まれていない。そのように被験者に思わせて、どの単語が誤って選ばれるかを調べるのです。この二四個の単語のうちいくつかは最初の単語と意味か形のどちらかが似ています。例えば **town**（町）は **city**（都市）と意味が似ているが、**town** と **time**（時間）は形が似ている。あるいは **sea**（海）と **ocean**（大洋）は意味が似ているが、**sea** と **see**（見る）は形が似ています。

真ん中のマス目に提示した単語の存在にさえ気づかないほど短時間だけ示す場合でも、つまり被験者は何かが見えたと意識しない場合でも単語の情報が働いて、最初の単語と意味が似ている単語が選ばれる。しかし最初の単語を示す時間をもう少し長くして、どんな言葉かはわからないが何かを見たのは確かだと感じるようになると、今度は意味の似た単語ではなく、形の似た単語が選ばれるようになる（Groeger, 1984）。

常識的には逆の結果が予想されるでしょう。意味を認識するためには先ず、そのモノの形が認識されると思いがちです。しかし意味は無意識的プロセスにより認知され、形の認識には、より意識的なプロセスが必要です。意識しなくとも、脳に到達した単語情報は、それと意味的に関連する神経ネットワークを活性化します。そのため意味の似た単語が選ばれる。しかし提示時間が長くなると、形を意識的に認識するプロセスに邪魔されて、無意識次元の情報処理がかえって妨げられるのです（Merikle & Daneman, 1998）。

もう一つ実験例を引きます（Murphy & Zajonc, 1993）。漢字を知らない西洋の被験者に漢字を提示して、良い意味か悪い意味かを当てずっぽうで判断してもらいます。二つの条件を比較します。無意識情報処理の条件では、判断する漢字を見せる前に人の顔の写真を短い間示します。微笑んでいる顔の場合と怒っている顔の場合があります。しかし非常に短い時間（一〇〇〇分の四秒）なので、被験者は何かを見た意識さえない。それでも、微笑んだ顔を見せられた場合は良い意味の漢字だと判断し、逆に怒った顔を見せられた場合は悪い意味の漢字だと判断します。しかし微笑んだ顔あるいは怒った顔を一秒間示す意識的情報処理の条件では、写真の顔の情報は、漢字の意味判断に影響を及ぼしません。

「ガ」と発音する口を見ながら「バ」という音を聞く時、両者が合成されて「ダ」という音が聞こえる。矛盾する二つの情報を受けて混同が生じるというよりも、被験者にとっては「ダ」という音が実際に聞こえるのであり、視覚情報によって歪曲された事実は意識に上らない。知覚が構成されるプロセスは本人にもわかりません。スライド色の知覚と残像色が合致しない状況は、眼を開けたままで聴覚情報「バ」と視覚情報「ガ」を被験者が受ける場合と、眼を閉じて両方の情報を受ける場合との違いのようなものです。後者では眼を閉じているから、視覚情報が与えられても、もちろんその情報は脳に到達せず、合成現象は起きない。スライドと残像の色判断もこれに似ています。

心の眼と言いましたが、この場合、正しくは心の耳です。心の耳が閉じている間は視覚情報しか処理されない。だからスライド色は青のまま知覚される。しかし影響に対する防衛反応がなくなれば、心の耳を通して聴覚情報が処理され、スライドの残像が変化するのです。

第11講
変化の認識論

変化とは何か。なぜ、新しい価値が生まれるのか。

そんな疑問は哲学者に任せろ、社会心理学には関係ないと言う研究者が多くて困ります。そもそも、変化現象の不思議に驚かないような鈍感さでは、深い研究は望めません。変化がなぜ把握しにくいか、この講では考えましょう。

斬新な理論が生まれる時、新事実・データの発見よりも、既存の事実・データの再解釈が大きく貢献します。アインシュタインの相対性理論が好例です。ルボンやタルドの暗示理論やシェリフの実験をゲシュタルト心理学の立場からアッシュが分析した経緯はすでに見ました。同様にモスコヴィッシもアッシュ実験を再解釈し、多数派による影響ではなく、実は少数派が行使した影響を示しているのだと逆転の発想を提示しました。以下では、変化を説明する他の理論と比較して、モスコヴィッシ説の特徴を明らかにします。

影響の原因

アッシュの実験結果を前にして、これは本当に多数派による影響だろうかとモスコヴィッシは自問しました。実験室の中では確かにサクラは多数派だが、被験者の常識にとってサクラの答えは明らかに少数派のものである。だからこの実験は多数派による影響の証明ではなく、その逆なのではないか、少数派でも影響しうる可能性を示しているのではないか。モスコヴィッシはこう再解釈しました。ここまでは前講ですでに確認しました。もう少し敷衍してモスコヴィッシの発想を読み解きましょう。

アッシュは様々な実験バリエーションを試しました（Asch, 1956）。例えばサクラの人数を一人から一二人まで変化させ、影響度を比較しました。影響を生む原因が多数派性にあるならば、サクラの数が増えるほど、影響力も強くなるはずです。ところが三人に達した後は、サクラの数がどれだけ増えても影響の強さに変化がない。これはどうしたことか。

また、サクラのうち一人だけは他のサクラたちと異なる回答をするように実験状況を変更しました。被験者からすると、これは他の参加者の意見が分裂した状況を意味します。すると、残る大多数のサクラの影響力が弱まり、影響される回数は全体の一割程度に留まります。

この時、サクラの一人が正しい答えを選ぶ場合でも、他のサクラ以上に誤った答えを選ぶ場合でも、影響度は同じです。つまり被験者の味方が現れるからでもなければ、影響源の多数派性が問題なのでもない。情報源全員が一つの立場を貫くから、その主張が正しいと理解され、被験者の判断が影響を受けるのです。

この解釈の正しさは次のデータからも確認されます。サクラの影響に屈しなかった被験者たちに理由を実験後に尋ねたところ、近しい友人や両親が同じ状況に立たされたら、どう答えるかと想像して自分の立場を守ったと答えました（Israel, 1963）。サクラの意見に影響されないように他の情報源に頼ったわけです。言い換えるならば、情報源が一つに限られる時、つまり影響源が一貫性を保つ時に強い影響が行使されるということです。

アッシュの方法でアメリカ人と日本人の影響度を比較した研究があります。この結果も同様に理解できます。ある日本の学者は「集合的融合的な個人の集まりである日本社会でこれを追試してみたらどうなるか。やらなくても結果は見えみえである。わが社会が過度に同調性を求められる社会であることは、つとにわれわれが体験しているところである」と述べました（犬田 1977、四四頁）。「やらなくても結果は見えみえである」と断言されるように、日本人を使ってのアッシュ型実験は多くありませんが、実は常識に反してアメリカ人被験者よりも日本人の方が低い影響しか受けません（Frager, 1970; Williams & Sogon, 1984; 佐古 1975、新藤 1993）。個人主義的なアメリカ人に比べて日本人は自らの準拠集団との結びつきがより強固であり、そこから、より強い心理的支えを引き出すと考えれば、常識に反するこの結果も納得できる（Markus & Kitayama, 1991; Triandis, 1989）。サクラという目前の影響源に対して、準拠集団がもう一つの情報源として拮抗するから影響力が弱くなるのです。

一貫性を持つ影響源の効果が大きいのは何故か。ある対象を判断する場面を考えましょう。判断の対象は色でも形でも、政治や社会問題に関する意見でもいいですが、判断が正しければ、何度問われても同じ答えが出されるはずです。毎回違う答えが返ってくるようでは信憑性がありません。共産主義を昨日まで賞賛していたのに、今日はそれに批判的立場を表明し、明日はまた違うイデオロギーを説くようでは誰も相手にしない。それにたった一人の意見ならば勘違いの可能性もありますが、何人かが同じ意見を表明する場合は真実を反映しているのではと思い直す。このように影響源の一貫性が重要です。

歴史変遷の可能性

従来、逸脱者は社会規範を守らない人間として否定的に理解されてきました。しかしイエス・ガンジー・ソルジェニーツィン・マンデラたちは既存の社会構造・世界観に反対しただけでなく、新しい思想を自ら生み出し、権力者や大衆に訴えかけました。一九六〇年代のフェミニズムや黒人意識運動も同じように、単に社会に反逆したのではなく、異なる原理を突きつけて社会変革を迫りました。消極的少数派と積極的少数派という表現でモスコヴィッシは両者を区別し、多数派を影響できるのは、常識を批判するに留まらず、それに取って代わる見方を積極的に主張する場合のみだと言います。従来の影響理論を彼は次の三種類に区別しました（Moscovici, 2001, p. 259）。

（一）集団に巻き込まれた人々に意見や感情が伝染病のように拡がるというルボンの立場。

（二）模倣を通して意見が社会に浸透するというタルドの立場。社会の下層に位置する人が、上層の人間の考えを模倣して受容する。それにより支配集団の立場が社会に浸透し、既存の規範が維持される。

(三) フェスティンガーらの機能主義モデル。多数派あるいは権威を持つ人間の主張に、少数派や弱い立場の人間が同調するという発想。

社会内で対立が不可避的に生ずる事実をこれらの理論はどれも無視あるいは軽視しているとモスコヴィッシは指摘します。人間が相互関係を持ち、意見交換すると立場の違いが明らかになり、衝突が起きる。その時いつも妥協を通して対立が収拾されると、なぜ考えるのか。

モスコヴィッシは影響源の一貫性に注目するわけですが、この意味をもう少し考えましょう。ゲシュタルト哲学に依拠するアッシュは影響の原因を多数派性に求めない。合理主義者の彼にとって、対人関係や駆け引きを超えて最後に真理は必ず勝利しなければなりません。

アッシュが対象自体の性質に注目したのと対照的に、フェスティンガーは影響源と被影響者との対人関係に着目します。多数派性が影響の原因だと明確に主張したわけではない。しかし情報あるいは規範をめぐる従属関係を原因と考える以上、認知環境の安定化に貢献するのは多数派です。したがって社会構造において影響源の占める位置が影響の方向を決めるという発想です。

アッシュのように真理の発露として歴史を理解しても、フェスティンガーのように力関係の結果として影響を把握しても、どちらにせよ社会の変遷は説明できない。対象の性質も社会構造も所与です。ある時点における現実の状況が影響の行方を決定するわけですから、新たな構造が生み出されるはずがない。

しかし影響源の行動様式に注目すると事情は一変する。影響源の一貫性は対象の性質からも、従属・支配関係からも独立する要素です。社会内の位置や権力・権威・人望と無関係に、主張や行動の一貫性は誰にでも可能な性質です。ゆえにすべての人間は影響を行使する側にもなるし、影響を受ける側にもなる。影響源が多数派であるか少数派であるかによって、影響の形態が異なる事実はすでに説明したとおりです。しかし影響の原因を社会の所与から解放したことは、社会変化を理解する上で決定的です。

変化と置換

モスコヴィッシ理論の分析を続けます。生物と社会の根本原理は同一性の維持と変化という矛盾する二つの相です。再生産を繰り返しながら同時に生物と社会は変化してゆく。変化するのに何故、同一性が維持されるのかという問いは次の講で検討するとして、どのようなメカニズムを通して社会システムが変化するのかを先ず考えます。

変化を説明する理論は様々ですが、モスコヴィッシのアプローチは他の理論と比べてかなり異色です。以下ではダーウィン進化論・マルクスのプロレタリアート革命論・大塚久雄の周辺革命論、それにフランスの社会心理学者ジェラール・ルメンヌの提唱した社会多様化理論と比較して、少数派影響理論の特徴を浮き彫りにします。

最初にダーウィン進化論の発想を見ます。と言ってもダーウィン自身の理論はかなりの夾雑物が混在しているので、ネオ・ダーウィニズムを取り上げます。エンドウ豆の交配実験で知られるオーストリアのグレゴール・メンデルの遺伝理論などとの出会いを経て練り上げられたアプローチが今日、ネオ・ダーウィニズムと呼ばれています。

この学説は突然変異と自然淘汰という二つの柱に支えられます。突然変異、つまり再生産の失敗が原因で多様性が生まれる。そして従来から生息する多数派よりも、新たに発生した少数派の方が生き残る率が高ければ、次第に置換されて種が変遷するという構図です。つまり種という〈全体〉の変化を〈部分〉の漸進的置換によって説明する。自然淘汰の圧力を受けるのは種自体ではありません。種の変化を担う実際の単位は個体であって、種という実体が存在するのではない。環境により適した個体がそれ以外の個体に比べて子孫を残す確率が高いという仕組みを通して集合としての種が進化します（Gayon, 1992）。

ちなみに個人の自由よりも集団の利益を優先する社会ダーウィニズムや優生学においても同様に、淘汰の圧力を受けるのは、超越的に把握された集団や人種ではなく、個人です。これらのイデオロギーは個人主義的世界観を基に生まれてきました。各人が固有の役割を与えられて共同体に有機的に組み込まれた中世の状態から、相互交換可能な近代的個人の群に変質されてはじめて、このような発想が生まれました（Dumont, 1983）。社会にとって害になる個体を排除するという点で、優生学と社会ダーウィニズムは変わらない。ただ手段が正反対です。前者は好ましくない要素が残存しないように積極的に人工的介入を行うのに対し、後者は国家による弱者救済政策などの人工的介入を廃止して、弱者すなわち劣等な個体を自然消滅させようとする発想です。歴史的にみるとダーウィンの『人間の由来』（一八七一年）が発表されてまもなく社会ダーウィニズムが提唱され始めますが、優生学は少し遅れて一八八〇年代になってから現れます（Pichot, 2000, p. 159）。

　ダーウィン進化論に対する批判がありますが、我々の議論にとって、その正否は問題でない。論理形式だけに注目しましょう。ダーウィンの発想では、進化が生ずる時、突然変異が生み出した新個体は既存の個体に比べて、自然淘汰が生ずる環境内で最初から有利な条件を備えている。「適者生存」という表現が物語るように、突然変異により発生した個体が生き残るのは、旧来の個体よりも当該環境に適しているからです。

　次はマルクス主義を検討しましょう。産業革命を経て労働者の数は増加し、権力を占有するブルジョワジーに比べて数の上では多数派を占める。しかし孤立した個々の労働者は力を持たない。そこで労働者が団結・蜂起して既成の支配構造を覆すと考えました。より強大な力を備えて成長した新〈部分〉が、それまでの支配〈部分〉を凌駕して社会システムの構造を変える。これも置換モデルです。そして強者が弱者を打ち負かすという原理はダーウィン進化論と変わらない。

　封建制から資本主義への移行を研究した経済史家・大塚久雄も変化を置換で説明します（大塚1960、一〇頁。強調大塚）。

> 　一定の生産様式が支配的な地位を占めているような構造の社会構成の内部で、まったく新しい別種の生産様式が発生し、古い生産様式を掘りくずしながら発達をとげ、ついに旧来の社会構成を解体せしめて、みずからが支配的地位を占めるような構造の新しい社会構成をう

ちたてるにいたる［……］そこには、古い生産様式から新しい生産様式への生産様式の移行と、それを内包しかつそれとさまざまな仕方で不可離に結びつきつつ進行する、古い社会構成から新しい社会構成への社会構成の移行、つまりそうした二つの側面が同時に含まれていることを、われわれはたえず念頭においていなければならない。

大塚史学の枠組みは周辺革命論です。支配的な生産様式が営まれる地域から離れた辺境で新しい経済構造が生まれる。支配的生産様式の影響が強い圏内では、誕生したばかりで脆弱な生産様式は潰されてしまう。したがって新しいシステムは、競合を逃れる周辺地域で十分発展した後に、中心地域を席巻する旧来の支配的構造を凌駕する。こういう発想です。スペイン・ポルトガルに興った重商主義がオランダの中継貿易に取って代わられた後、イギリスやフランスで誕生する資本主義へとヨーロッパの経済基盤が進展してゆく過程は、このように把握される（大塚 1960、一六—一七頁。強調大塚）。

或る時代の社会構成の内部でその生産諸力の遺産をゆたかにうけついだ辺境ないし隣接地域が、つねに、次の時代の社会構成をささえる中心地域として現われているのであって、こうした生産諸力の継承関係において、一系列の経済発展を貫串する歴史的連続性がみとめられるのである。［……］何故にそのような中心地域の移動を伴わねばならなかったのか。［……］或る社会構成内部の中心地域では、次の段階を特徴づけるような新しい生産関係がたしかにいち早く生みだされるけれども、他面において、そこでは古い生産関係の基盤が何としても根づよいために、そうした新しい生産様式の展開は当然に阻害され、或いは著しく歪曲されるほかはない。その結果、新しい生産様式はおのずからそうした中心地域を去って、旧来の生産諸関係の形成が比較的弱かったか、或いは殆んど見られなかったような辺境ないし隣接の地域に移動（または伝播）し、そこでかえって順調かつ正常な成長をとげることになる。

大塚史学もネオ・ダーウィニズムやマルクス革命論と同様、何らかの原因で少数派要素・構造が誕生した後に少しずつ勢力を拡大してゆき、ついに多数派に取って代わる構図です。旧部分よりも新部分の生産性が高いために、当該圏の経済構造が変化するわけですから、ダーウィン進化論やマルクス主義史観と同じタイプのアプローチです。

最後にジェラール・ルメンヌの社会多様化理論を検討しましょう。彼はダーウィン進化論の解釈から議論を始めます。生物の多様性を説明する必要から進化論は生まれました。生物学者・池田清彦の説明を引きます。

進化はそもそも、この世界にはなぜこんなにも沢山の生物がいるのか、すなわち多様性の説明原理として考えられたものだ。進化論は生物多様性は、神が各々の生物種を現在あるように創ったからではなく、進化の結果である、と主張する（池田 2002、一二九頁）。

いまでこそ、進化論は、進化という現象の説明原理でなければならないような按配ですが、ラマルクもダーウィンもウォレスも、もともとは進化論を進化の説明原理として構想したのではないのです。多様性の説明原理として進化を構想したのです。進化というのは仮説であって、その結果、生物は多様化したという理屈を立てたわけです（中村・池田 1998、一二二頁。話者池田）。

強者と同じ生活環境にいれば、弱者は淘汰される。しかし木に登ったり水中生活をしたり、光の乏しい環境に生育するなど棲み分けをした弱小生物は生き残る。こうして生命環境が多様化します。個体が似通っていれば、それらの間で繰り広げられる生存競争は激しい。同じ餌を求め、同様の生活形態を持つからです。生きるための資源が十分あれば、同じ種に属する個体が共存できますが、個体数が増加し、その必要に環境が応えられなくなると個体間の闘いは激烈になる。しかし同じ環境に生息しても、異なる種の個体ならば共存が可能です。食餌行動が違うので、お互いが邪魔にならないからです。同じ生活環境に同種の個体が棲む場合、弱者には二つの選択肢しかない。闘いを通じて淘汰されるか、あるいは他地域に移動し、競争相手が少ない環境に棲み分けるかです。

人間の世界も同様に職業上の棲み分けを通して社会の複雑さが増しました。主流派と同じ土俵で闘えば少数派は負ける。そこで主流派と比較できない分野に特化する傾向が生まれます。これはデュルケム『社会分業論』の立場に通じます（Durkheim, 1893）。通常信じられているように、経済効率を向上させるために分業が生ずるのではない。人口増加とともに生存競争が激化しても、弱者は単に排除されるのではなく、分業のおかげで生き残ることができる。各職業が専門化し、どの職業も共同体に不可欠な役割を担う。そのため分業体制に支えられて多様化した社会は、均一的な社会に比べて、より緊密で安定した人間関係を維持します。

さらに人間の場合は他の生物と異なり、未占有の生態空間に移動するだけでなく、社会構造を自ら変革してゆく。既存ヒエラルキーを支える価値体系を拒絶し、それに代わりうる新しい評価基準を提示する。そして新基準の普及に成功すれば、今度は自分が優位な地位を占める。こうして新しい世界観が生まれ、広まってゆく。実験研究を通してルメンヌはこう立論しました(Lemaine, 1974)。

しかし彼の社会多様化理論では新基準の普及をどう説明するのかが不明です。支配者との正面衝突を避けながら密かに実力を養っても、いつかは対決しなければ既成の支配構造を崩せない。そしてその時に広義の力が勝敗を決めると考えるならば結局、すでに見た革命論と同じタイプのアプローチです。

モスコヴィッシの場合は、どうでしょうか。影響理論ですから、ダーウィン進化論のように個体が淘汰されるのではなく、各人の考えが変わるのですが、〈部分〉が少しずつ置換されて最終的に〈全体〉が変化するという点は両者とも同じです。しかし少数派が多数派を凌駕するプロセスが異なります。数の上でも劣り、また権力・権威・名声などが欠落したままで少数派は影響力を及ぼす。この違いは決定的です。

少し極端な例ですが、モスコヴィッシの立場を理解するためにキリスト教の布教を考えましょう。ナザレのイエスというユダヤ人が説いた宗教は最初、迫害を受け、影響源であるイエスは抹殺される。しかしそれでもキリスト教は紆余曲折を経ながら伝播し、ついにはローマ皇帝をも改宗に導いて西洋社会を席巻しました。初期のキリスト教徒は弱者のままで布教に成功したのです。

政治力も経済力も権威もない少数派に留まりながら社会を変革する可能性をモスコヴィッシは提示しました。支配的位置を獲得したキリスト教はその後、宗教裁判という思想弾圧を行いますが、それはまた別の話です。弱者の解放を目指した少数派集団も、権力を握ったとたんに民衆を弾圧し始める例は枚挙に暇がありません。

新しい価値の発生

少数派影響理論を理解する上で、もう一つ検討すべき重要な問いがあります。そもそも新しい価値やアイデアはなぜ生まれるのか。置換モデルでは新しい要素や構造の発生を説明できません。AがBによって置換されれば、確かにシステムは変化するが、それだけではBが生まれる理由がわからない。〈新しいもの〉は必ず〈古いもの〉から生まれてくる。しかしそんなことがどうして可能なのか。

フェスティンガーの機能主義モデルに対して、モスコヴィッシの理論は発生モデルだと言いました。この意味を理解しましょう。

進化論に戻ります。ネオ・ダーウィニズムにおける突然変異、つまり再生産の失敗が原因で新しい個体が発生するという考えは常識的に納得できます。ではモスコヴィッシの場合はどうか。少数派による影響は、少数派の立場を多数派が受け容れることではない。少数派影響理論は新しいアイデアの伝播を説明する理論であり、新しい価値の発生自体を解明するためには別の理論が必要だと解説する教科書もある（Doise *et al.*, 1978）。しかしそれはモスコヴィッシ理論の完全な誤解です。

　少数派が行使する影響は盲目的な追従や模倣ではない。常識を見直すきっかけを少数派が与え、そこで新しい発見や創造が生まれる。精神分析学がフランス社会に浸透するプロセスを検討したモスコヴィッシの研究について第5講で述べました。フロイトの学説はまさしく異端の考えです。それがフランス社会に伝播する過程で変容を受け、新たな人間像が作り出されました。

　受動的な模倣現象として影響は理解されやすい。多数派から少数派へと一方的に影響が行使されると思われてきたからです。影響の方向を逆にして、多数派の考えが少数派の立場によって置換されても、初めからあった意見が社会に占める割合が変わるだけです。情報の伝播に注目するだけでは、新しい価値が生まれ、社会が変化する事実は説明できません。

　閉鎖系として影響を把握する機能主義的発想を脱し、自己言及的な相互作用を通してシステムが変遷する可能性を見据える必要があります。少数派に影響される時、主張内容を超えて、背景にあるイデオロギーや人間像も問い直されると言いました。多様な見解が衝突する中で、暗黙の前提を新しい角度から見直す契機が与えられる。こうして多数派の見解にも少数派の立場にも収斂されない新しい着想が現れる。社会という開放システムは異端者を生み続けるおかげで停滞に陥らず、歴史の運動が可能になるのです。

イデオロギー・宗教・科学・迷信・芸術・言語・価値・道徳・常識などの精神的産物は、多くの人々のコミュニケーションによって生成される。そこには必ず情報交換が夥しい頻度で行われる。世代・性別・社会階層・政治信条・宗教などを異にした人々の相互作用を通して情報が伝達されるわけですから、既存の世界観に新しい要素が並列的に加えられるというような単純な事態ではない。既存の構造と〈異物〉との間の葛藤を通して捨象・付加・歪曲などが必然的に生じます。

人間が複数集まって集団を作ると、そこに規範が生まれる。前講で見たデュルケムの犯罪論を思い出して下さい。市民全員が同じ考えに染まる完全な全体主義社会でない限り、多数派に従わない逸脱者が必ず現れる。少数派と多数派との対立・葛藤を通して新しい価値や思考が誕生します。

〈古いもの〉と〈新しいもの〉の間には質的な飛躍がある。ほんの少しの修正や、ずれにすぎないのに、それがシステム内部での変化に留まらず、システムが暗黙に依拠する認識枠の再検討を通してシステム自体の変貌へと導くからです。

かといって無から創造が生まれるわけでもない。労働の価値と労働力の価値とを弁別して、資本主義における剰余価値搾取のメカニズムをマルクスは明らかにしました。そこで依拠したのはアダム・スミスなど彼以前の思想家が練り上げた労働価値説です。あるいは直線の外部の一点を通る平行線は一本だけ存在し、かつ必ず一本存在するというユークリッド第五公理の「単なる」

否定からロバチェフスキーやリーマンの新しい幾何学が構築されました。

非連続性は連続性の懐から滲み出てくる。知識は開かれた系をなすからです。新発見の源は、過去の遺産の周辺部にすでに潜んでいる。「私が他の学者よりも遠くを展望できたとしたら、それは私の先達たる巨人たちの肩に乗っかっていたからだ」と言ったのはニュートンです。

それはアインシュタインにも当てはまります。既存の知見との連続性を彼は強調します。すでにあった理論を純化し、その本質をさらに推し進めた「だけ」なのです（Einstein, 1979, p. 137）。

理論を観測事実に可能な限り合致させるために相対性理論が生まれた。相対性理論を革新的だと考える必要はない。数世紀も前からずっと続く路線の自然な成り行きだからだ。

革新は無から生まれない。既存の知見・常識の矛盾や対立と創造活動は切り離せません。科学革命は過去とのつながりの中で現れます。天才の個人的資質だけが相対性理論や量子力学を創出したのではない。彼らの知的環境や日常生活における様々な影響を忘れてはならないでしょう。

発想の源

モスコヴィッシはなぜ少数派影響理論を考えついたのでしょうか。アッシュもフェスティンガーも実在論者だったのに対して、モスコヴィッシは構成主義的な発想をし、世界や歴史の根源的な恣意性あるいは虚構性を熟知していた点がその理由の一つだと思います。つまり世界に普遍的真理はない、我々の目に映る真理は人間の相互作用が生み出すという世界観です。真理だから同意するのではない。悪い行為だから非難するのでもなければ、美しいから愛するのでもない。方向が逆です。同意に至るから真理のように映る。社会的に非難される行為を我々は悪と呼ぶ。そして愛するから美しいと形容する。共同体での相互作用が真・善・美を演出するのです。

社会心理学者は集団現象を個人の心理メカニズムに還元して把握する。それどころか、社会状況におかれた個人心理の分析のみが社会心理学者の仕事だと考え、集団現象を研究対象に含めない学者がほとんどです。モスコヴィッシの反論を聞きましょう（Moscovici, 2012, p. 32–33）。

最もよくある研究アプローチは、まず個人の表象を個別に分析する。そして次の段階として、集団内におかれた個人の表象を検討する。しかし集団から隔離された個人などは抽象的に考えられるだけで実際には存在しない。だからこれでは問題から逃げているだけだ。もちろん二種類の事象を区別する必要はある。しかし往々にして信じられるように、（a）個人表象と、（b）集団表象とに分けるのではなく、（a）集団表象と、（b）集団におかれた個人の表象とに区別すべきである。

確信を例に取りましょう。集団の役割がわかります。第10講でオリヴァー・サックスの患者を例に合理的判断から確信への飛躍について述べました（二七八頁参照）。合理的判断は疑うことが可能ですし、事実を基に判断を改めることでもできる。しかし確信はそうでない。データを提示して確信の誤りを主張しても、そのような合理的筋道では確信は簡単に揺らがない。喪に服したり、諦念に至る道も同様に、合理的思考では到達できない。確信は宗教の一種であり、集団現象です。こんな仏教の説話があります（長尾 1967、一二二―一二三頁を参考にした）。

我が子を失って悲嘆にくれる若い母親がいた。人々は同情し、ゴータマ・シッダールタという高僧に頼めば、奇跡を起こして子供を生き返らせてくれると勧める。希望を見いだした母親は死んだ子供を抱いて仏陀に会いに行く。「村へ帰って芥子の実を貰ってきなさい」。彼女は喜んで走り去ろうとする、その時、「ただし、死者を出したことのない家から貰っておいで」と仏陀は付け加える。村に戻った彼女に村人は喜んで芥子粒を差し出す。しかし身内を失ったことのない家は見つからない。希望を捨てずに尋ね歩くうちに彼女にも仏陀の言葉の意味が分かってきた。村をまわり終わった時には彼女の悲哀は鎮まり、すがすがしい気持ちになっていた。

母親が悟りを開いたのは、生きとし生けるものには必ず死が訪れるという事実を知ったからではない。そんなことは初めから彼女にもわかっています。事実から確信への論理飛躍がそこにある。子供の死に際して、子供を復活させようとする努力そのものが、母親の苦しみの原因でした。つまり求めている「解決」こそが、まさに彼女の問題だった。その「解決」を放棄した時、同時に彼女は問題から解放され、救われます。メタレベルに視野を広げて初めて問題の根が見える。

しかしそのためには、今閉じ込められている論理の外に出る必要があります。仏陀の出した条件を満たそうと自分自身で何度も試みて失敗しなければ、諦念に辿り着けなかった。しかし、それだけでは悟りに至らない。

行為や判断の理由説明は、所属社会に流布する世界観の投影を意味すると第3講で述べました。我々は個人で判断するのではない。集団的に生み出される枠組みやカテゴリーを通して世界の出来事を理解します。死んだ子供を諦めたのは、村人とのコミュニケーションを通して集団的価値を母親が受け容れられたからです。

確信における他者の役割をハンナ・アーレントは強調します（Arendt, 1961, p. 21. Moscovici & Doise, 1992, p. 119より引用）。

> 判断の力は、想像の中で他者と取り持つ同意に支えられる。そこで生ずる思考のプロセスは、理性的推論の場合のような、私と私自身との対話ではない。私がたった独りで決断しなければならない場合でも、それは常に、そして先ず何よりも、後ほど同意しなければならない他者とのコミュニケーションである。この想像上の同意なしに、判断の正しさは得られない。

女性差別や人種差別との闘いが難しいのも、それらが個人の問題ではなく集団の産物だからです。死体に対する畏怖や敬意、そして穢れの感覚もいくら理性的に考えても消せません。集団が生み出す価値観だから抵抗できないのです。確信には宗教的な何かが含まれている。個人の偏見やステレオタイプあるいは心理バイアスなどに還元しては確信の強靭さが把握できない。脳科学者の藤井直敬は『つながる脳』で、個体を集団から切り離して動物実験してきた脳科学のあり方に疑問を投げかけます（藤井2009、四三―四四頁）。

［……］社会的脳機能という側面で脳を見つめ直し始めたところ、脳機能はやはりモノには還元できないのではないかと思えるようになってきたのです。その理由は、私たちヒトが自分の身体的認知機能を外部に拡張してしまったからです。

単に個体内部の事象であれば、おそらくモノによって制御されることが多いでしょうし、突き詰めれば脳機能を分子レベルで理解できるようになるかもしれません。しかし、ヒトは自分一人では生きていませんし、環境と一体なのです。実は、ヒトの振る舞いを制御している要素の多くは体の内部だけではなく環境や他者のように外部にもあるのです。しかも外部の要素が私たちの行動選択に与える影響は、内部のそれと比べても同じように、もしくは場合によっては遥かに強いのです。

人間の根源的な社会性・歴史性を熟知するおかげで、モスコヴィッシは広い視野から心理現象を俯瞰できました。社会的表象の研究（Moscovici, 1961/1976 ; 2001 ; Farr & Moscovici, 1984）を通して、彼は人間の集団的性格をよくわかっていた。実験室内部で被験者が示す反応を社会・歴史的文脈に置き直した時、他の学者の眼には映らなかった意味を把握したのです。

社会心理学者として活躍する以前にモスコヴィッシは科学哲学者アレクサンドル・コイレの薫陶を受け、研究者としての第一歩を科学哲学者として踏み出しました。まだ若い頃、米国のプリンストン高等研究所・ハーバード大学・イェール大学などに科学哲学者として招待されています（Moscovici, 2001, p. 240）。ガリレイと同時代に活躍したイタリア・ジェノヴァの物理学者ジャン＝バティスト・バリアニに関する著作もありますし（Moscovici, 1967）、人間と科学の歴史変遷を分析した大著の作者としても知られています（Moscovici, 1977）。

自然科学の真似をしているつもりでも実は科学の本質に無知な社会心理学者が多い中、モスコヴィッシは科学認識論に深く通じていたからこそ、知識が社会的に構築される事実を熟知していました。

あと忘れてならないのは世相との関わりです。本書で取り上げたアッシュやフェスティンガーの研究が発表されたのは一九五〇年代です。この頃の社会科学界ではタルコット・パーソンズやロバート・マートンを代表とする機能主義が花盛りでした。構造主義者レヴィ＝ストロースが注目されたのも同じ頃です。それに対してモスコヴィッシが少数派影響理論を発展させるのは一九六〇年代後半以降です（Faucheux & Moscovici, 1967）。フェミニズムや黒人意識運動など、既成の社会秩序に対する、少数派による反抗の嵐が世界中で吹き荒れた時期です。支配的価値観を少数派が力強く覆してゆく現実がなければ、いくら実験で正しさが認められても、モスコヴィッシ理論は注目されなかったでしょう。

それからモスコヴィッシ自身の生い立ちも無関係ではないはずです。彼は一九二五年にルーマニアの片田舎で生まれ育ったユダヤ人です。幼少の頃から差別に苦しみ、ポグロムも実際に目の当たりにしました。ドイツでヒトラーが台頭してからは、ルーマニアでも反ユダヤ主義政策が強化され、強制労働にかり出された経験もある。このような厳しい体験をした若者ですから、社会秩序の変革に無関心ではありえない。第二次大戦後、モスコヴィッシはシオニズム運動に加わり、ユダヤ人救済のためにヨーロッパ各地に派遣されていました（Moscovici, 1997）。エコロジストとして政治活動をしていた時期もあります。

アッシュもフェスティンガーもユダヤ人ですから、差別された経験は少なからずあるでしょう。しかしポーランドのワルシャワで生まれたアッシュは一九二〇年にすでに米国に移住しています。生まれたのが一九〇七年ですから、まだ十三歳でした。フェスティンガーは一九一九年にニューヨーク市で生まれました。アメリカ人として成長した彼ら二人と違い、ユダヤ人差別の激しい東欧で思春期を過ごしたモスコヴィッシは、その後パリに長く生きながらも、異邦人の感覚をずっと持ち続けてきました。

私自身がハッとした想い出があります。モスコヴィッシを交えて四、五人で雑談していた時のことです。フランス社会の開放性が話題になり、「日本に比べてフランス社会は、ずっと外に対して開かれている」と私が何気なく言ったのですが、彼は私の顔をじっと見つめながら「いつまでたっても、よそ者はよそ者だ。それはフランスでも同じだ」と静かに否定しました。半世紀以上フランスに住んでも、そう言わざるをえない想いがあったのでしょう。

第4部

社会心理学と時間

第12講
同一性と変化の矛盾

変化を説明する他のモデルと比較してモスコヴィッシ理論の特徴を前講で析出しました。力を蓄えていって最終的に既存の多数派を凌駕する構図と、力を持たないままで少数派が世界を変革すると考える少数派影響理論は大きく異なります。しかし全体の変化を部分的置換で説明する解決自体はこれらすべての理論に共通します。なぜ置換モデルが採られるのか。以下ではこの問いに答えましょう。

生物と社会の本質的特徴は同一性の維持と変化です。しかし同一性と変化は本来両立しない。変化が生ずれば、もはや同一ではないし、同じ状態を維持すれば変化しない。この矛盾をどう解くか。これは大きな問題です。私自身が行った研究（小坂井 1996、2002/2011）をなぞりながら同一性の正体に迫ります。

同一性の変化

本性がないならば、変化とは何の変化か。しかし本性があるとしても、変化とは何の変化か。大乗仏教・中観派の始祖ナーガルジュナはこう問いかけました（ナーガルジュナ 1967）。本性の変化は表現からして形容矛盾です。

変化するモノが存在するのか。この問いに関してはドイツの哲学者イマヌエル・カント（Kant, 1781/1980）とフランスの哲学者アンリ・ベルクソン（Bergson, 1938/1993）の立場がよく対比されます。変化を受けずに存在し続けるモノ自体がなければ、何の変化なのかさえわからない。モノあっての変化だ。だから変化という偶有的現象の背後に恒常的実体の存在を前提しなければならない。カントはこう考えました。対してベルクソンは、単に変化が生ずるのであり、変化現象の背景に、変化する実体など存在しないと主張する。変化の一形態である運動を例に取りましょう。視覚的場面を我々は思い浮かべやすい。そのため、空間の一部を占める物体がまずあり、それが空間内を移動すると理解する。しかし視覚ではなく聴覚の変化を考えると、変化の異なる相が見えてきます。ショパンのエチュードが流れる。時間の経過につれて、旋律が移ってゆく。音の運動をいくら分析しても、恒常的な実体はどこにも見つかりません。

ナーガルジュナは不生・不滅・不常・不断・不一・不異・不来・不去と言います。不生・不滅・不断・不異・不来・不去という部分を見ると変化が存在しない気がする。しかし不常・不一と、同時に恒常性も否定する。それは本質や実体の存在を否定するからです。モノがなければ、何かが変化するというのもおかしいし、変化しないというのもおかしい。すべては空です。『般若心経』の有名な章句「色即是空　空即是色」も同じです。世界は夥しい関係の網から成り立ち、究極的な本質はどこにも見つけられない。しかしその関係こそが堅固な現実を作り出す。

空は無ではありません。どんなモノも出来事も自存せず、他の原因に依って生ずる。つまり本質や実体は存在せず、関係だけが現れる。これが空の意味です。生成や変化は空だからこそ可能なのであり、空でなければ、生成もないし変化もありえない。関係性の認識論です。

空の哲学は観念論とも違います。言語哲学者・丸山圭三郎は『生命と過剰』にこう書きました（一四―一五頁。強調丸山）。

> ［……］あらゆる事物が自己同一性を有していること、世界の意味を保証する根拠が厳然と存在すること、これが私の言う〈レアリスム〉であり、プラトン以降の西欧思想に連綿と続く〈神〉への信仰であって、この神はまだ死んでいないのである。［……］〈実念論〉もその正反対の〈実在論〉も、同じRealismusの訳語であった。両者ともにレアリスムであることは決して偶然の一致ではない。いわゆる〈観念論〉も〈実在論〉も、ひとしくロゴス中心主義という同じ土俵内の対立にほかならないからである。換言すれば、両者ともに主／客二分の実体的二元論そのものは疑わず、そのいずれを唯一絶対の根源的存在とみなすべきかという、古くて新しい論争に夢中になってきただけなのだ。だからこそ形而上学におけるイデアが否定されればそれはマテリアにとってかわられ、キリスト教の神（＝最高類概念としての普遍）が否定されればそれは近代科学の〈物〉がこれにとってかわる。

観念としても物質としても本質や同一性は存在しない。変化と恒常のどちらも関係の網として捉えるべきです。

文化の同一性

多くの日本人が死んでゆくと同時に新生児が生まれ、やがて国民すべてが総入れ替えされる。それなのになぜ日本人は存続するのか。民族同一性は一般に文化と血縁の連続性を基に理解されます。しかし詳細に検証すると、どちらの根拠も破綻する。

どの社会も大きな歴史変化を経て今日に至っています。文法も語彙も大きく変化する。今から千年前に書かれた『源氏物語』を当時の言葉のまま読める人は現在あまりいないでしょう。それに外国から多くの事物が日本に入りました。日本文化を誇りに思うなんて言いますが、日本語の文字も源は中国文字の借用です。京都や奈良の寺も基本的には中国や朝鮮の模倣ですし、仏教もインドのゴータマ・シッダールタが始めた異教です。それが今では日本人の心の安らぎのもとになっている。ヨーロッパと南北アメリカの文化を特徴づける最も重大な要素の一つとしてキリスト教がしばしば挙げられますが、これも中東の地でユダヤ人イエスが広めた異教です。

日本思想から外来要素を排除して純粋な土着思想を求めようとする動きは本居宣長を始め、過去に何度も起きています。しかしこのような純化の努力はタマネギの皮をむく作業と同様に空しい試みであり、外来要素を取り払った後に日本固有の要素は何も残らない（丸山 1961、1984）。

自然環境も同様で、日本在来種と信じられている生物の中にも、明治以降に入ってきたものが少なくありません。セイヨウナタネと在来ナタネをとりましょう。前者は油用の品種として海外から入ってきましたが、後者も実は外来植物であり、日本産の野生植物ではありません。セイヨウナタネよりも早い時期に日本にやってきたというだけの違いです。外来生物の定義は明治以降に日本に移入した生物であり、江戸時代に入ってきたものは在来種として扱われます。ジャガイモ・イネ・ホウレンソウ・スイカ・トウモロコシ・イチゴなども実は外来生物ですが、明治以前に入ったので在来種に含められています（松永2011、一三一頁）。

国語が人工的に発展させられる事実は、日本における標準語化政策やトルコ語のラテン文字採用などを思えば、すぐにわかるでしょう。フランス語もフランスほぼ全土で話されるようになるのは第一次世界大戦期です。一八九〇年に導入された初等義務教育制度、そして戦争中の兵士動員を通して言語の均一化が進みました。それまで庶民は一生を自分の村で過ごし、外の地域に出かけるのは稀でしたから、多様な方言があったのは当然です。フランス革命が起きた十八世紀末にはフランス人の半分ほどしかフランス語を使用していなかった。フランス語が話される場合でも、多くの人は現代フランス語とかなりかけ離れた表現を用いていたようです。第一次大戦が勃発する一九一四年にいたってもフランス語以外にドイツ語・アルザス語・ブルトン語・バスク語・オック語・カタロニア語・コルシカ語という七つの言語がフランス各地で根強く話されていました（*Atlas de la langue française*, 1995, p. 22）。

国語が人工的に発展させられる極端な例はイスラエルのヘブライ語にみられます。イスラエル建国の中心的役割を果たしたアシュケナジム（ドイツ語圏および東欧出身のユダヤ人）はヘブライ語を放棄し、イーディッシュ語を話していた。十九世紀になって、聖書が記された古代ヘブライ語を基に近代ヘブライ語が人工的に再構成されましたが、一般のユダヤ人の言語としては通用しなかった。一九四八年のイスラエル建国時には国民の九〇パーセントがイーディッシュ語を母語としていて、イスラエルの公用語は将来、英語かイーディッシュ語になるという予測が立てられていたほどであり、まさかヘブライ語を皆が話すようになるとは信じられませんでした。しかし短期間で、この半人工語がイスラエルの公式言語の一つ（もう一つはアラビア語）として採用されるに至りました（Schnapper, 1991, p. 108）。

スコットランド文化の象徴と言えばキルトを思い浮かべますが、これはランカシャーに住むイングランド人実業家によって十八世紀に入って発明された衣服です。実は文化だけでなく、スコットランド人自体が近代になるまで存在していなかった。スコットランド北部に現在住む人々の祖先はアイルランドから流れてきました。陸上よりも海上交通の方が容易だったため、十七世紀末までは北部の人々にとって、スコットランド南部のサクソン人との関係よりも、アイルランド人との交流の方が緊密でした。

キルトに限らず、だいたい十八世紀後半から十九世紀前半にかけてスコットランドの「伝統文化」が発明されたようです。第一段階としてアイルランド本国との断絶が図られ、本当はアイルランド起源の文化要素であっても、スコットランド高地に昔からあったという物語が作り出される。この歴史改竄により、いわば本家と分家の逆転が起こり、スコットランド高地の文化がアイルランド文化に似ているのは前者から後者に文化が伝播したからだという筋書きができあがる。

次の段階ではキルトの例にみるように、新たに作り出された文化要素があたかも古代から存在していたかのように事実の歪曲がなされます。そして最後の段階として、スコットランド低地に住むサクソン人・ピクト人・ノルマン人などによって「スコットランド伝統文化」が受容される時点でついにスコットランド全体の伝統という虚構の完成をみるに至ります（Trevor-Roper, 1996）。民族は虚構の産物です。フランスの思想家エルネスト・ルナンの有名な言葉を引きましょう（Renan, 1992, p. 41）。

忘却と歴史的誤謬が国民形成のための本質的要因をなす。したがって歴史研究の発展は国民にとって危険な試みなのである。

太古から続く伝統などというものは、たいていが後の時代になって脚色された虚構です。実際に生じた変化、そして共存する多様性が忘却されるおかげで、民族同一性の連続が錯覚されるのです。

血縁の連続性

血縁の連続性も虚構です。詳しく分析する余裕がないので、ここではイスラエルの例だけを挙げます（詳しくは小坂井 2002/2011）。アメリカ合衆国・カナダ・オーストラリアのように、新大陸に移住したヨーロッパ人が母国から分離し、新たな同一性を獲得した諸国は多民族国家として発展しました。そのため、これらの国では国籍の定義において血縁の連続性が重要視されず、属地主義が採られている。外部から移民が入植して建国されたのはイスラエルも同様です。ところがイスラエルの場合は、世界中に離散したユダヤ人が本来の土地に帰ってくるという筋書きの下に国家建設されたため、移民国とはいえ、民族同一性は過去からずっと連続しているという了解があります。しかし、それは事実ではない（以下のデータはCourbage, 1998）。

建国後まもなく一九五〇年に制定された帰還法により、世界のユダヤ人はすべてイスラエルに「帰る」ことが可能になります。ユダヤ人は母系血統であり、正統的定義によればユダヤ人の母親から出生した者のみがユダヤ人として認められる。したがって父親がユダヤ人でも、母親がユダヤ人でなければ、その子供はユダヤ人ではない。しかし実際には非ユダヤ人の母親から生まれた子供や、ユダヤ人の配偶者である非ユダヤ人にもこの法律が適用されています。

ロシアからは多くの人々がイスラエルに入植しました。二十世紀初頭からソ連崩壊までの期間にパレスチナに移住したロシア人はイスラエル入植者全体のおよそ三分の一を占めます。ソ連崩壊後には五〇万人を上回る入植者数を記録し、現在でも彼らはイスラエル人口の主な源流をなす。ところが、このロシア移民の中に実は多くの非ユダヤ人が含まれていました。

一般にユダヤ人と非ユダヤ人との間の結婚は頻繁で、その率が最も低いモロッコ出身イスラエル人の場合でも男性四六パーセント女性五一パーセントという高い数字に上ります。すなわちユダヤ人の二人に一人はユダヤ人以外と結婚する計算です。それはロシアにおいても同様で、一九八九年度の統計によると、ソ連に住むユダヤ人の数は一四〇万人（子供と老人を含む）でしたが、それ以外にユダヤ人と結婚した非ユダヤ人配偶者が八〇万人おり、これら二二〇万人すべての人々にイスラエルへの「帰国」権が与えられています。

共産主義から逃れるために虚偽の申告をしてユダヤ人になりすました者も多かったようです。虚偽申告によりイスラエルに入植した非ユダヤ人の割合は、少なく見積もってもソ連からの全移民の一〇分の一、多ければ三分の一に上ると試算されています。ソ連崩壊とともに大量移民が始まった一九九〇年代になって、イスラエルに住むキリスト教徒の数が急激に増える。入植してきたソ連の「ユダヤ人」の中に多くのキリスト教徒が混入していたからです。イスラエルにおけるキリスト教徒の数は、一九八九年以前には毎年二〇〇〇人ほどずつ増えていた。ところが一九九〇年以降には、年間増加数が以前の五倍に相当する一万人に上ります。そして一九九五年度には二万一〇〇〇人、すなわちソ連からの大量移民開始前に比べて一〇倍の比率でキリスト教徒数が増加する。

このように多くの非ユダヤ人がイスラエル・ユダヤ人になっています。血縁連続性を疑問視する要素はまだある。ファラシャと呼ばれるユダヤ人がエチオピアにいます。彼らが黒人であり、信仰内容が異なるという理由から、一九八〇年代になるまで宗教的権威がファラシャをユダヤ人と認めず、イスラエルへの入植が拒否されていた。結局、国民大半の反対を押し切って、一九八四年十一月から翌年初めにかけてイスラエル政府がファラシャを航空輸送するという強硬手段に出ます。黒い肌を持つユダヤ人の誕生です。

ユダヤ人というと血縁で堅く結ばれた民族の代表だと思われやすいのですが、それは事実にそぐわない。イスラエル以外の国に住むディアスポラ・ユダヤ人は、聖書に記されるようにパレスチナから追放されたユダヤ人の末裔でしょうか。フランスの歴史家マルク・フェロはこの定説に疑問を投げかけます。ヨーロッパや南北アメリカに住むユダヤ人の中には青や緑の瞳を持ち、金髪の人が少なくない。もし先祖が同じならば、どうしてこれほどの多様性が生まれたのか。わずか数千年で瞳や髪の色は変化しない。ですからディアスポラのユダヤ人はおそらく現地の人々との間に生まれた子孫か、あるいはユダヤ教に改宗した人々の子供でしょう（Ferro, 2002, p. 115–135）。

紀元七〇年のエルサレム攻防戦の際にローマ人によってユダヤ人が追放されたという史実は有名です。世界中にいる離散ユダヤ人の原点としてよく引かれます。しかしこれは後生に捏造された神話らしい。労働力として利用できる外国人を追放する習慣はローマ人にはなかったと、『ユダヤ人は、いかにして発明されたか』を著したイスラエルの歴史家シュロモー・サンドはこの史実を疑問視します。キリスト教のような布教活動をユダヤ教はしないと常識的には信じられていますが、実際には多くの他民族がユダヤ教に改宗したようです（Sand, 2008/2010, p. 247–361）。

同一性維持の錯覚

文化も血縁も実際には断絶があります。しかしそれが見えずに、さも民族が連続しているかのように錯覚する。この心理メカニズムについて考えましょう。〈部分〉の変化にもかかわらず、〈全体〉はそのまま維持されるという、同一性と変化をめぐる謎です。要素群から全体構造が遊離する感覚がなぜ生まれるのか。

次の情景を思い浮かべて下さい。漁師が木の舟を漕いで毎朝、魚を捕りに行きます。木の舟はだんだん傷んでくる。腐るところもあるだろうし、たまには岩にぶつけたりもするでしょう。ときどき新しい木材で修理しなければなりません。漁師はしだいに年をとり、引退する時期が来ます。そして息子に自分の舟を引き継がせる。息子も同じように毎日漁に出る。舟はさらに悪くなり、修復されていく。そして孫の代になる……　木の舟は修理の度に部品が替わるから、ある時点まで来るとすべての部分が交換される。そこで疑問が起こります。この船は祖父の舟なのか。毎日使ってきた舟だから同じ舟のような気がします。しかし祖父の舟の材料はもう残っていない。それでも同じ舟と言えるのか。

　これはギリシア時代からずっと議論され続けてきた「テセウスの舟」と呼ばれるテーマであり、テセウスはギリシア神話に出てくる女神エーゲの息子です。この問題はどう解くべきでしょうか。舟を構成する木材という質料《ヒュレー》は変化しても、この舟をこの舟たらしめる設計図に相当する形相《エイドス》は維持されている。したがってすべての部品が交換された舟も本質的には同じ舟である。アリストテレスはこう考えました（Aristote, 1991, Livre VIII, vol. 2, p. 1–21）。

　では目前で舟を破壊してみましょう。そして前の舟と同じ構造になるように、新しい材料で舟をその場で建造します。この場合、舟の連続性は感じられません。元の舟の復元コピーにすぎないのは明白です。一〇〇年かかって徐々に材料を替えようが一瞬で替えようが、すべての材料が新しくなった事実は同じです。しかし心理的にはまったく異なる感じがする。すべての部品が交換されても、それに必要な期間が十分長ければ、同じ舟であると感知されます。同一性は対象自体に備わる性質ではなく、心理現象だということがわかります。

この点をよく理解するためにイングランドの哲学者トーマス・ホッブズに倣って敷衍します。古くなった舟板を今度は捨てず保存する。そして材料がすべて交換された後で、保存してあった元の材料を使って再び設計図通りに組み立てる。すると初めの舟A、新しい材料で少しずつ修復した舟B、そして元の材料で再度組み立てた舟Cという三つが概念上考えられます。古い材料をそのつど捨てて、Cが出現する可能性がなければ、AとBの連続性は自然に納得できます。しかし、残っていた古い材料を組み立ててCが出現した瞬間に我々の確信は揺らぐ。古びて傷んだCを目の当たりにするや否や、それまでAと同一視されていたBが途端に複製の位に格下げされるとともに、傷だらけのCが実はおじいさんの本当の船だったのだという感慨が浮かびます(Hobbes, 1839, p. 136, tr. fr., p. 113–114)。

形相の連続性を根拠に同一性は保証できない。それ以外の何かが必要になる。しかしその何かは舟自体にはない。どこでしょうか。同一性の根拠は当該対象の外部に隠されているのです。

目前に一つの塊があると想像して下さい。どの部分も時間の経過を通して変化せず、同じ状態を維持するならば、塊は同一性を保っていると言える。では次に塊から極めて少量の部分を削り取るか、あるいは他の材料を微少な量だけ加えます。これで塊全体の同一性は破棄されました。しかしこれほど厳密に考える人はいないでしょう。変化が極めて小さければ、同一性が維持されていると我々は認識します。もし人間の感覚に探知されない程度の変化が徐々に生じるならば、時間が経過して変化の総量がかなりの程度に達しても、同一性が中断された事実に我々は気づかない（Hume, 1739–40/1987, p. 303–304）。

対象の異なる状態を観察者が不断に同一化する。これが同一性の正体です。時間の経過を超越して継続する本質が対象の同一性を保証するのではない。対象の不変を信じる外部の観察者が対象の同一性錯視を生むのです。同一性の根拠は対象の内在的状態にではなく、同一化という運動に求めなければなりません。

構成部品が間断なく入れ替わる舟と同様に、集団も構成員が不断に交代します。一〇〇年ほどで日本人の総入れ替えが完了する。それにもかかわらず集団が同一性を保つと我々が感じるのは、構成員が一度にすべて交換されず、ほんの少しずつ連続的に置換されるからです。毎日交換される日本人の割合は総人口の〇・〇〇二パーセントほどにすぎません。一つの状態から他の状態への移行が断続感なく、滑らかに行われるおかげで、日本人と呼ばれる同一性の感覚が保たれる。特にヒトの場合は他の動物と異なり、生殖活動期間が季節の限定を受けないので集団の更新時期が特定化されない。そのため変遷が切れ目なく連続的になされるという事情も、民族の同一性の錯覚を容易にします。

度重なる修理によって著しい変化が生じたにもかかわらず舟の同一性感覚が消えないもう一つの理由は、舟の各部分が同じ目的のために結合されていると感じるからです。部分と全体との間に必然的関係が想像され、あたかも構成部分から遊離して全体が存在するような錯覚が生まれる。

スコットランドの哲学者デイヴィッド・ヒュームは次の例を出して説明します（*Ibid.*, p. 305–306）。レンガ作りの教会が長い年月を経て荒廃し、信者たちが教会を復旧する。レンガではなく石材を用い、近代建築様式を採用したとしましょう。先ほどの舟の場合とは違い、この例では材料だけでなく外形も以前の教会と異なります。しかし新旧二つの教会に対して信者たちが同じ目的を見いだすおかげで、二つの異なる対象が同一化され、教会の同一性が維持される。新しい教会の建築時にはすでに古い教会が消滅している事実も同一性感覚の強化に役立ちます。忘却のおかげで同一性虚構が機能する。国家・民族・大学・法人といった共同体が維持される背景にも、このからくりが隠されています。

手品では白いハンカチが鳩に変化する。むろん実際にはそんなこと無理ですから、ハンカチを鳩とすり替えるしかありません。ハンカチが消失して鳩が出現するのであり、モノ自体の変化は起きていない。変化が感知されるためには、手品を見ている観客によって、変化前のモノと変化後のモノとが同一化される必要がある。奇術師の手からハンカチが消えた後に舞台の袖から虎が出現しても、ハンカチが虎に変身したと思う観客はいません。白いハンカチが同じぐらいの大きさの白い鳩に同じ場所ですり替えられるから変化を感じるのです。

我々の世界は数限りない断続の群れから成っている。しかし他者との相互作用が密かに生み出す虚構のおかげで集団の連続性が錯覚されます。

同一性の論理から同一化の運動へ

同一性と変化を両立させるために多くの議論がなされてきました。時間とともに刻々と変化する見かけ上の現象とは別に、変化を受けないで自己同一性を保つ形相、あるいは常在不変の実体を措定する論者もいます（Ferret, 1996）。しかし本質としての同一性と偶有性としての変化とを対象自体の性質として同時に認め、対象一項の内部で完結する性質として捉えると、同一性の変化を理解するのは極めて困難です。

構造の変化を捉えるために、各要素の意味は全体構造によって決定されるというゲシュタルト的発想に希望を託したこともあります。つまり要素の意味はそれ自体で規定されず、全体的布置によって決まる。そして異質な要素が導入されると、既存構成要素間の関係が変わるので、全体構造も変化すると考えるのです。

しかし、スイスの発達心理学者ジャン・ピアジェの構造主義（Piaget, 1968）、ハンガリー出身の科学哲学者イムレ・ラカトシュの二重構造論（Lakatos, 1974）、米国の認知心理学者エレノア・ロッシュのプロトタイプ論（Rosch, 1973）、アッシュのゲシュタルト・アプローチ（Asch, 1946）、それに社会心理学における構造主義的社会表象論（Guimelli, 1994）などを参考にして様々な試行錯誤をしたのですが、良い解決は見つかりませんでした。

例えば、この方向では対象の質的変化の際に現れる相の移行を説明し難い。温度の量的変化を通して、水は個体・液体・気体という質的に異なる相を示します。この例を念頭におくと確かに、量的変化の蓄積がついには質的飛躍を導くというヘーゲルのテーゼが正しいような気がする。しかしこの質的変化は、我々人間が日常的に観察する巨視的次元にだけ現れます。電子顕微鏡が映し出す微視的次元においては、この劇的な変化も、水分子群が相互に結びつけられる状態の変化、すなわち量的な変化にすぎません。水分子自体が他の性質を帯びるわけではない。変化を質的と規定するか量的と判断するかは、我々が採用する観察次元の違いによることがわかります。

そもそもゲシュタルト哲学は、対象一項で完結する認識論ではなく、主客の構成する性質として現象を捉えます。結局、私は対象だけに注目せず、主体と客体との関係の中に同一性と変化とを両立させる方針を採りました。同一性をモノの性質ではなく、主客の関係態として把握するとは、どういう意味か。不変の形相や実体の存在を否定する立場にとって、変化する万物は自己同一性を実際には保っていない。しかし連続的に生ずる変化に観察者が気づかないために、同一性維持を錯覚する。さらには後になって当該の対象の推移を思う時、変化と同一性が同時に認められるために、変化を超越する実体があたかも存在するかような感じがする。これが私の解決です。

もちろん、ここでいう主体は客体から切り離された精神でもなければ、他者から独立する個人でもない。間主観性として捉える必要があります。同一性と変化は対象・主体・他者が織りなす三項関係が生み出す現象・出来事です。そして、これら項自体も循環的回路をめぐって相互に作用し、不断に変化しながら生成される一時的沈殿物です。固定された定点としては捉えられません。

万物は流転する。集団を実体化するから、同一性の変化などという、表現自体が形容矛盾に陥ったような状況の前で右往左往するのです。発想を転換しましょう。世界は同一性や連続性によって支えられるのではない。反対に、断続的な現象群の絶え間ない生成・消滅が世界を満たしている。虚構の物語を無意識に作成し、断続的現象群を常に同一化する運動がなければ、連続的な様相は我々の前に現れません。集団の記憶や文化は常に変遷し、一瞬たりとも同一性を保っていない。したがって結局、集団同一性がどのようにして変化するかと悩むのは的外れです。それは原理的に解けない問題です。視点を変え、虚構の物語として集団同一性が各瞬間に構成・再構成されるプロセスを解明すればよいのです。

絶え間ない同一化が民族や国民の連続性虚構を生むとわかれば、世代間を超える集団責任の仕組みも同様に理解できます。戦後生まれの日本人が大日本帝国の戦争責任を負うと言う時、それはどんな論理によるのでしょうか（小坂井2008、一七九―一八七頁）。子供の行為に対する責任を親が負うのと同様に、次世代を教育する義務が現在生きる人々に課せられると考えることは可能でしょう。しかしその反対に過去の世代の行為に対して、それを阻止できない、当時まだ生まれていなかった、あるいは幼少だった人々の責任が問われるのは何故か。

問題の論理構造をはっきりさせるために時間軸ではなく空間軸にいったん視点を移します。当該の犯罪者（個人または集団）が日本人（あるいは中国人・ユダヤ人・黒人）だという理由で、他の日本人（中国人・ユダヤ人・黒人）に責任の一端があるとは主張できません。部分集合Aの行為から発生する責任を他の部分集合Bに負わせることは、行為の因果関係から責任を判断する近代法の発想においては認められない。

人種・民族差別では、このような論理のすり替えがよく見られます。複数の部分集合の間で責任移転がなされるのは範疇化による錯覚が原因です。部分集合（個人または複数）の個別行為が一般化され、日本人（中国人・ユダヤ人・黒人）という範疇自体の属性として認識される。そしてその後、各範疇に属する他の部分集合、すなわち当該の加害者とは別の構成員に拡大解釈される。

行為の因果関係で責任を捉える限り、このような同一化は誤りであり、部分集合間の責任移転は許されない。

同様に世代間の責任移転・拡大の原因も心理的同一化です。ある時点における共同体・国家、次の時点における共同体・国家、そしてさらに次の時点の共同体・国家……という世代群を一つの集合に括り、それを例えば「日本」という固有名詞の下に同定すれば、世代間で責任が移転される。人種差別に見られるような複数の部分集合間での責任移転を可能にする範疇化と同じ論理構造がここに見いだせます。

日本の戦争責任を認めよと主張する側も否認する側も同じ論理的誤りを犯しています。過去の犯罪に対して、その当時生まれていなかった人々がなぜ罪の意識を持つのか。因果関係で責任を理解するならば、ナチス・ドイツのホロコーストに対して日本人に責任がないのと同様に、過去に日本軍や日本国家がなした行為に道徳責任を負う義務も、また引き受ける権利も戦後生まれの日本人にはない。ユダヤ人に対するドイツ人の犯罪や、アルメニア人に対するトルコ人の犯罪、アメリカ先住民に対するイギリス人の犯罪などを認めるのと同じ「気軽さ」で、日本の戦争犯罪を認められるはずです。それを嫌がって南京虐殺はなかったとか、日本だけが悪いのではなく朝鮮や中国も悪かったとか、当時の世界情勢から考えて日本の植民地主義を非難できないとか感情的になるのは自分を「日本」に同一化するからです。逆に日本の犯罪を認めよと主張する側も「日本」に同一化している点は変わらない。ひいきの野球チームが優勝すると、自分が勝ったわけでもないのに大喜びするのと同じ種類の論理的誤りを両者とも犯しています。

誤解がないように一言だけつけ加えますと、国家という擬制の連続性を基に想定される政治責任は別です。この場合は人為的に結ばれる法的規定、すなわち社会協約での決めごとの履行にすぎない。保険や年金のような制度と同じです。したがって過去の国家行為から発生する経済的負担が、当時生まれていなかった現在の国民に課せられても論理上何ら困難はない。しかし集団の道徳責任は同じ議論で説明できません。それは心理的錯覚の結果です。

第13講
日本の西洋化

同一性の維持と変化について日本の西洋化を例に敷衍します。この研究を行ったのは社会科学高等研究院の前期課程にいた一九八四年から一九八八年にかけてですが、私には二つの疑問がありました（Kozakai, 1988 ; 1991）。西洋の植民地にならなかったのに、どうして日本に西洋化が起きたのか。そして外国人の少ない閉ざされた社会が、どうして開かれた文化を持つのか。ここではデータの詳細に入らず、異文化受容のメカニズムだけ検討します（詳しくは小坂井 1996）。

異文化受容と支配

疑問の一つ目は支配概念をめぐってです。日本の西洋化を説明する場合、経済および軍事力を背景にした西洋の脅威がよく引合に出される。言語の西洋化、美意識の白人化、西洋への憧れや劣等感は日本人だけの現象でなく、ユダヤ人や米国の黒人など差別や抑圧の被害者、ヨーロッパのアフリカ人やマグレブ（北アフリカ）人のような旧植民地出身の人々にも共通します。そのため、外国文化受容の原因を抑圧状況に求める論者が多い。異文化受容は影響の一種ですから、これは従属モデルの発想です。

恐怖の対象への同一化を通して自我を防衛するという精神分析学者アンナ・フロイトの「攻撃者への同一化」理論があります（Freud, 1936/1949 ; Sandler, 1985/1989）。子供が幽霊の真似をしたり、叱る教師の表情や癖を模倣して生徒が自我防衛する例を取り上げ、攻撃の犠牲者から攻撃者へと変身して恐怖を乗り越えると言います。この考えを援用して岸田秀は日本人の欧米崇拝を分析しました（岸田 1985、二一九頁。強調岸田）。

> 近代日本が欧米崇拝に陥ったのも、欧米諸国が日本を恫喝し、侮辱し、不安にさせたからである。近代日本人は、そうされたのちに欧米文化を知って冷静に日本文化と比較検討し、欧米文化が優れていることを発見し、その模倣をしようとしはじめたのではなく、そうされたときに欧米文化を崇拝してしまったがゆえにそれが無条件に優れたものとして見えてきたのである。近代日本のあのすさまじい欧米化の情熱を、欧米諸国に対抗するためというような合理的な面だけで捉えてはならない。たとえば、欧米諸国に対抗するためということなら、武器を欧米化する必要はあったであろうが、美人の基準まで欧米化する必要は全然なかったであろう。しかし近代日本はそれまでも欧米化してしまった。

支配や圧力に依拠する従属モデルの限界は第10講ですでに明らかにしました。規範・価値の内在化にとって圧力は、かえって邪魔な要因です。また第8講で議論したように、名誉白人症候群が現れるのは、上位集団の仲間になれる可能性、あるいはその幻想がある場合です。したがって支配状況自体は異文化受容の原因ではない。それに従来から研究されてきた植民地や差別の状況と、日本人が西洋世界と保ってきた関係は明らかに異なります。開国を迫られた時点での黒船、広島・長崎への原爆投下、敗戦直後の米軍駐留は当時の日本人にとって確かに大きな脅威でした。しかし直接的・物理的暴力を伴う植民地支配を日本は一度も経験していない。それどころか逆に他民族を大規模に支配した唯一の非西洋国です。異文化受容が抑圧や脅威によって生じるなら、日本は世界で最も強く西洋文化を拒否するはずです。

文化支配という概念でも説明できない。解明すべきは、劣等感や憧憬といった形で現れる文化支配の発生プロセスです。文化支配が異文化受容の原因だと言うのでは循環論です。料理が苦手だったり、野球が下手だったり、英語が話せない事実からは必ずしも劣等感は生まれない。野球ができなくても英語が話せなくても、ほとんどの人にとっては何でもありません。しかし料理が主婦の務めだと信じる女性や、一流の板前になろうと志す人にとって料理が下手なのは辛い。あるいはアメリカ人のように英語を話したいと思うから、英語ができないと恥ずかしく感ずるのです。身体上の劣等感についても同じです。足が短いとか太っているとかを気にかけたり、禿頭を恥じたりするのは、あるべき規範が社会的に定められており、その価値観を当人がすでに受け入れているからです。

「何々になりたい」「何々のようでありたい」という欲望、「何々のようでなければならない」という要請は何に由来するのか。価値・規範はどのように内在化されるのか。ここで支配概念が顔を出します。被支配者は支配者の価値観を受け入れるという常識です。しかし従属モデルの誤りを指摘したように、支配や力は影響の原因ではない。ヴェーバーによる支配の定義を思い出して下さい。Ａの命令・示唆に応じた行動をＢが取る。そして安定した支配のためには被支配者の合意が要る。すなわち支配は説明概念でなく、影響の結果です。したがって異文化受容を説明するために支配概念を持ち出せば、循環論に陥ります。

水が高いところから低い方に向かって流れるように、西洋文明が優れていたから日本が西洋化したという考えはどうでしょうか。対象の客観的性質に注目するアッシュのアプローチに似ています。しかし問題は優劣の判断基準をどう決めるかです。対象の価値が原因で影響が起きるのではない。その反対に、影響されたから、受容対象に価値が内在していたと錯覚するのです。したがって、この方向でも解決できません。

植民地にされなかった日本に、どうして顕著な西洋化が現れたのか。強制されないのに自発的に異文化受容が起きたのは何故なのか。これが私の解くべき一つ目の問題でした。

〈閉ざされた社会〉と〈開かれた文化〉

日本は伝統と近代の共存する二重構造社会として、あるいは異質な要素が雑居する文化として把握されてきました。和辻哲郎は「日本人ほど敏感に新しいものを取り入れる民族は他にないとともに、また日本人ほど忠実に古いものを保存する民族も他にないであろう」と述べました（和辻1962、三一四頁)。鶴見和子も「日本が、仏教、道教、儒教、蘭学、キリスト教、近代科学、技術、政治制度、等々異なる外来の宗教やイデオロギーや制度に接触したとき、貪婪な好奇心をもってすべてをとりいれた。しかも以前から持っていたものを捨てずに保存しつつ、新来のものをその上に積み重ねていった」と評しました(鶴見1972、三六頁)。

キリスト教やイスラム教のような超越的宗教を持たない日本は、シャーマニズム的世界観のおかげで、本来矛盾するはずの思想要素が安易に輸入され、渾然と共存すると鶴見は言います。加藤周一も同様に、「超越的な価値を含まぬ世界観は、排他的でない。故に新を採るのに、旧を廃する必要もない。しかも、新思潮が外部から輸入された場合には、内発的変化の場合と異なり、土着の世界観の持続性がそのために害われるおそれは少なかった筈である」と述べました(加藤1979、三八頁)。

激しい異文化受容と同一性維持はどう両立するのか。これは大切な問いですが、擬人的表現が示唆するように鶴見と加藤の立場は、第1講で批判したアリストテレス的本質論であり、説明になりません。他のアプローチを探しましょう。日本文化の雑種性は同時に純粋性を意味すると増田義郎は言います(増田1969、一七―一八頁)。

たしかに、十六、七世紀にせよ、十九世紀以降にせよ、すさまじい勢いで流れ込んできた、そしてわれわれがあまり悩みも感ぜずに身につけた外来文化の要素は、気が遠くなるほど雑多、多様なのはほんとうである。だから、日本文化は「雑種文化」だ、というような感想も生まれてくるわけだ。しかし［……］外来文化の衝撃に対する日本人の態度は、案外むかしから不変だったのではなかろうか、という気がする。そして、日本文化を論ずる際に大切なのは、雑多な要素ではなしに、それらを料理したり、呑みこんだり、消化したり、あるいは見ただけでサラサラとごみ箱に棄ててしまったりする手ぎわとか態度ではないかと思う。また、そのような日本的料理法によって、それらの雑多な要素が文化的複合体に組み立てられると、妙に均一で、確定的で、相も変わらぬ、という感じの実体しか結果的に生まれてこない事実も注目しなくてはならない。そのような見方をすれば、日本文化は本質的に言って、「雑種的」などころか、その根本的パターンは、きわめて不変で、一貫していて、純粋なのが特徴でなかろうか［……］。

本質論的アプローチを乗り越え、日本文化の開放性をメカニズムとして捉えようと試行錯誤した丸山真男の試みに、増田の理解は通じます。日本は古代から大陸文化の強い影響に曝されてきており、外来要素を排除して純粋な土着思想を求める努力はタマネギの皮をむく作業と同様に虚しい。外来要素を取り払った後には要素あるいは内容としては何も残らない。しかし日本思想史は単なる外来思想の輸入史ではない。日本の体系的な思想や教義は外来だが、それが日本に入ってくる際に一定の変容を受け、大幅な修正が行われる。そこで要素としてではなく、外来思想が修正されるパタンに恒常的な〈日本的なもの〉を丸山は探します。

この発想の転換は重要です。〈日本的なもの〉の実体化を避けるために丸山は色々な比喩表現を試み、プロトタイプ・原型・古層などを提案しますが、どれも満足ではありません。どうしてもモノになってしまう。そこで音楽用語のバッソ・オスティナート（執拗低音）に最終的に思い至ります。日本思想史を奏でる主旋律は中国大陸やヨーロッパからの外来思想である。しかしそれらはそのまま響かない。日本文化の低音部に執拗に繰り返される一定の音型によって変質をこうむり、異なる響き方をする。こうして丸山は本質論的アプローチを脱却します。

バッソ・オスティナートは世界観でもなければ、エネルギーでもない。それでは本質論に逆戻りです。〈日本的なもの〉はメカニズムとして捉えなければならない。丸山に示唆されて私はコミュニケーション構造に注目しました。一つには西洋世界と日本との関係、すなわち情報源と情報の受け手の接触形態であり、もう一つは日本社会の内部で情報が伝達される仕方です。

マス・メディアの古典研究にカッツとラザースフェルドの「二段階の流れ説」があります（Katz & Lazersfeld, 1955）。相互関係を持たない個人の群れに向けて送られるメッセージが直接に影響力を振るうという「注射モデル」や「弾丸モデル」が、それまでの主流でした。しかし実際にはマス・メディアのメッセージは無媒介に個人に達するのではない。集団のオピニオン・リーダーが情報をふるいにかけ、情報伝達を抑制したり、周囲の人々を説得したりする過程が明らかになりました。この理論モデルを援用して、西洋文化に接触して西洋と日本とを媒介する人々――例えば開国時においては福澤諭吉や中江兆民のような西洋思想を導入した指導者、あるいは文学・芸術・料理・服飾などを紹介する評論家――と、媒介者を通して情報を受け取る人々の間のコミュニケーションとを私は区別しました。以下では西洋と日本の接触形態が異文化受容に及ぼす効果のみを要約します。

日本は〈閉ざされた社会〉であり、かつ〈開かれた文化〉だと丸山真男は言います。日本では外国人居住者が少ないだけでなく、外国に住む日本人もわずかです。したがって人の交流という意味では日本社会は閉ざされている。しかし文化面から考えると、外の要素を自主的にまた貪欲に取り入れてきた。そういう意味で情報の流れからみると、日本文化は外部に開かれている。

テレビ広告における西洋人の登場率を調べると、五本に一本ぐらいの割合です（二一・四パーセント）。この数字は一九八六年に流された五〇〇〇本ほどの広告を調べた結果（Kozakai, 1988；1991、小坂井 1996）ですが、それ以降の分析でも、傾向はそれほど変わっていません（市民のためのテレビフォーラム 1991、萩原 1994、2004）。また宣伝される商品名の約三分の二は西洋の言葉あるいは西洋風の表現を含んでいました。実際に日本に住む西洋人の比率と、テレビ広告における西洋要素の登場率とを比較すると、これらの数字の異常さに気づきます。日本に居住する西洋人の割合は当時、日本総人口のおよそ〇・〇五パーセントでした。したがって実際の居住率に比べて西洋人はテレビ広告に四〇〇倍以上の頻度で現れ、商品に関しては約一三〇〇倍の頻度で西洋名が使用されている。西洋人と実際に接触する機会が少ないのに、イメージの世界では対照的に西洋要素が頻出する。

漢字・ひらがな・カタカナという三種類の文字を使う日本語の特殊な表記法は、外来物が完全に内部化されずに、言葉の由来が明瞭に区別されます。これも異文化要素の受容と同時に閉鎖機能が作用する一例であり、第8講で解いた同質性と差異に関する米仏の矛盾と似た論理構造です。

〈閉ざされた社会〉である日本が、著しい西洋化に示されるような〈開かれた文化〉を持つパラドクスをどう説くか。これが私の二つ目の課題でした。

矛盾の解き方

矛盾の解き方はいくつか考えられます。矛盾にみえるのは二つの現象のどちらかの理解が誤っているからで、事実を検討すればよいと先ずは思うでしょう。

支配に関する第一の疑問は次のように考えてみる。差別され続けたユダヤ人や米国の黒人、あるいは植民地にされて苦しんだアフリカ人に比べれば確かにましだろう。しかしそれでも日本に対する西洋の脅威があったのは事実だ。例えば岸田は「ペリー来航は西欧世界が日本を強姦した事件である」と規定した（岸田／バトラー 1986、二五―三五頁）。こう考えれば、日本の西洋化が不思議ではなくなります。あるいは逆に、日本に対する西洋の支配力は大きくなかった。だからこそ西洋化は表層に留まり、日本文化の中核は守られた。こう理解するのも可能です。どちらも、異文化受容の原因は支配だという従属モデルを踏襲しながらの解決です。

社会の閉鎖性と文化の開放性の矛盾については、日本社会は本当に閉じているのかと考え直し、外部に開かれている事実を証明するデータを集める。閉ざされているようにみえても、それは見かけだけであり、実際には開放的だと証明できれば、〈開かれた社会〉が〈開かれた文化〉を持つという結論になり矛盾は消える。あるいは反対に日本文化の開放性は表面的な次元に限られ、文化の中心部は閉ざされていると考えればよい。そうすれば閉鎖社会に閉鎖的文化が宿るわけだから、矛盾はやはり解消される。

しかし他の可能性はないでしょうか。データの矛盾を妥協的に解消するのではなく、反対に矛盾のさらなる先鋭化から新しい発想が生まれないだろうか。常識では支配と異文化受容を結びつけますが、この発想がそもそも誤りではないか。また開放と閉鎖とを反対概念として捉えるが、両者は実は論理的な相補関係にあるかも知れない。私はこう考えました。

モスコヴィッシの青色スライド実験が示したように、少数派の影響によって多数派の考えが変化する場合、影響された事実自体が意識されなかったり、影響源と情報内容とが切り離されて、あたかも自発的に意見を変えたと錯覚します。強制的に変化させられたのではなく、自ら変化を選んだと感じられれば、アイデンティティの危機は生じない。つまり支配されたからではなく、逆に外圧が弱いおかげで自発的な異文化受容が起きる。

直接的支配下におかれず、間接的な接触の場合、異文化受容を促進する要因として次の三点が挙げられます。

第一に、異文化要素が日本文化に侵入する際に、その内容や意味が変化しやすい。つまり日本人の世界観と衝突しながら異文化は入ってきますが、その時、日本人の価値観との齟齬が小さくなるように変化する。したがって異物侵入の衝撃が緩和され、受容が容易になります。精神分析学がフランス社会に普及した過程のモスコヴィッシによる分析を思い出して下さい。フランス人の既存世界観に対応して、精神分析という異物が変容を受けました。

間接的接触のおかげで外来情報が元の文脈から切り離され、情報の具体的状況が無視されるので、日本社会の磁場作用を受けて意味内容が変化しやすい。外国（情報源）との関係が間接的になればなるほど、入ってくる情報の一部が排除されたり、現実とは違った意味が加えられる可能性が高くなります。接触が間接的なおかげで異文化要素に変化が起こり、日本人の世界観をそれほど逆撫でしない仕方で導入される。

それに元の情報とのズレがあっても、それを修正するフィードバックが起こりにくい。したがって意味が変化したままで定着しやすい。誤って定着した有名な例にフェミニストという外来語があります。「彼は女性に優しいフェミニストだ」などという文脈で使用されるように、この言葉は「女に甘い男」という意味で今でも使われる。しかし英語の feminist は女性差別と闘う女性活動家を意味し、男の feminist は珍しい。日本語のフェミニストは西洋語の原義から大きくずれています。イギリス人と一緒に住んでいれば、私はフェミニストだから部下の女性を叱れないと男性が言うと、すぐに修正されます。しかし間接的接触ゆえに、誤りを訂正する機会があまりない。

広告に登場する西洋のイメージは、現実の西洋とずいぶんずれています。マス・メディアというフィルターを通して我々と関係を結ぶ西洋人は、実はもう異人ではない。解毒作用を経て馴致され、いわば理想化された日本人に変身を遂げている。我妻洋／米山俊直は指摘します（八九―九〇頁）。

［……］私たちが、人々と話し合ったかぎりでは、西欧化した日本人の美意識にとって、〝理

想〟なり、〝お手本〟なりになっているのが、「現実の外人さん」ではなくて、むしろ、テレビや映画に登場する「フィクションの世界の住人としての白人美男美女」であると考えるのが、妥当のように思われる。いいかえれば、多くの日本人にとっては、自分たちが、身体的構造改革を行なってまでも、それに近づこうと努力している「美の理想としての白人」と、自分たちが根底においては、異質の存在としか感じられない、「現実の白色人種」とが、別々の存在となっており、この二つが究極においては同一の存在であるということが、必ずしも明確に自覚されていないように思われるのである。

異文化受容を促進する第二の要因として、情報源と情報内容の分離が挙げられます。外来価値を受け入れると発信源への心理的同一化が起きる。そのため受容が抑制される。しかし情報源と情報内容とが十分に切り離されれば、異物の受け容れが必ずしも異人への変身を意味しないので自己同一性を脅かされない。したがって受容が容易になります。

アジアの民と袂を分かって西洋の一員になるべきだと福澤諭吉「脱亜論」は提唱しました。一八八五年のことです。アジアという「今あるところ」から脱出し、自らを変身させて他者になろうという決断は、よく考えてみると驚くべきことです。なぜ福澤はこのように考えたか。また紆余曲折があったにしても最終的に日本人が福澤の指針にしたがったのは何故なのか。それは間接的接触のおかげで、自己同一性を維持しながら西洋化したからです。西洋の一員になっても日本人たることをやめるわけではない、日本人の根幹の部分は変わらないという確信があったからです。
断髪したり牛鍋を食べるだけで文明開化できると思う浅はかな人々を批判し、そんな猿真似は文明化でないと福澤は『文明論之概略』で論しました（福澤 1962、二八頁）。

譬《たと》へば近来我が国に行はるゝ西洋流の衣食住を以て文明の兆候と為す可きや。断髪の男子に逢ひて、これを文明の人と云ふ可きや。肉を喰ふ者を見て、これを開化の人と称す可きや。

福澤にとって文明開化とは、すでにできあがった制度や技術の摂取ではなくて、それらを培う精神の受容を意味しました。英語の表現を考えるとわかりやすい。**civilization**という名詞は**civilize**という動詞から派生し、「文明」とは、（一）文明化した結果として、すでにできあがった状態と、（二）文明化という動的なプロセスの両方を意味します（丸山 1986、九四頁）。和魂洋才などという単純な発想とは訣別せよ。文明の外形を取り入れるのではなく、文明化の精神を学べ。こう福澤は説きました（福澤 1962、二七―二八頁）。

外国の文明を取りて半開の国に施すには、固《もと》より取捨の宣なかる可からず。然りと雖ども、文明には外に見《あら》はるゝ事物と内に存する精神と二様の区別あり。外の文明はこれを取るに易く、内の文明はこれを求むるに難し。国の文明を謀るには、其の難を先にして易を後にし、難きものを得るの度に従てよく其の深浅を測り、乃ちこれに易きものを施して、正しく其の深浅の度に適せしめざる可からず。

西洋化ではなく、近代化を目指せ。西洋という文明の特殊形態を真似るのではなく、背後に隠れる近代性という普遍的価値を受け入れよ。西洋人に変身するのではなく、近代的日本人に成長せよ。これが福澤のメッセージでした。だから西洋の文物を受け容れても、日本人のアイデンティティは守られる。

情報源と直に接しないので異文化を押しつけられにくい。これが異文化受容を促進する第三の要因です。ある時代において、変えたら日本人でなくなってしまう感じのする本質的あるいは中心的価値もあれば、少々変化しても問題ない周辺的価値もある。変化が中心的価値に抵触すればするほど、日本人の抵抗は強くなる。それに対して中心部と正面衝突しない形で周辺部から変化が導入される時はアイデンティティの危機が生じない。周辺部が緩衝地帯の役割を果たします。ところが植民地になり他国の支配下にあれば、異質な要素を無理やり押しつけられ、日本文化が歪められます。間接的接触の場合は強制されないので、嫌な要素は取り入れなくてよい。日本人の同一性を危機に陥らせる要素は拒否し、危険でない要素だけが受容されます。

文化を特徴づける本質はない。しかし歴史のある時点において、文化の中心をなすと信じられる要素は必ずあります。この中心的要素は時代と共に変遷する。例えば今日ケベック州に住むカナダ人の同一性はフランス語を支えにする。しかし歴史的にみれば、彼らとそれ以外のカナダ住民を隔てるシンボルの役割を長いあいだ果たしていたのは言語の違いではなく、カトリック対プロテスタントという宗教対立でした（Meintel, 1993）。文化とは何かという問題を考える上で重要な点ですが、ここでは触れる余裕がないので、関心のある読者は拙著（小坂井2002/2011、特に第1章、6章）を参照下さい。

日本は支配されなかったにもかかわらず、西洋化したのではない。逆に、支配されなかったからこそ、西洋の価値を受け入れた。日本社会は閉ざされているのにもかかわらず、文化が開くのではない。逆に社会が閉ざされるからこそ、文化が開く。こうして矛盾が解けました。

研究していると、しばしば矛盾にぶつかります。どうすべきか。矛盾に陥ると、研究者は誰もまず困る。締め切りの迫った論文を抱える場合など、焦ったり、がっくりと力が抜けたりします。すぐに思いつく策は、ごまかすことでしょう。自分の仮説に合わないデータはなかったことにする。都合の悪い部分は改竄して、他との整合性を図ろうとする誘惑に駆られる。自分の主張にとって困る理論や論点を過去の研究に見つけても、そのような論文は読まなかったことにする。

もちろん、このような不誠実なやり方はいけませんが、学者も人の子だから嘘もつく。時々、データの捏造がマスコミの話題になります。社会心理学でもかなりあるでしょう。あるテーマに関して総括を試みようと、その分野で発表された論文の基データを提出するよう要請したら、「捨ててしまったのでもうない」とほとんどの研究者が答えたという話を聞きました。

しかし矛盾に陥った時に、安易なごまかしをしてはいけないと私が言うのは倫理的意味からではありません。矛盾が創造を生む泉だからです。知識とは常識を破壊する運動です。常識や従来の理論ではうまく説明できないから、矛盾が起きる。ケプラーやアインシュタインの例を思い出しましょう。せっかく新発見の端緒を摑んだのに、そのチャンスをふいにしてはもったいない。

ここでは間接的接触についてだけ述べましたが、情報源と受け手との関係を考慮するだけでは十分でありません。我々は孤立して情報を受け取るのではなく、何らかのコミュニケーション網に組み込まれている。異文化要素を個人的には受け入れようとしても、周囲の反対があると難しい。したがって日本社会における対人コミュニケーションの構造を分析する必要があります。閉ざされるからこそ開かれるというメカニズムはここでも働きます。

日本が異文化を受容する際には外来対内発という発想が必ず起こって、受容される思想に外来性の烙印が押されると丸山真男は指摘しました（丸山 1984、一三三―一三四頁）。また漢字・ひらがな・カタカナで構成される日本語の表記法を、外来的なものが内部化されない理由として柄谷行人は挙げました（柄谷 1994）。

しかし、このような〈外部〉は解毒され、すでに〈内部〉に属している。日本人論が繰り返す、日本人は特殊な民族だという信仰・イデオロギーが、隔離された〈内部〉を捏造する。それにより、かえって異文化受容が進みます。第8講で分析したように、〈外部〉と〈内部〉を隔てる壁を取り去るのではなく、反対に〈外部〉と〈内部〉との融合を阻止するがゆえに、〈外部〉の内部化に成功する。その意味で日本の西洋化の背後に見るべきは、新しい物好きで好奇心旺盛な模倣者ではなく、荒々しい野生の外部を馴致された〈外部〉とすり替えて内部化する奇術師の姿でしょう（小坂井 1996、七一―九五頁および二二〇―二三八頁）。

比喩の効用

変化するにもかかわらず、社会や文化の同一性がなぜ維持されるのか。変化すれば、同一性は保たれない。逆に同一性を維持すれば、変化できない。この矛盾をどう解くか、これが課題でした。

それに対する私の答えはこうです。変化が生じれば、同一性は実際には破られる。しかしその変化に気づかなければ、あるいは自ら率先して変化したと錯覚すれば、同一性の感覚は維持される。こうして同一性の維持と変化の矛盾を解きました。

外国からの移民は民族同一性を保つべきか、あるいは受け入れ国の文化に同化するべきかという議論があります。ディアスポラのユダヤ人・在日朝鮮人・在仏アルジェリア人・在独トルコ人などの少数派は多数派に溶け込んで固有のアイデンティティを消失するべきかどうかという問いです。しかしこれは問いの立て方がそもそも誤っています。我々人間は常に変化している。変化自体が問題なのではない。強制的に変化させられる、あるいは逆に、変化したいのに変化できない事態が問題なのです。

苦しんだ末に宗教の道に入ろうとする人を思い浮かべて下さい。この人にとっては入信、つまり信仰上の変化を通して自己同一性が維持される。入信を禁止され、元の状態を余儀なくされたら、かえって自己同一性の危機が生まれます。ここでは変化が同一性を救い、無変化が同一性の危機を招きます。改宗または棄教という自己の変化自体に問題があるのではない。なりたいものになれないと感ずる時、また、なりたくないものにならなければならないと感ずる時に同一性の危機は訪れる。同一性は固有の内容を持ちません。あるのは同一化という運動のみです。

このテーマを考える上で免疫の機構がヒントになりました。動物には免疫があり、外来の異物から身体を防御している。人間の消化管の内面は微細なひだを無数に持ち、それを伸ばせば四〇〇平方メートル、テニスコートほぼ二面分に達すると言われます。人間の身体は単純化すると一本の土管のようなものです。胃や腸など消化管の中は身体の内部ではなく、解剖学的にみれば身体の外部です。皮膚や感覚器官に加え、消化管内腔の粘膜を介して我々は外界とコミュニケーションを保っている。しかし生物は何でも無条件に取り入れるのではない。自己破壊の危険がある異物は濾過装置にかけて排除しながら物質・情報・エネルギーを外界と交換する。つまり外部に対して自己を閉じながら同時に開いている。閉鎖のおかげで開放が可能になる。

同様に、日本社会は閉ざされているのにもかかわらず、文化が開くのではない。逆に社会が閉ざされるからこそ、文化が開くのではないか。私はこう自問しました。日本が開かれた社会であり、かつ閉ざされた社会であるとは従来から言われてきました（丸山1961、1984）。しかし社会という一つのシステムに同一性維持と変化とが同時に内包されると考えるか、あるいは社会と文化という二つのシステムを区別するかによってパラドクス解法の方向が大きく異なります。

後者の道を私が採ったことはすでに述べました。外国文化の要素を取り入れ、絶え間なく変化するにもかかわらず、同一性を保ち続ける日本文化を説明する上で二つのイメージが私にはありました。一つはすでに述べた免疫との類推であり、もう一つは外部を内部に取り込みながらも同一性を保持するアメーバとの相似です。

　アメーバの無定形性はギリシアの哲学者ヘラクレイトスが挙げた「ナイル川のパラドクス」と似ています。川を構成する水は絶えず移り動くから、同じ水がいつもあるわけではない。しかし川の水がいくら変わっても、ナイル川自体は常にそこにある。「変われば変わるほど、元のまま（Plus ça change, plus c'est la même chose.）」というフランスの諺があります。システムを構成する各要素が変化しても、システム自体に変容が起きるとは限らない。変化が自由自在に起こるシステムは無定形であり、その同一性は内容としてではなく、関係あるいは構造としての同一性以外に考えられない。アメーバとの比喩から出発する場合、変化と同一性とを、文化という一つのシステムに同時に成立する二つの相として把握する。そのため、この矛盾の止揚は極めて困難です。

　しかし免疫との比喩から考えれば、社会（コミュニケーション構造）と文化（意味・象徴体系）という二つのシステムの区別により、この古典的アポリアを回避できます。前者が閉ざされるからこそ後者が開かれるという解決です。

　アインシュタインやフランスの数学者ポアンカレが強調するように、発見はまずイメージとして現れることが多く、比喩が大きな力を発揮します（Hadamard, 1975/1993 ; Balibar & Toncelli, 2008）。その直観を出発点にして、あとは各学問分野の手法を用いて具体的な考察を練ってゆく。ところで、なぜ比喩が有効なのでしょうか。大きなテーマであり、詳細には入れませんから（生物学に関してはFox Keller, 1995 ; Schlanger, 1971/1995）、ここではダブルバインドという有名な概念を生み出した文化人類学者グレゴリー・ベイトソンの意見を聞きましょう（Bateson, 1972, tr. fr., p. 106）。

自然界のすべての現象を律する同じタイプのプロセスを発見すべきだという少々神秘的な信念を私は抱いた。例えば結晶構造と社会構造とを、あるいはミミズの分節と玄武岩の円柱を形成するプロセスとを同様に貫く法則が発見されるという考えだ。［……］今日なら、同じ言い方はしない。ある分野を研究するのに有効な精神活動のタイプは他の分野にも役立つ。こう言うだろう。例外なくすべての分野を通して不変なのは自然の形相《エイドス》ではなく、科学の形相なのだと。

世界が同一構造の繰り返しだから比喩が有効なのではない。人間の思考パタン、世界を理解するためのカテゴリーが限られているからです。ベイトソンの卓見に私も同意します。科学の性格を述べた第1講を思い出して下さい。わかるとは、どういうことか。とても難しい問題です。

研究と自己変革

ところで、この解決が見つかるまでの道は平坦ではありませんでした。以上の分析は研究終了後に気づいただけで、半ば無意識的に進んでいったのが実状です。西洋に恫喝され、支配されたから西洋化したと日本では信じられ、私も初めの頃はそう考えていました。ところがフランスに住みだしてフランス人や他国の人々と話すうちに、この解釈に疑問を抱きます。日本のテレビ広告に西洋人が多く出ているとか、日常会話の中で夥しい数の西洋語が使われていると話すとフランス人は驚き、日本は植民地に一度もならないのに西洋化がどうして生ずるのかと尋ねられたものです。

多くの国が西洋に支配され、タイと日本だけが独立を保った。植民地にならなかったどころか、中国・朝鮮をはじめ日本による支配は数カ国に及びました。こんなことのできた国は非西洋圏では他にない。言語を奪われ、経済・政治・文化の隷属状態におかれたアルジェリア人・朝鮮人・アメリカ先住民（インディアン）・アフリカ人の状況と、逆に帝国主義勢力として植民地を保持した日本とを同列には扱えません。

こんな想い出もあります。日本人は英語国民なのかフランス語国民なのかと東アフリカの国ルワンダから来た留学生に尋ねられ、最初は意味が分かりませんでした。日本人は日本語を話していると答えると、日常会話のことではなくて、大学教育で何語を用いているのかが知りたいと言う。それで初めて気づきました。第三世界の高等教育はほとんどが旧宗主国の言葉で行われている。アラブ化を強力に推進するアルジェリアにしても、私が通訳として滞在した一九八〇年代には授業の多くがフランス語で行われていた。アフリカ諸国の公用語はたいてい英語・フランス語・ポルトガル語など旧宗主国の言葉です。日本では日常生活だけでなく、高等教育にいたるまですべて日本語でまかなっているという答えに、この留学生は驚いていました。白人以外の民族が自らの言語で生きる可能性があるとは、それまで思いも寄らなかったのでしょう。自らの言語を持ち、外国語を話さなくても生きてゆける背景には、植民地にされなかった幸運がある。

そんなことを考えるうちに、異文化受容の原因を支配に求める通説への懐疑がますます強くなりました。しかし頭で理解しただけでは何にもならない。日本の西洋化をテーマに選んだのは、自らと西洋との関係を理解したいという気持ちからでした。フランスに住みだして五年ぐらい経った頃のことです。

フランス人に名誉白人として扱われ、またそうあろうとする自分自身に苛立って人種差別反対集会に参加していました。しかし、そうやって第三世界に同一化する自分の偽善にも気づいていた。南北問題が深刻化する中で先進工業国に属す罪悪感、そして西洋への憧れと同時に反発する心理とが複雑に絡み合っていました。モスコヴィッシのセミナーではありませんでしたが、ある機会に異文化というテーマの下にグループ発表をさせられ、私がその導入部を担当することになりました。文化支配をキーワードにして私は、西洋植民地主義に蝕まれた諸民族が白人に対して劣等感を覚える現象を取り上げ、研究発表というよりもまるで反人種差別の集会で糾弾するかのような発言をしました。二〇分ほどの短い発表でしたが、みるみるうちに聴講生の数が減っていき、私の話が終わった頃には出席者の数が半分ほどになっていました。私の後に続く他の発表者も左翼がかったアフリカ人やマグレブ出身者が多かったため、我々の発表は西洋糾弾のような様相でした。

教室に残った学生からは喧々囂々たる非難がわき起こる。「アフリカ人がフランス人に対して何故、劣等感を持たねばならないんだ！　俺はそんなことは絶対に認めないぞ」と立ち上がって否定するセネガル人や、「そんなマルクス主義的な解釈は無意味だ」と怒鳴るアメリカ人もいました。セミナーを主催した先生から言われた「君には失望した」という言葉が西洋世界全体から突きつけられた離縁状のように耳を離れず、その後一週間はほとんど眠れませんでした。このセミナーでの出来事を録音したテープは今でも持っていますが、あれから三〇年近く経った今日でもおぞましくて、再び聞く勇気が出てきません。

少数派の影響力を説くモスコヴィッシに向かって、支配の現状を隠蔽する反動的理論ではないかと、的外れな難癖をつけたこともあります。新植民地主義の研究を志そうとセネガルのダカール大学やアルジェ大学への入学を計画したのもこの頃です。

フランスに住み始めてまだ間もない頃、アフリカ人学生に交じって南北問題を討論した時のこんなエピソードもあります。熱気を帯びた議論が終わって部屋を出かけた時、マリ人の友人がポツリともらしました。「でも、お前はいいなあ。俺も金持ちの国に生まれたかった」。私の偽善を非難して彼はこのような発言をしたのではありません。しかしこの一言は私に対して強烈に効きました。一発でダウンを奪うテンプルへの豪快なヒットというより、時間が経つにつれて効果を増してくる重いボディブローでした。

教職に就く以前、私は通訳をして糊口をしのぎましたが、それが可能だったのは私がフランス語を話せるからではありません。まず何よりも私が日本語を話す日本人だからです。私よりもはるかにフランス語のできるベトナム人やモロッコ人には私と同じ幸運は与えられていない。私がスーツを着て仕事に出かけ高給を稼ぐかたわらで、同じ博士号を準備する彼らはレストランの皿洗いやスーパーマーケットの会計係をやって最低賃金ぎりぎりの収入を得ていました。好むと好まざるとにかかわらず、私の生存は日本人として規定されていると悟りました（詳しくは小坂井

2003、第三部)。

合計二年半にわたるアルジェリア滞在が、新しい見方をする上で重要な役割を果たしました。第三世界で実際に生活し、理想と現実の落差を経験したことで、私の考えは大きく変わります。搾取される国の住民も実は自由や平等を求めているのではない。自分が被支配者側にいるのが嫌なだけで、権力者は第三世界の内部で同じ事を繰り返している。そんな事実を目の当たりにするうちに、冷静な目で研究対象に接近できるようになりました。気づいた時には、同じデータがまったく違った意味をもって迫ってきたのを覚えています。

慣れ親しんだ思考枠から脱するためには、研究対象だけ見ていても駄目です。対象を見つめる人間の世界観や生き方が変わる必要がある。研究の対象が外部にあって、それを主体が眺めるという受動的な関係ではない。研究が進むにつれて自己変革がなされ、それがひるがえって対象の解釈を変化させる相互作用として研究活動はあるべきでしょう。

第14講
時間と社会

最後の講では、虚構生成に時間が果たす積極的役割について、第12講とは異なる角度から議論しましょう。

一般的に政治学や法学は人間関係を水平的構造として把握し、共同体に住む市民の権利関係を公共空間として把握する。正当な権力関係を規定し、それを遵守するための政策や制度を練り上げるのが仕事です。しかしこの発想には時間が抜け落ちており、それでは正統性の定立が不可能です。人の絆は合理的に構築できない。権利や権力という明示的な関係だけではなく、権威という社会心理現象が加わってはじめて権利・権力関係に正統性が付与される。そこに社会心理学の貢献する余地があるはずです。

先ずは、合理的に正義を定立する試みの限界を明らかにします。社会の正しいあり方を合理的に演繹できれば、時間は必要ない。時間とは未来予測不可能性のことであり、法則の網で捉えられないという意味だからです。数学の証明や物理学法則のように論理的に答えが出されるならば、時間は消え去る。近代合理主義の陥穽を示した後に、人間生活から虚構を排除できない理由を考察します。

〈外部〉の成立メカニズム

皆が勝手な行動を取れば、紛争が絶えない。したがって全員が守るべき規則を決める必要がある。どのような原理に基づいて多様性を束ねるか、〈多〉から〈一〉へ還元するか、これが政治の根本問題です。

なぜ人を殺してはいけないのか、強姦してはいけないのか、他人の所有物を盗んではいけないのか。近代以前では世界秩序の根拠を神や自然に求めていました。殺人が悪なのは神がそう定めたからだ。普遍的価値が存在し、それに違反するからだ。こう考えられてきました。

しかし〈個人〉という自律的人間像を生み出した近代は、人間を超越する神や自然という〈外部〉を否認する。超自然的存在に社会秩序の根拠を投影せず、共同体の内部に留まったままで社会秩序を正当づけようと試みます。神や自然の権威を認めなければ、人間の世界を司る道徳や法は人間自身が制定しなければならない。しかし人間が善悪を判断する以上、どのような秩序を選んでも、それが正しい保証はない。そこで社会秩序を正当化する根拠として主権概念が持ち出されます。何が正しいかと問う代わりに、誰が正しさを定めるべきかと問うのです。

近代初期に［主権概念］が政治哲学の論議に導入された際、問いの立て方が完全に変化した。それ以降は、ある権力が正しいかどうかを問う（つまり権力の存在をその道徳的内容から判断する）のではなく、命じる権力が誰に属すか、そしてその権力がどのように付与されたかが問題になる（Spitz, 2001, p. 10）。

正義の内容を定めるのは主権者であり、主権者が宣言する法が正義を定義する。殺人を犯罪と認めるのは主権者がそう判断するからであり、それ以外の根拠はない。近代民主主義の原則では主権者が殺人を善と定めれば、その社会において殺人は善である。

法が正義なのであり、正義の定義を他の抽象的内容に帰することはできない。なぜならば、まさしく正義の内容を法が定めるからだ。ある者は奴隷であり、他のある者は主人だと主権者の意志が宣言するならば、それが公正の定義である（Mairet, 1997, p. 223）。

これが、神を失った近代社会における法制度の大前提です。市民間の闘争を回避するために、イングランドの哲学者トーマス・ホッブズが考えた手段は、リヴァイアサン（＝Commonwealth、国家）への全権力委譲でした。社会構成員がほぼ均等な力を持っていれば、自分の欲望を満足させようとして、お互い死闘を繰り広げる。したがって平和共存のためには、絶大な権力をただ一人の君主あるいは少数の代表者に集中し、その意志に市民が絶対服従する状態を作り出せばよい。

ホッブズの論理構造において、正しさの根拠は内容に求められません。主権者が行う選択が正しさの定義です。しかしここで注意しましょう。国家の統治者として君主・代表者が主権者の位置に置かれていますが、王権神授説に基づく絶対王政とは異なります。それは次の章句でわかります（Hobbes, 1651/1991, ch. 17. tr. fr., p. 288）。

ある人間に対して、汝も同様に自らの権利をすべて放棄し、彼がなす如何なる行為をも汝が受け入れる条件の下に、我自身を統治する権利を我も彼に与えよう。［……］偉大なリヴァイアサン［……］はこうして生み出される。

近代になって何が変わったのか。単に主権が神や王から人民に移行したのではない。中世の神は社会の〈外部〉に位置し、数学の公理と同様に、その正しさに疑問を挟まない究極の根拠をなしていた。絶対王制といえども、最終的正当性は自己の内部に定められない。どんな制度にせよ、自己正当化のためには、それ以上思考を遡らせない起点が必要だからです。近代以前においては、神と呼ばれる〈外部〉がその役割を果たしていた。しかし神の権威に依拠して自己正当化すると、キリスト教世界を司るローマ法王の干渉を避けられない。そこで練り上げられた理屈が、統治権を神から直接授かったという物語です。

それに対し、ホッブズ契約論が定める主権者は社会の〈外部〉に最初からいるのではない。この点を見落とすと、近代が孕む決定的な問題性に気づきません。人民の選択が正しい保証はない。人間自身が生み出した規則にすぎないという事実を知りながら、どうしたら道徳や法の絶対性を信じられるのか。人間が決めた規則でありながら、人間自身にも手の届かない存在に変換する術を見つけなければならない。

ホッブズが見つけた解決はこうです。引用した章句をもう一度注意深く読みましょう。社会契約が結ばれるのは各市民の間であり、国家を具現する君主・代表者と各市民との間にではありません。主権を保持する君主・代表者が先ずいて、その主権を確認するために、彼らと構成員との間に契約が結ばれるのではない。共同体を生み出す際、主権者の位置におかれるべき人間を除いて、残るすべての個人から権利が完全に剝奪される。その時、主権者は共同体の〈外部〉へ人工的にはじき出されます。

これにより君主・代表者は、伝統社会における神と同じ機能を果たす。〈外部〉に位置する存在が、数学の公理のように、異論を挟みえない絶対的根拠をなし、共同体の法を根拠づけるという論理構成です。神という超越的存在に依拠しなくとも、市民の誰にも手の届かない〈外部〉が、こうして生み出されます。

近代合理主義の盲点

ホッブズの立場をよく理解した上で、ルソーは鋭い批判を投げかけます。共同体の〈外部〉に主権者をおく解決では、共同体構成員と主権者とが完全には同一化されず、両者の間に距離が残る。主権者が抱く意志と、人民の意志は二つの別の存在です。それでは真の意味での国民主権は成就されません。〈外部〉に位置する主権者に判断を任せる以上、人民は自律していない。神と呼ばれる〈外部〉に社会秩序の根拠を求める道を捨て、あくまでも個人の権利から出発したホッブズを高く評価しつつも、彼の理論の不徹底さをルソーは批判します。そして共同体の〈外部〉に一歩も出ることなく社会秩序を正当化する個人主義主権論を極限まで突き詰める。

しかし結局、社会契約を支える根拠として、各市民の私的意志を超越する、「一般意志」〈volonté générale〉という〈外部〉をルソーも導入せざるをえなかった。法や命題を正当化するためには、究極的根拠としての〈外部〉がどうしても必要だからです。ルソー理論の問題を簡単に見ておきます〈Manent, 1987; Scubla, 1992〉。

なぜ法は守らなければならないか。民主主義社会なら、お互い納得して約束した規則だからです。しかし法を遵守しない人間は必ず出る。どうするか。違反者に対しては法に従うよう強制力が行使される。言っても聞かなければ、最後に待つのは暴力です。警察という暴力装置の脅威がなければ、裁判所の決定は無効です。したがって、この強制は民主主義の原理により正当化される。近代的合理主義に基づく社会契約論を突き詰めたルソーは、法への強制的服従は自由の制限どころか、反対に自由へ向けての解放を意味すると主張します。

実際のところ、人間として各人が抱く個別意志は、市民としての一般意志と異なる場合もある。彼に特有な利益は公共利益と違うことを彼に語りかけるかもしれない。［……］したがって社会契約を空虚な言葉の羅列としないためには、何びとにせよ一般意志への服従を拒む者は、一般意志に服従するように社会全体から強制されるという暗黙の約束が社会契約に含まれていなければならない。この約束なしには規則に実際の効力が与えられない。このことはまさに各人が強制的に自由な状態に置かれることを意味している（Rousseau, 1762/1964, p. 363-364. 強調小坂井）。

自由でありながら同時に自分以外の意志に服すということが何故起こりうるのかと問われるかもしれない。反対しているのに、その法律に強制的に服従させられる者が自由だと何故言えるのかと。

それは問題の立て方が悪いのだと私は答えよう。市民はすべての法律に対して、つまり彼が反対したにもかかわらず通過した法律にも同意し、そしてまた違反する時に彼自身を罰する法律にさえ同意したのだ。国家のすべての構成員がもつ不変の意志が一般意志であり、この一般意志によってこそ、彼らは市民となり自由になるのである（*Ibid.*, p. 440. 強調小坂井）。

一般意志とは何か。フランスでは高速道路などの建設用地を接収する場合、まず関係地域住民に向けて公聴会が開かれます。その際、実際に道路が通る場所は明示しないまま、国全体および地域にとって最も良い選択を求められる。正式手続きを踏み、道路建設が公式に決定されたとしましょう。その結果、自分の家が土地収用対象になった。自分が立ち退き対象になると思わないので反対しなかったが、こんな結果になるのなら立ち退きは承知しないと後になって主張はできません。用地の公益宣言がなされれば、本人の同意を待たず、その瞬間に土地の所有権は国家に移転される。土地と住居の補償額は調停や裁判によって決定されますが、財産自体はすでに没収ずみです。住民の多数が賛成した都市計画であっても、土地を接収される当事者としては納得できない場合もある。しかし公共利益の名において国家は建設に踏み切る正当性を与えられます。しかし強制撤去の後に住む場所が見つからず、老人や貧困者などは泣きながら懇願すると聞きます。しかし「あなた自身がした決定だから、今さら文句を言う権利はない」と国家は突っぱねる。すでに引用した部分の「市民となり自由になる」という章句にルソーは次の注を加えました（強調小坂井）。

ジェノヴァでは監獄の前とガレー船につながれた囚人の鉄鎖の上に、この「自由」という言葉が記されている。この標語の用い方は巧みであり正しい。実際、市民の自由を妨げるのは、あらゆる種類の悪人たちだけだ。これら悪人どもがすべてガレー船の苦役に処せられる国では最も完全な自由を享受できるだろう。

一般意志が制定する法律への強制的服従は自由の制限ではなく、自由へ向けての解放を意味します。このような真の自由の享受を拒否するのは憎むべき犯罪者、無知蒙昧な者、あるいは精神異常者以外にありえない。したがって監獄・再教育収容所・精神病院といった適切な処置を施すべきだという冷酷な結論が導かれます（ルソー思想と全体主義の関係については小坂井2008、一三一―一四二頁）。社会秩序を合理的に根拠づける試みは必ず暴力を呼ぶとフランスの文化人類学者ルイ・

デュモンは指摘しました（Dumont, 1983, p. 94–95）。

個人を出発点に据えると、意識と力（あるいは「権力」）の生産物としてしか社会生活を理解できない。まず個人の単なる集合が集団に変化するには「契約」すなわち意識的取引や人為的意図が必要だ。そして残りは「力」の問題になる。何故なら、この取引に個人が提供できるのは暴力しかないからだ。

後述するように、虚構を抜きに正義は語れない。人間の絆を合理的に構築するのは不可能です。

主権概念の矛盾

神を失った近代は何が正しいかと問う代わりに、誰が正しさを定めるべきかと問うことで正義を正統化しようと試みました。しかしこの方法も完全ではない。理性による正当化は必ずアポリアを生む。フランスで実際に生じた法制上の大問題を取り上げましょう。

まず刑事裁判の意味を確認します。しばしば誤解されますが、刑事事件の告発主体は被害者や遺族ではなく、共同体を体現する国家です。国家は被害者の代弁者として犯人を処罰するのではない。共同体秩序への脅威に対する反応が国家主宰の刑事裁判です（Zehr, 2005, p. 81）。

刑法において、罪は国家に対する反抗として定義される。被害者は個人ではなく、国家だ。

したがって国家が――そして国家のみが――応答できるのである。

米国では弁護士と検察官を attorney at law と呼ぶ。attorney とは代理人のことです。被告人の代理が弁護人、国家の代理として裁判に臨むのが検察官です。検察官は被害者の代理人ではない。告発者はあくまでも国家です。だから検察官は人民代表として裁判開始時に紹介され、事案は「ウィリアムズ 対 人民」、あるいは「ウィリアムズ 対 フロリダ州」などと呼ばれます。イギリスの裁判は R vs John Smith などと称されます。このRは The Crown を意味し、女王対ジョン・スミスの裁判、すなわち女王の名において共同体がジョン・スミスを告発する形を取る。

西洋諸国の多くでは職業裁判官ではなく、素人市民が裁きます（小坂井 2011、第Ⅰ部）。なぜ市民が裁くのか。職業裁判官の日常感覚は一般人とずれているから素人に任せる方が良いというような実務上の話ではありません。犯罪を裁く主体は誰か、正義を判断する権利は誰にあるのか。これが裁判の根本問題です。誰に最も正しい判決ができるかと問うのではない。論理が逆です。誰の判断を正しいと決めるかと問うのです。人民の下す判断を真実の定義とする。これがフランス革命の打ち立てた理念であり、神の権威を否定した近代が必然的に行き着いた原理です。

フランスの現行法によると、懲役一〇年以下の犯罪を裁く場合、職業裁判官が判断する軽罪裁判所が扱い、それ以上に重い罪の場合は、市民参審員が中心になって裁く重罪裁判所に委ねられる。重要な犯罪は職業裁判官ではなく、人民が直接裁かねばならないからです。ところで、この制度は最近、大きな矛盾を露呈しました。フランスでは二〇〇〇年になるまで重罪の控訴が認められなかった。破棄院という、日本の最高裁判所のようなものはありますが、ここでは手続き上の誤りだけが審議され、有罪や量刑の是非は問われない。したがって殺人罪に問われても控訴の可能性がありませんでした。

一〇年以下の刑罰を扱う軽罪裁判所の場合は控訴できる。軽罪裁判では第一審も控訴審も職業裁判官が裁くからです。職業裁判官ならば、誤判がありうる。官僚がまちがえても、それは技術的問題にすぎません。しかし重罪裁判では参審員を媒介に人民自身が裁きを下す。したがって人民の決定に対する異議申立ては国民主権の原則からして許されない。この立場が二世紀にわたってフランス司法界を支配してきました。

軽罪判決には控訴の権利が認められるのに、重罪に処される者には許されない。被告人の権利擁護から考えると不条理です。フランスでは一九八一年に死刑が廃止されましたが、それまでは死刑判決でも控訴できなかった。しかしながらこの矛盾は、主権者人民はまちがいを犯さない、人民の判断が正しさの定義だという教条が障害となり、真剣に討議されませんでした。

フランス革命期、一七九一年九月二十九日付け政令により、「陪審員の判決に対しては控訴できない」と規定され、刑法にも明記される。手続き上に不備がある場合を除いて、市民代表が下す判決を覆すことは人民主権の原則に矛盾するとされました（Fayolle, 2001）。しかし、この規定は国連人権規約（一九六六年十二月締結、フランスは一九八〇年六月に批准）および欧州人権条約第七議定書（一九八八年一月発効）に抵触する。刑事事件の有罪および量刑の見直しを上級裁判所で受ける権利を、これら条約が保障しているからです。人民の決断は絶対であり、覆すことは不可能だとする基本理念を維持しながらも、二度目のチャンスを被告人に与えよという国際協定を満足するには、どうしたらよいか。

重罪裁判の第一審を職業裁判官だけに任せて、その判決が控訴される時は、市民だけが裁く陪審制の上級裁判所を設ける案が出されました。そうすれば、最終的判断は市民陪審員に委ねられるため、人民主権の原則を崩すことなく、上訴が可能になる。しかし第一審だけであろうとも重罪、すなわち共同体秩序に対する反逆行為の審理を裁判官という官僚・技術者だけに任せる考えは、一般国民だけでなく、法曹界にも拒否反応が強く、採用されませんでした。控訴がなければ、職業裁判官の下した判決が最終判断として確定する。それでは人民主権の原則が崩れます。

もう一つの方法は、第一審が行われた県とは別の県で控訴審を実施し、そこで下される判決を人民の最終判断とする案です。しかしこれでは第一審の判決が控訴審で覆った時、どちらの判決が正しいのかわからない。くじ引き裁判だと揶揄され、この解決法も陽の目を見ませんでした（Chassing, 2001）。

フランスの現制度では、職業裁判官三人に加え、選挙名簿から無作為に選ばれる市民九人とで合議体をなして事実認定・量刑を行います（第一審）。無記名投票により三分の二以上が賛成すれば、有罪になる。日本の裁判員制度と異なり、裁判官全員が無罪判定をしても、市民参審員八人以上が有罪を支持すれば、それで有罪が決まります。また裁判官全員が有罪を選ぶ場合、それに加えて市民過半数の賛成が必要です。控訴審は、第一審とは異なる県の重罪裁判所で行われ、裁判官三人と市民一二人の合計一五人でなす合議体の一〇人（三分の二）以上の賛成を以て、有罪が確定する制度です。

市民の数が第一審の九人から、控訴審では一二人へと増えました。職業裁判官が合議体に占める割合を四分の一（一二人中三人）から五分の一（一五人中三人）へと減らし、主権者＝市民の意志が控訴審において、より強く反映されるという筋書きが最終的に採用されたわけです。しかし市民の数を増やし、人民裁判の体裁だけを繕っても、人民が誤る可能性を認めた事実にはかわりない。人民の判断が真実の定義だというフランス革命が導入した理念は二世紀を経てついに終焉を迎えました。

ちなみに陪審制を採るデンマークの第一審は市民六人と裁判官三人の合議体で行い、控訴審は市民一二人と裁判官三人で構成されます。ノルウェーの第一審では裁判官と市民が参審制で裁き、控訴審は市民だけの陪審制で行われる。第一審よりも控訴審において市民の比重が高い点はフランスと同じです（西洋諸国の裁判制度比較は Leib, 2008 ; Kaplan & Martin, 2006）。

幾何学の公理がよい例ですが、論理体系を基礎づける最初の命題は原理的に証明不可能です。何が正しいかという、答えのない問いを放棄し、誰が正しさを定めるべきかと戦略変更した近代ですが、その方向には初めから出口がなかった。どんな論理体系も自己完結しない。システムを完全に閉じることは不可能です。つまり水平的イメージで政治空間を把握する発想自体に無理があるのです。根拠を立てようとすれば、ではその根拠を正当化する根拠は何なのかという問いが繰り返されざるをえない。主権をどこかに定める試みは、こうして無限遡及に陥ります。合理的・意識的・人工的に根拠を生み出そうとする社会契約論は必ず失敗する。

権利と権威

他者が行使する強制力として法・道徳が意識されると、社会生活は円滑に営まれない。外部から行使される暴力としてではなく、内面化された規範として現れる必要があります。社会制度は人間が決めた慣習にすぎない。しかしその恣意性が人間自身に対して隠蔽されてはじめて、社会強制力は自然な形で効果的に機能する。なだいなだ『権威と権力』から引用します（四三―四五、六二頁）。

クラーク［「少年よ、大志を抱け」という言葉で知られる札幌農学校初代校長］が農学校を作った時、学校の職員たちが、学校ができたなら、生徒が従うべき規則を作らねばならぬ、といったのだ。その時、クラークが何と答えたか、知っているかね。［……］規則はいらない。規則で教育ができるか。《紳士たれ》この一語で十分だ、といったのさ。［……］彼のいるあいだは規則は作られなかった。だが、生徒たちは、よくまとまっていた。あの……べしとか、べからずとかのいっぱい並んだ規則など不要だったのだ。だが、彼が日本を去ったあと、すぐに校則が作られるようになった。クラークが権威でまとめていたあと、権威を持たない人が、あとをついで校長の地位についた時、まず必要だったのは規則さ。［……］規則や法は、文章だけだったら、何の意味もない。それをやぶったものを罰する、処分する、というおどしが必要だ。力が必要だ。［……］だから、……すべし、……すべからず、という文章のあとには、権力のあり場所を示す、学長とか校長とか東京都とかの名が書かれる。規則をやぶったものたちをほうっておいたら、その規則はまもられなくなる。規則の権威がなくなる。だから、罰を強めざるをえない。規則の権威は、権力によってまもられるということになる。［……］権威も権力も、いうことをきき、きかせる原理に関係している。権威は、ぼくたちに、自発的にいうことをきかせる。しかし、権力は、無理にいうことをきかせる。

権威と権力は異なる原理に支えられます。合理的思考から生まれるのは権力であり、権威ではない。権威は、ある意味で信仰の産物です。フランスの哲学者パスカルは言う（Brunschevicg 版、§294 ; Pascal, 1669/1977, p. 87–88）。

法の依拠するところをよく調べようとする者は、法がはなはだ頼りなく、またいい加減であることに気づくだろう。［……］国家に背き、国家を覆す術は、既成の習慣をその起源にまで遡って調べ、その習慣が何ら権威や正義に支えられていない事実を示して習慣を揺さぶることにある。［……］法が欺きであることを民衆に知られてはならない。法はかつて根拠なしに導入された。しかし今ではそれが理にかなったものにみえる。法が正しい永遠な存在であるかのように民衆に思わせ、その起源を隠蔽しなければならない。さもなくば、法はじきに終焉してしまうだろう。

根拠は虚構です。法という虚構が成立すると同時に、その仕組みが隠蔽される。ドイツの社会学者ゲオルク・ジンメルの考えを参照しましょう。無限遡及的理解と循環的推理という二つの認識形式を彼は区別しました。命題を証明するためにはその根拠を示す必要がある。そして根拠の正しさを証明するためには、さらなる根拠が要請される。したがって議論は無限遡及する。しかし無限遡及的理解とは別の認識形式があるとジンメルは言う（Simmel, 1907, tr. fr., p. 90. 強調小坂井）。

> ある原理の証明をする際に、その根拠を見つけ、またその根拠を支えるさらなる根拠に到達するやり方を続けよう。周知のように、証明すべき最初の原理が確かだと仮定さえすれば、次々に証明が可能になる。演繹として見るならば、確かに循環論であり空しい。しかし我々の知識を全体として捉える時、このような認識形式は浸透している。膨大な量の前提が無限に重なり合い、それらの境界が曖昧なまま知識が蓄積される事実を思えば、命題Ａが命題Ｂによって証明され、この命題Ｂが他の命題Ｃ、Ｄ、Ｅ……によって証明され、それらが最終的に命題Ａによってのみ証明される可能性を排除する必要はない。命題Ｃ、Ｄ、Ｅ……という論拠連鎖が出発点に戻って循環する事実が意識に上らないほど充分長ければよいのである。

最終的根拠は論理的演繹によっては成立しない。根拠は社会心理現象です。

不条理ゆえに、我信ず

人間の絆が合理的に構築できないのは政治の分野だけでなく、経済も同様です。交換制度は契約・市場・贈与という三つの形態に大別されます。契約は権利と義務を定め、公正な交換を保障する。市場は需要と供給のメカニズムに則って、各自欲しいモノと不要なモノとをブラック・ボックスに投入して交換するシステムです。どちらの場合も合理的な交換です（Godbout, 2000, p. 7-16）。

権利と義務を明確に規定すれば、交換時の誤解や係争が減る。ところで規則が明示された関係においては精神的負い目が当事者の誰にも生じない点に注意しましょう。権利を持つ者はその履行を要求でき、相手は権利を満足させる義務がある。そして義務を果たすだけの相手に対しては感謝する必要もなければ、恩を感ずる理由もない。権利が行使される瞬間に、お互いの関係は決済され、当事者のつき合いがそこで終了するからです。つまり契約は人間関係をできるだけ排除しながらも同時に、物資・労働力・情報の交換を可能にする社会装置です。

同様に貨幣も人間関係をできるだけ排除しながら交換を可能にします。市場と呼ばれるブラック・ボックスには様々な種類の商品が投げ込まれ交換される。需要供給のバランスにしたがって、商品の対価として貨幣を受け取る者は後ほど貨幣を手放し、欲しい商品を入手する。商品購入時に正当な価格が支払われる限り、商品の手渡しを売り手は拒めません。対価を与える以上、買い手は商品を受け取る権利があり、売り手はそれを手放す義務を負う。したがって売り手に対して買い手が感謝する理由は出てこない。岩井克人は言います（1997年、一四四頁）。

ここで「貨幣」がモノであるということがひじょうに大きな意味をもってくる。貨幣として使われているモノに価値があるということを、すべての人間が信じていれば、貨幣の交換にはいわゆる人と人とのあいだの「信用」というのがいらないんです。普通われわれが「信用関係」というのは、人間と人間のあいだの信頼、相手にたいする共感や同情、さらには社会的な公正観や正義感といったものが必然的に介在しています。〔……〕これにたいして、貨幣的な交流の場合、「貨幣」というモノが価値があるのだという「信任」さえあれば、人間がべつの人間と直接的に信用関係を結ぶことがなくても、交換なりコミュニケーションなりが可能になるんです。ですから、ここで人間と人間との関係は直接的なものにはならない。かならずモノを媒介とする間接的な関係になります。いや、間接的な関係であるから、逆に、関係が一般的に可能になるんです。

権利・義務を明確に規定された合理的な社会関係や、市場経済が織りなす純粋な交換関係とは、まさしく人間無関係に他なりません。

しかし贈与という習慣は性質を異にする。贈与は合理性を積極的に破る姿勢から生まれます。贈与行為の価値は贈物の使用価値でもなければ交換価値でもない。贈与の収支決算は贈物の価値を差し引きしても出てこない。相手が何をどれだけ必要としているか、贈る側にどれだけの能力や余裕があるかによって贈るべきものが決まる。贈物のやりとりからメタレベル、すなわち心理的次元で生まれる剰余価値に注目しましょう。相互作用が生ずるごとに、信頼が生まれ、人の絆が補強される。

確かに、強固な信頼がなければ、即時の決済が要求され、返済を確実に保証する契約を結ばねばならない。また、勘違いを避けるために最初から細々とした取り決めをしておく必要もある。しかし信頼はこれらの用心をすべて無用にします。お互いに信頼すればするほど、人と人との間に行われる交換の収支決済は曖昧でよい。信頼があれば、公平な決済が保証されると言うのではありません。その反対です。収支均衡がとれるかどうかなど問題にならない、それどころか収支の不均衡を積極的に受け入れられる状態を信頼関係と呼ぶのです。

単に相手が必要とするから与える関係、与えること自体が喜びになる関係。それは経済的損失を心理的利益に変換する錬金術です。お菓子をあげて子供の嬉しそうな顔を見ると、自分の子供でなくとも、こちらまで嬉しくなるのは何故でしょうか。権利・義務が完全に明示化できれば、人間の世界に信頼は要りません。しかしそれは同時に、人間が人間たることをやめる時です。「不条理ゆえに、我信ず（Credo quia absurdum）」。これは二世紀頃、カルタゴに生まれたキリスト教神学者テルトゥリアヌスが発したとされる言葉です。論理的に考えれば、これは当然です。データなど正しさを保証する証拠が十分あれば、信じる必要はない。推論や検証の結果に従うだけのことです。合理的に判断する以上、信じるという論理飛躍は生じません。契約によって守られ、警察の実力行使を背景に義務が履行される保証があれば、信頼は要らない。もしかすると裏切られるかも知れない。その可能性を知りながら、それでも判断を停止して信じる。信じるという行為は原理的に不合理な営みです。

信頼と同様に、赦しも契約的発想に馴染みません。すべての負債が清算されたならば、加害者を赦す必要はもうない。収支決算がすでに済んでいるからです。赦すという行為は、被害者が受けた損害が完全に回復されないのにもかかわらず、負債を帳消しにし、新しい関係を結び直すことを意味します。つまり赦しは、被害者が持つ正当な権利の放棄であり、契約論理を破る不合理な行為です。

赦すという言葉は英語で**forgive**、フランス語では**pardonner**です。どちらの単語も贈与概念を内包する。本来ならば与える必要のないもの、あるいは与えられないものを敢えて与える［donner］ことを通して［par］人は罪を赦す。同じ世界に生きるチャンスをもう一度罪人に与える［give］ために［for］人は赦すのです。

合理的思考とは何か。高橋和巳『悲の器』（四一九頁）から引きます。合理主義を貫く法学部教授・正木典膳に対して、神父である末弟・規典が投げつける言葉です。

あなたはつね日ごろ、矮小なものは嫌いだと言っておられた。あなたにとって矮小なものとはなんだったか。あなたがおっしゃらねば、わたしが代わって言ってあげる。そこまであばくべきではないと思ったゆえに、弾劾文にもそれは書かなかった。だがいま、言ってあげます。あなたにとって矮小なもの、それは……人間だった。

心の論理にしたがい、社会と歴史の文脈でしか生きられない人間という存在に対する侮辱、これが合理性の正体です。

虚構生成のメカニズム

根拠が本当は存在しないのに、それが社会的虚構として生み出されると同時に、この虚構性が人間自身に隠蔽される。次は、このメカニズムを考えましょう。社会秩序が成立する際に時間が果たす役割が少しずつ見えてくるはずです。

オーストリア出身の経済学者フリードリヒ・フォン・ハイエクは世界の事物を三種類に分類しました。第一は生物・山野などの自然物、第二は自動車や船など人工的に製作されるモノ、そして第三は言語・道徳・宗教・市場など、人間によって生産されながらも人間自身の意図や制御を離れ、自律的に機能する産物です（Hayek, 1979）。共同体に生きる人間の相互作用から社会秩序は生成される。かといって人間が意図的に構築するわけではない。神のような超越的存在が根拠づけるのでもなければ、ヒトの生物学的所与が社会のあり方を規定するのでもありません。

集団は意識や意志を持つ主体ではない。にもかかわらず、構成員を超越し自律運動するのは何故か。これが、集団の実体視を斥けるハイエクが自らに課した問いでした。

生命を考えましょう。生命は単なる物質の組み合わせではない、生命というモノがある。かつては、こう考えられていました。しかし分子生物学の発達とともに、生命はデオキシリボ核酸という単なる化学物質に還元されました。生命は現象・機能・プロセスを意味し、生命という実体はもはや存在しない。しかしそれでも生命は構成物質の所与を超え、自律性を獲得する。生命は物理・化学的メカニズムに完全に還元されるという命題と、生命はその生成メカニズムを超越するという命題は矛盾しません。

人間社会も同じです。社会現象を起こす原因は人間の営為以外にない。しかし社会現象は人間自身にも制御できません。社会という全体の軌跡は、その構成員という要素の意識や行為に対して齟齬を起こし、あたかも外部の力が作用するかのような感覚を我々は覚える。

こんな例を考えると、ハイエクのアプローチが理解しやすいでしょう。火事だと誰かが叫び、劇場でパニックが起きる。踏みつぶされまいと誰もが逃げ道を探す。しかし人間の雪崩を生み出しているのは、まさしくその逃げ惑う人々自身です。皆が逃げるからこそ、誰も逃げられないという逆説的な状況が起きている。危険はすでに去ったと知ってもパニックは容易に収まりません。逃げる必要がないと悟っても、周りの人々が逃げ続けるから、私も逃げ続けなければならない。そうしないと踏みつぶされてしまう。しかし私が逃げれば、隣人も逃げざるをえない。結局、皆が逃げ続けるしかない。

誤報だったと全員が知ってもパニックは収まりません。危険はないと私も隣人もわかった。しかし、その事実を隣人が知っているかどうか私には不確かです。だから逃げざるをえない。隣人も思いは同じです。危険が去った事実に私がまだ気づいてない可能性がある。だから逃げる方が安全です。こうして、逃げる必要はないと全員が思いながらも仕方なしに皆、逃げ続ける。

集団現象はいったん動き出すと、当事者の意志を離れて自律運動を始める。社会内部の対立や揺らぎが相互に正のフィードバックを受けて増幅し、安定した構造が生み出される自己言及的な循環関係です。社会は開放系ですから、恣意的な揺らぎが内部に必ず生まれる。それが何かのきっかけで、一定方向を持つ運動に集積される。交換・市場・流行・噂・言語・宗教・道徳などの生成メカニズムも同様です。

どんな出来事にも必ず原因がある。そして原因があれば、それに対応する結果があります。因果関係を認めながらも、初期条件に還元できないプロセスとして歴史を描くためには、どう考えるべきか。

ある定点に社会構成員が引きつけられるように見える。しかし実際には、そのような定点が初めからあるわけではない。人々が互いに影響しあいながら生み出すにもかかわらず、まるで必然的に到着すべき道筋がもともと存在していたかのような錯覚が、安定した構造の生成後に起きる。これは第4講で述べた、予言の自己成就あるいはピグマリオン効果のメカニズムです。偶然の出来事が循環運動を開始し、構造や機能を形成する。ほんの小さな揺らぎが未来を大きく左右する。

人類が地球上に誕生した時、言語も市場も宗教もありませんでした。それが時間を経て次第にできあがる。社会システムが辿った具体的な成立経緯は検証できるかも知れません。しかし、そこに法則を見つけることは原理的に不可能です。世界の秩序には何ら内在的根拠がないからです。無根拠から出発しながらも、こうして社会秩序が誕生する。

人間から遊離し、自律運動するシステムとして集団現象は我々を無意識のうちに拘束します。しかし人間の意識が集団現象を制御できないのは、個人の精神の奥底に潜む無意識が集団現象を生むからではない。意識の底に定位されるフロイトあるいはユング的な無意識とは違います。ちようどインターネットの討論フォーラムのように、システムを構成する情報がシステム全体に散らばって存在するからです。集中統轄する場所はどこにもない。ハイエクの説明を引きます（ハイエク1984、吉岡佳子訳、四三七頁）。

意識的経験はある意味では精神的事象のヒエラルキーの「最高」レベルを占め、意識的でないものはそのレベルには達していないという理由で「意識下」とされるのは、一般に当然であるとみなされている。刺激が活動を誘発する神経過程の多くは、中枢神経のあまりにも下位のレベルで進行するために意識されないという点には、もちろん疑問の余地はない。しかし、明瞭な意識的経験には相当しない活動を決定する神経事象のすべてが、こうした意味で意識下であるという説は公正でない。［……］われわれがみずからの精神に起きる多くの事柄に気づかないのは、それがあまりにも低いレベルにおいて進行するからではなく、あまりにも高いレベルで進行するためである［……］。このような過程は「意識下」というよりは「超意識的」と呼ぶ方が適切かもしれない。なぜならこれらは姿を現すことなしに意識過程を支配するからである。

商品・制度・宗教など、自ら作り出した社会的諸条件に人間自身が囚われ、主体としてのあり方を失う状態を疎外と呼ぶ。これはマルクス主義が広めたEntfremdungです。しかし人間が本来あるべき姿からはずれた異常事態として否定的にだけ、この現象を把握してはいけない。へーゲル哲学の文脈で使われるEntäußerung（外化）は、集団現象が人間自身から遊離して別の外的存在として自律運動する現象を意味します。食物を摂取する側にとって腐敗と発酵が区別すべき二つの現象であっても、化学的には同じプロセスであるのと同じように、共同体構成員の生産物が彼ら自身から遊離するという意味では、疎外と外化は同一の社会現象です（Ricœur, 1990）。

人間が作った秩序なのに、それがどの人間に対しても外在的な存在になる。共同体の誰にも、そして権力者にさえも手の届かない〈外部〉だからこそ、社会制度は安定する。誰にも自由にならない状態ができるおかげで社会秩序は、誰かが勝手に捏造したものではなく、普遍的価値を体現すると感じられる。人間自ら作り出しておきながら、人間自身にも手の届かない規則を作るというルソーが夢見た方程式です。

疎外の仕組みに気づかず、人間が主体性を発揮できなくなる状態をマルクスは批判しました。対して、同じドイツの社会学者マックス・ヴェーバーは、世界の秩序が人間自身によって作り出される事実に人間が気づいてしまったために、それまで社会秩序に与えられていた超越的意味が喪失し、本来の恣意性に還元される事態を問題視しました。つまり自由の喪失にマルクスの批判が向けられたのに対し、意味の喪失にヴェーバーは関心を持ちました。

人間が作り出した生産物・制度によって逆に支配される好ましくない状態として普通は疎外を理解する。しかし疎外を感じるのは、支配がすでに綻び始めているからです。社会秩序がもともと恣意的なものにすぎないという事実が人間に隠蔽されなくなり始めているからこそ発生する症状です。第8講での支配に関する議論を思い出して下さい。支配関係が正常に働いていれば、社会秩序は自然の摂理のように映り、疎外状態を感じることさえありません。

人間の相互作用がなければ、いかなる社会秩序も生まれないし、変化もしない。世界の行方を定めるのは人間であり、「歴史の意志」とか「民族の運命」などという集合的実体は存在しない。しかし社会秩序は、生産者である人間自身を超越した相において我々の前に現れる。どの人間にも操作できず、すべての人間の外部にある存在として我々の目に映るから、公平な規則や普遍的価値だと信じられる。実は疎外のおかげで自由の感覚が保障されるのです。

共同体からはじき出される形で生み出される〈外部〉虚構が、社会システムの稼働を可能にする。前近代を司る宗教であろうと、近代における市場・法体系であろうと、人間により生産された社会制度が生産者自身から遊離して自律運動を展開する事態に変わりない。

伝統社会の秩序を根拠づける神という〈外部〉は、共同体に生きる人間自身にとっても外部に位置する超越的存在として感知される。それに対し近代社会を支える〈外部〉は、市場・法体系のように人間社会内部の制度として位置づけられます。しかし神のように端的に人間世界の外に秩序の根拠が感知されたり、近代政治哲学の論理構造のように根拠が内部に置かれるという違いはあっても、共同体が生み出す〈外部〉はいずれの場合も、発生する源泉という意味では内発的であり、機能的観点からすれば社会の外部に位置づけられます。

つまり〈外部〉が発生する機制に注目すれば、前近代の宗教も近代社会制度も共同体内部に源を持ち、生産者自身にも制御できない超越現象という意味では、どちらも外部に位置する。しかしそれが外部からもたらされる超越的存在として了解されるかどうかだけが違います。あるいはこう言ってもよいでしょう。社会システムに不可欠な要素だという論理構造から言うと、〈外部〉はシステム内部に属す。しかしそれがはじき出されてはじめて共同体が成立するという位相幾何学的構図として見れば外部にあるわけです。

時間の意味

最終的根拠や権威は合理的思考では捉えられない。このことは時間の意味と深い関係があります。池田清彦は『生命の形式　同一性と時間』において科学の特徴を指摘します（九頁）。

> 物理学や化学などの現代科学は、物質と法則という二つの同一性を追求してきたのだ、と言ってよい。この二つの同一性は不変で普遍であり、ここからは時間がすっぽり抜けている。別言すれば、現代科学は理論から時間を捨象する努力を傾けてきたのである。

落下方程式のように未知数として時間が含まれていても、本来の意味での時間は排除されている。物体の運動は一般に時間ｔを変数とする微分方程式で表されますが、変数という言葉に惑わされてはいけません。変数ｔがあれば変化は起きますが、方程式が与えられた時点で世界の変化の仕方は完全に決定される。もし時間ｔが変数として含まれなければ、世界は同じ状態が永遠に続くことを意味します。しかし歴史の変遷として我々が理解する時間はこのような変数ｔではない。未来予測を不可能にする要素、あるいは不確実性の源泉、これが時間の本質です。

厳密な因果性が存在する世界では、原理的には未来は現在の状態によって決定されている。〔……〕しかし、未来が厳密に決定されているとしたら、なぜ時間が流れるのだろう。現在の世界に存するすべての物質の配置と、究極の物理法則によって、世界の未来のすべてが決定されるならば、世界は時間を抜いた同一性の支配下にあるということではないか（同一二四頁）。

今日の世界は昨日の世界から生まれ、昨日の世界は一昨日の世界から生まれる。ある状態には必ずその原因がある。このように時間の流れを遡及的に把握すると、現在は過去に還元され、時間が消え失せます。しかし、世界の初期状態が自動的に展開するものとして我々は歴史を理解しない。時間は非決定性の同意語です。

時間はなぜ過去に向かって流れないのだろう。それは過去はすべて決定されていて再現する必要がないからだ、というのが私の答えである。〔……〕同様に未来が現時点で厳密に決定されているならば、わざわざやってみる必要はない。やってみなければわからないから時間が進むのである。だからこの文脈では時間とは非決定性の別名である（同二〇九頁。強調小坂井）。

ある数学定理が証明される瞬間は歴史上の具体的一時点です。ピタゴラスの定理が発見されたのは紀元前五世紀であり、イギリスの数学者アンドリュー・ワイルズによってフェルマーの最終定理が証明されたのは一九九五年です。しかし論理的な意味で定理は最初から公理に含まれている。そうでなければ演繹できません。必然的に至る論理的道筋の明示が演繹だからです。もし歴史が同じ論理構造に従うならば、世界は原初から決定されていることになる。

そもそも歴史は可能なのか。世界の初期状態から何らかの法則に従って現在が生まれるならば、それは本来の意味での歴史ではない。では歴史が初期条件の単なる自動展開でなく、断絶が生まれるのはどうしてなのか。ここで通常持ち出されるのが人間の自由です。しかしこの常識的解決は採れません。リベットやガザニガの実験が示したように意志は行為の出発点ではない。つまり決定論的法則から逃れるという意味での自由は存在しません（自由と決定論の関係およびリベット実験のより詳しい解釈については小坂井2008、第4章）。

何が問題なのか再確認しましょう。今日の世界は昨日の世界から生まれてきた。ところがそれでは世界の変遷が最初から決定されていたことになり、歴史が消失してしまう。だから困ったわけですが、実はここに勘違いがあります。どんな現象・出来事にも原因がある。しかしそれは未来を予測できるという意味ではない。

例えばダーウィン進化論は未来予測不可能な開放系をなします。進化と聞くと、種が変遷する法則が存在するような感じを受けますが、それは誤解です。生物の進化は偶然が方向を決める。今日の世界から過去を振り返れば、種の変化を司る法則があるように感じますが、そのような進化法則の存在をまさにダーウィニズムは否定しました。

生物の世界を眺めると、その多様性に驚きます。多様性を説明する上でラマルクは、すべての生物は同一の進化法則に従うが、古い時代に発生した種は時間の経過とともに変遷すると考えました。早く発生した種ほど複雑で高度な生物に進化するため、発生時期に応じて多様性が生まれるというわけです。それに対してダーウィンは進化法則の存在自体を否定して、自然淘汰という生態環境の役割を理論に導入しました。池田清彦の解説を再び参照します（池田2002、一二九―一三二頁）。

ラマルクの進化論は、統一法則という同一性を構想する。［……］ダーウィンの進化論の基本構想はラマルクとは全く違っている。ダーウィンはすべての生物に当てはまる発展法則といったものを排除した。［……］ダーウィンが進化の要因として力説したのは同一性ではなく、状況依存的、文脈依存的な出来事である。［……］ある形質が適応的か否かは、形質の側からは決まらず、状況依存的である他はない。同じ形質がある状況では有利になり、別の状況では不利になる。有利・不利を決める決定論的な法則は存在しない。自然選択説の要諦はここにある。［……］生物が徐々に高等になったのは、生物に秩序を増大させる何らかの法則が内在しているからではなく、自然選択の結果たまたまそうなったにすぎないのである。

世界の変遷には内在的理由がない。この点を明らかにしたのがダーウィン最大の功績です。歴史には目的もなければ根拠も存在しない。

しかし、それなら何故、真理や普遍的価値が存在すると我々は感じるのでしょうか。思考実験をしましょう（Dupuy, 1982）。黒い玉と白い玉が一つずつ入った箱を想像して下さい。中を見ないで箱から玉を一つ取り出した後、同じ色の玉を一つ加えて箱に戻す。黒玉を引いたなら、箱の中身は黒玉二つと白玉一つになる。この作業を何度も繰り返す。最初は玉が二つしかないから、黒玉を一つ加えるだけで箱の中の黒玉の割合は五〇パーセントから六六・七パーセントへと大きく変化する。しかしすでに玉が一〇〇個入っている箱に新たに玉を一つ追加しても状況はほとんど変わらない。作業が進むにつれ、以前から箱にあった黒玉と白玉の割合に対して付け加えられる新情報の相対的重要性はどんどん小さくなる。単純化されていますが、これは人間や社会に蓄積される情報の変容プロセス、すなわち歴史変遷のモデルです。

さて実験を行うと、黒玉と白玉の割合は一定の値に収斂します。まるで世界秩序が最初から定まっており、〈真理〉に向かって箱の世界が進展を遂げるかに見える。しかし白玉と黒玉一個ずつの状態に戻して実験をやり直すと、黒玉と白玉の割合が今度は先ほどと違う値に収斂します。今回も定点に収斂してシステムが安定するのは同じです。しかし箱の世界が向かう真理は異なります。

どんな値に収斂するかを前もって知ることはできない。歴史が実際に展開されるまでは、どんな世界が現れるか誰にもわからない。しかしそれでも真理は発露する。我々の世界に現れる真理は一つでも、もし歴史を初期状態に戻して再び繰り広げることが可能なら、その時にはまた異なる真理が出現する。歴史はやり直しが利かない。そのおかげで我々は真理を手に入れる。

時間が経ち、システムがある状態に至る。現在から過去に時間を遡れば、システムが変遷した道筋は一義的に同定されます。しかしその道筋を何らかの法則に還元できなければ、到着点に至る道筋の情報量を縮小できない。ここに時間が生まれます。

情報は一般に繰り返しを含むので、何らかのアルゴリズムや法則によって情報量を縮小できる。数字の羅列を考えましょう。繰り返しがあれば、例えばkずつ加算する、あるいは加速度αをかけるなどという規則性に収斂し、情報量が縮小される。しかし法則性のない情報は繰り返しを含まないから、全体が明示される瞬間まで、どんな姿をしているのか予測できない。つまり現在に生じた事象を知る一番早い方法は、道程が実際に到達点に至るまで待つことに他なりません。歴史は実際に生ずることでしか、その姿を明らかにしない。ハイエクが説いたように社会は人間から遊離して自律運動するからです。

社会制度を正当化するために我々が持ち出す根拠と、制度が機能する本当の理由は違います。制度の真の姿が人間に隠蔽されるおかげで、社会が維持される。こう議論してきました。個人心理も同様です。様々なメカニズムを通して虚構が生み出され、それが我々の主体性や同一性の感覚を可能にする。合理性とは別の、心の論理と社会の論理にしたがって人間は生きている。社会心理学の役割がおぼろげながら見えてきたでしょうか。

開かれた社会というスローガンには誰でも賛成します。しかし、その意味を我々は本当にわかっているでしょうか。開かれた系として社会を理解するとは同時に、普遍的価値の定立が不可能だと認めることです。殺人や強姦の禁止なども含めて、すべてが相対化される。たった一つでも普遍的価値が存在すれば、それは閉ざされた社会です。

社会に生まれる逸脱の正否を、社会に内在する論理では決定できない。社会を破壊する異質な論理が社会の真っ直中から生まれてくる。外部から異文化がもたらされなくとも、社会が自ら異質性を産出する。他者は我々自身の中に潜んでいる。

時間が存在し、歴史が可能なのも、世界が閉じていないからです。真理・偶然・一回性・超越・意味・集団性、結局は同じことを指す。開かれた社会というパラダイムの射程が伝わったでしょうか。

あとがき

本書を綴り始めた頃、『社会心理学の敗北』というタイトルを考えていました。現在の社会心理学はそれほど矮小な学問になってしまったからです。人間という存在を理解するために社会と心理の知見を統合するという最初の野心を忘れ、心理学の軒を借りて営業する小さな屋台になり下がりました。自然科学に憧れ、模倣するうちに技術的細部にばかりこだわり、本来の使命を忘れたのです。こんなつまらない学問について本を出しても誰が読むものかという思いが何度も私を躓かせ、本書の執筆を妨げてきました。最初に企画してから、すでに一〇年以上の月日が経ちます。書くのをもう止めようと何度も諦めかけました。

それでも最後まで書き上げたのは自分自身にけじめをつけたかったからです。社会心理学という学問に対して私は愛情と憎悪を同時に抱きながら接してきました。指揮者の吉松隆がこんなことを書いています（吉松 2004、一八六頁）。

私を育てたのは「希望」ではない。でも、だからと言って「絶望」していたわけでもないから、これはやはり「失望」としか言い様がないのだろう。社会に対する失望、音楽界に対する失望、現代音楽に対する失望、コンクールに対する失望、オーケストラに対する失望、評論家に対する失望、そして自分に対する失望……

結局、人間を突き動かすのは、希望とか愛とか肯定とかの正のエネルギーなんかじゃなくて、絶望とか恨みとか否定とかの負のエネルギーなんじゃないか。

吉松氏のような能力や業績は私にありませんから、負のエネルギーが私を突き動かしてきたとは言えません。しかし社会心理学を取り巻く世界に失望した事情は私の場合もよく似ています。そもそも私の仕事を社会心理学だと認める人は日本にもフランスにもほとんどいない。ただし否定的な意味では私を社会心理学に振り分ける人もいます。「お前のやっているのは社会心理学にすぎない」と嘲笑する社会学者や哲学者に何度も出会いましたし、人権を専門にするスイスの哲学教授とパリ・ユネスコのシンポジウムで同席した際、「社会心理学者は自由や責任など議論しなくてもよろしい。それは越権行為というものだ」と叱られた想い出もあります。

学問の背景には人生がある。考察の陰に感情や苦悩あるいは叫びが隠れている。テーマの選択にもそれは表れるし、自らとの対話を通して出てくる疑問と、それに対する答えとを昇華した形で書かれる文章の行間には研究者が悩んだ軌跡が読みとれるはずです。当人の実存に無関係なテーマで人文・社会科学の研究が可能だとは私には信じられません。

知識の本質は技術ではない。過去の遺産を正確に把握することでもない。カントにおける主体概念とか、ハイデガーにおける時間概念とか、レヴィナスにおける責任概念といった検討が無駄だと言うつもりはありません。文献考証学の重要性は否定しません。しかしそのような解釈や解説は学問の王たる哲学本来の姿勢ではない。「科学が実験データを基に解釈するように、テクストの解釈が哲学者の仕事だ」と若い哲学者から言われて唖然としたことがあります。私がフランスで勉強を始めた頃、何を研究しているかではなく、誰を研究しているのかと日本の学者や学生から聞かれ、当惑したこともある。的を射た批判を中島義道がしています。『哲学の教科書』から引用しましょう（二七一―二七四頁）。

［……］少なく見積もってその九割が、他の人の哲学の解説ないし解釈です。カントの○○について、フッサールの○○○について、という「ついて論文」がほとんどです。［……］諸見解を手際よくまとめ、論争点を明らかにし「本稿ではこういう問題を指摘した、終わり」という論文が多いのです。私はこういう研究を無意味だと言いたいわけではない。こうした「ついて論文」は厳密な意味では「哲学」ではなく「哲学研究」だと言いたいのです。

これは呼び方だけの問題ではありません。私の考えによると、かなり根本的な区別なのです。例えば、モーツァルトの創作活動とモーツァルト研究は天と地ほど異なる。ピカソが産み出した作品とピカソ研究とは、はっきり別物です。［……］そして、文学ですら、創作と文学研究とは画然と異なるものとみなされております。［……］西行研究者があふれているのに、そのうちで出家した学者をついぞ耳にしない。ランボーに憧れるのなら、地道なランボー研究家にだけはなってはならない。ランボー自身の生きざまとパリ大学の世界的ランボー学者の生きざまとは、共通点のまったくないものです。

［……］デカルト研究・カント研究・フッサール研究という名の書があまた刊行されておりますが、これらのほとんどが「哲学研究書」であって「哲学書」ではない。［……］あなたが日本哲学会の大会に出席して、任意の参加者に「自我とは？」「時間とは？」と問うてごらんなさい。待っていましたとばかり答える人はほとんどいないでしょう。しかし、「カントの時間論とは？」とか「フィヒテの自我論って何？」と問えば、たちまち洪水のような答えが返ってくるのです。たしかに、例えば時間について自分固有の解答などサッと出るものではない。ですが、二十年やそこら本当に真剣にこういう問いと格闘していれば、おのずと自分固有の見方が生ずるはずだと思うのですが、猛烈にカントやベルクソンやハイデガーと格闘はしていても時間という事柄とは格闘していない人がじつに多いのです。

科学においても哲学においても大切なのは疑問を提示し、それに何らかの答えを与えることです。生命とは何かという問いを生物学が立て、物質に究極的な単位はあり得るのかと物理学が自問し、共同体の絆はどこから生まれてくるのかという問いと社会学が格闘するように。デカルトやウィトゲンシュタインに向かって「先生は誰の専門家ですか」と尋ねるでしょうか。カントの主体概念、ハイデガーの時間概念、レヴィナスの責任概念など二の次です。あなたにとって、主体とは、時間とは、責任とは何なのか。これらの問いに対して、あなたはどうアプローチして、どのような答えをだすのか。本当に大切なのはそれだけです。高橋和巳の小説『邪宗門』にこんな説教の場面が出てきます（上巻一八〇頁。傍点は原文）。これは学問分野を問わず、ものを考えようとするすべての人間への戒めでしょう。

教団には三行、四先師、五問…という根本要諦があろう。その五問というのは、特別教育をうけられたわけでもない開祖が、御自身の経歴に即して、自分自身でものを考えられはじめたことを記念したものじゃ。［……］日本民族は頭のいい人種だという。明治維新以降だけを考えても、頭のいい人は山といた。それなのになぜ頭のいい秀才が世なおしのことを考えず、愚直な一婦人が秀才にできぬことをなそうとしたか。それは秀才たちがヨーロッパからいろんな制度や文物や理論をまなび、木に竹をつぐようにしてその結論だけを移植しようとしたのにたいして、開祖は解決ではなくすぐれた疑問を、自分自身で提出されたからだった。人の解決を盗むのはやさしい。カントがどう言ったかヘーゲルがどう言ったか、博引旁証の秀才は山といよう。思想とはなにか思惟とはなにか、それぞれの哲学者の言葉を引用して、それぞれに答えよう。だが、『思うとは自分のどたまで思うこと』ということを日本人はまず肝に銘じねばならぬ。でなければ日本人はかつて禹域［中国］に内面的に従属し、今またヨーロッパに追従するように、永遠に利口な猿となりはてるであろう。

ある予備校に呼ばれて話をした時、「海外で研究者になりたいのですが、どうしたらよいですか」という質問を受験生からもらい、戸惑いを覚えました。自分で解かずにはいられない問題があるから自然と研究生活に入るのではありませんか。大学に就職すると収入がどれだけで、社会からどう見られ、毎日の生活がどうでなどと計算する人間には向かない職業です。大学人の生活は、外から見るほど素敵なものではありません。数年間は研究に熱中しますが、ほとんどの人の場合、すぐに飽きます。また大学内の人間関係も煩わしいだけです。

社会心理学の道に私が進んだのは偶然です。社会科学高等研究院に入るために、私は研究計画書を三つ用意しました。一つ目は、貧困な国で失業が生じ、その結果、移民が先進国に流れるプロセスの分析です。制度上の分類としては経済学か社会学でしょう。二つ目は、移民がフランス社会で生きる意味を経済面だけでなく、社会関係や心理の動きも含めた多面的角度から探ろうと考えました。このようなテーマを総合的に研究する学部はありませんが、どの側面を強調するかで社会学・社会心理学・精神病理学か、あるいはいっそのこと文学として扱われるでしょう。三つ目は「『名誉白人』　西洋人に対して日本人が抱く劣等感」と題する異文化受容研究でした。どの課題にも興味がありましたが、最終的に名誉白人現象に照準が定まりました。他の二つについては、「こんなもの、他の学者からの借りものにすぎない。お前はどこにいるのだ。そのような魂の入らない研究には価値がない」「フランス人の差別意識よりも、日本人の朝鮮人差別となぜ、お前は向き合わないのか」と友人たちに叱咤されました。彼らの批判はもっともです。三番目の計画書だけが私自身の言葉で綴られていました。

こうしてテーマは決まりましたが、どの分野の先生に指導を依頼すればいいのか、まだわからない。そこで研究院の受付で相談したところ、計画書のタイトルを見た事務員が、「これ社会心理学じゃないの」と簡単に決定してくれました。社会心理学という学問はそれまで聞いたこともありませんでしたが、「社会学と心理学の両方が勉強できて、ちょうどいいな」と、あっさり納得したものです。

フランスに移住してすでに三〇年以上経ちます。外国人と一緒に生きながら、人種差別・民族紛争・移民問題・異文化受容について考えてきました。諸般の事情で果たせませんでしたが、アルジェ大学やセネガル・ダカール大学への留学も志しました。植民地主義支配の傷跡が今でも残る社会で生活し、質の違った発想に触れるべきだと思ったからです。名誉白人症候群を研究課題に選んだ背景には、フランスで異邦人として生きる私自身の悩みがありました。日本人としての私と西洋および第三世界との関係を理解したい。私は日本人なのか。日本人とは何を意味するのか。

ささやかながら文章を書き、いわば自己精神分析のような作業を通してアイデンティティの問題が少しずつ解決したのだと思います。すると今度は、日本人としての私と西洋や第三世界との関係ではなく、単に私と他者との関係という、より一般的な問題に関心が移っていきました。それは『民族という虚構』を上梓した頃です。本当に関心があったのは、民族よりも虚構だったと脱稿して初めて気づきました。集団に翻弄されつつも、集団から離れたら存在自体が危うくなる人間の姿を描きながら、人の絆の不思議さに、いまさらながら驚いたのでしょう。その後、『責任という虚構』や『人が人を裁くということ』を執筆した動機はこの辺りにあると思います。

自らの問いを持っていないと、あるいは病的なこだわりがないと正直言って研究生活って、それほど魅力ありません。四門出遊のゴータマ・シッダールタのように、出家しか考えられない人だけが宗教の道に進めばよい。そうでなければ、権力闘争に明け暮れたり、お布施の計算や駐車場経営に熱心な坊主になるのがおちでしょう。大学人も同じです。

自然科学は新しい発見がどんどん生まれる世界です。自然の不思議を解く醍醐味を知った者にとって、新しい事実を発見したり、それまで謎だった問いに対する答えが閃いたりした時の喜びは格別に違いありません。しかし人文・社会科学の世界では新しい発見など、そうありません。世界中を見回しても一世紀にいくつと数えられるほどでしょう。自然科学と同じ意味で学問の役割を評価するならば、人文・社会科学は何の役にも立ちません。

しかしそれでもよいではありませんか。時間が許す限り、力のある限り、自分自身の疑問につき合ってゆけばよい。文科系の学問は己を知るための手段です。あなたを取り巻く社会の仕組み、あなたがどのように生きているのかを知る行為にすぎません。

どうしたら独創的な研究ができるのか、自問したことのない研究者はいないでしょう。しかし人間や社会を対象にする学問においては、この問いは出発点から誤っている。他の人と違う研究テーマやアプローチを見つけようと欲する時、我々はすでに他人との比較で考えているからです。それが、そもそも独創性からずれている。本当に大切なのは自分自身と向き合うことであり、その困難を自覚すること、それだけです。

研究のレベルなど、どうでもよい。どうせ人文・社会科学を勉強しても世界の問題は解決しません。自分が少しでも納得するために我々は考える。それ以外のことは誰にもできません。社会を少しでも良くしたい、人々の幸せに貢献したいから哲学を学ぶ、社会学や心理学を研究すると宣う人がいます。正気なのかと私は思います。そんな素朴な無知や傲慢あるいは偽善が私には信じられません。

文学に疎い私ですが、自分の立ち位置がわからなくなると高橋和巳だけは何度も繙いて読み直します。彼の作品を私が好きな理由は、法廷や組合闘争の場面に現れるような、現実に対抗して理屈を推し進める知識人の誠実さとともに、その脆弱さと偽善をえぐる姿勢に惹かれるからです。技術的詳細に囚われる現在の社会心理学に心と社会の論理はわからない。忘れてはいけない。我々は人間を理解したいのです。

ある時、一人の学生が相談を持ちかけてきました。何を迷っているのかと尋ねたら、芝居をずっとやってきて俳優になりたいが、将来が不安で踏み切れない、だから大学院に行くべきかどうか迷っていると言います。友人のピアニストにその話をしたら、「迷う必要などない。迷う人間はそもそも俳優になど絶対になれないから」という反応が返ってきました。

確かに迷いは誰にもあります。私などは今でも迷ってばかりです。しかし文科系の学問なんてどうせ役に立たないと割り切って、自分がやりたいかどうか、それしかできないかどうかだけ考えればよいのだと思います。落語家もダンサーも画家も手品師もスポーツ選手もみな同じです。やりたいからやる。親や周囲に反対されてもやる。罵られても殴られても続ける。才能なんて関係ありません。やらずにはいられない。他にやることがない。だからやる。ただ、それだけのことです。研究者も同じではありませんか。死ぬ気で頑張れと言うのではありません。遊びでいい。人生なんて、どうせ暇つぶしです。理由はわからないが、やりたいからやる。それが自分自身に対する誠実さでもあると思います。

最近、高校の同級生が癌で亡くなりました。地元国立大学の工学部に入学したのですが、ほとんど授業に出ず、毎日、朝から晩までパチンコばかりやっていました。そうして七年目にさしかかった時、もう卒業は無理だからと退学してビデオゲームの会社に就職しました。訃報を聞いて、その後の消息を他の友人が調べたところ、驚くことに彼はプロの麻雀士になっていました。四十一歳で会社を辞め、亡くなる五十五歳までパチンコと麻雀で生計を立て、癌の高額な治療費も払っていたとのことです。

本当に好きなことばかりやっていたのだなと感心します。同じ学級にいた時のことです。英語の授業で和訳させられ、「わかりません」と彼が答えたら、「辞書に、その単語は載っていなかったか」と教師が皮肉を込めて聞きました。そうしたら、「えっ、辞書に載ってるんですか」と、驚いたように彼は言い放ったものです。真っ赤になって怒る教師を尻目に私は大笑いしていた想い出が蘇ります。いつも冗談を言う、そんな奴でした。遊びの人生を一所懸命やり続けたのでしょう。早すぎた別れですが、素晴らしい人生だったと心から思います。

最後になりましたが、編集担当の北村善洋さんは、迷う私を辛抱強く支えてくれました。もう書けないと告げる私のメールを受け取って困惑したでしょうし、頑固な私への助言は楽でなかったはずです。本は書き手一人では作れない。この当たり前の事実を今回は痛感しました。寛容な彼との頻繁な対話がなければ、本書は陽の目を見なかったにちがいありません。

二〇一三年五月　パリ・サンマルタン運河の畔、遅れてやってきた春の陽光を浴びながら

小坂井敏晶

ナーガルジュナ「論争の超越」梶山雄一訳，長尾雅人編『世界の名著2　大乗仏典』中央公論社，1967年所収，231–267頁
なだいなだ『権威と権力』岩波新書，1974年
ハイエク，F. A.「抽象の第一義性」（吉岡佳子訳），アーサー・ケストラー編著『還元主義を超えて』工作舎，1984年所収，421–448頁
萩原滋「日本のテレビCMにおける外国要素の役割」，『慶応義塾大学新聞研究所年報』43，1994，19–38頁
萩原滋「日本のテレビ広告に現れる外国イメージの動向」『メディア・コミュニケーション』54，2004，5–26頁
橋川文三『黄禍物語』筑摩書房，1976年
ハルミ・ベフ『イデオロギーとしての日本文化論』思想の科学社，1987年
深尾憲二郎「自己・意図・意識—ベンジャミン・リベットの実験と理論をめぐって」，中村雄二郎・木村敏編『講座生命 vol.7』河合文化教育研究所，2004年所収，238–268頁
福澤諭吉『文明論之概略』岩波文庫，1962年
藤井直敬『つながる脳』NTT出版，2009年
増田義郎『純粋文化の条件』講談社現代新書，1969年
松永和紀「3章　報道はどのように科学をゆがめるのか」，菊池誠他『もうダマされないための「科学」講義』光文社新書，2011年，101–149頁
マルクス，K.『経済学批判』武田隆夫・遠藤湘吉・大内力・加藤俊彦訳，岩波文庫，1956年
丸山圭三郎『生命と過剰』河出書房新社，1987年
丸山真男『日本の思想』岩波新書，1961年
丸山真男「原型・古層・執拗低音」，武田清子編『日本文化のかくれた形』岩波書店，1984年所収，87–152頁
丸山真男『「文明論之概略」を読む』上巻，岩波新書，1986年
南博『日本人論——明治から今日まで』岩波書店，1994年
村上陽一郎「理解の文脈依存性」，佐伯胖編『理解とは何か』東京大学出版会，1985年所収，第一章，9–36頁
柳父章『翻訳語成立事情』岩波新書，1982年
吉田悟郎「自国史と世界史」，比較史・比較歴史教育研究会編『自国史と世界史』未來社，1985年所収，17–32頁
吉松隆『吉松隆の楽勝！クラシック音楽講座』学研，2004年
我妻洋『社会心理学入門』上巻，講談社学術文庫，1987年
我妻洋/米山俊直『偏見の構造　日本人の人種観』NHKブックス，1967年
和辻哲郎「日本精神」『続日本精神史研究』岩波書店，1962年，全集第4巻，281–321頁

小川捷之「概説・対人恐怖」『現代のエスプリ　対人恐怖』127号，1978年，5-20頁
加藤周一「日本文学の特徴について」『日本文学史序説』平凡社，1979年，著作集第4巻
柄谷行人「文字論」『〈戦前〉の思考』文藝春秋，1994年，123-156頁
岸田秀『幻想の未来』河出書房新社，1985年
岸田秀/K. D. バトラー『黒船幻想』トレヴィル，1986年
金一勉『朝鮮人がなぜ「日本名」を名のるのか』三一書房，1978年
河野哲也『環境に拡がる心』勁草書房，2005年
小坂井敏晶『異文化受容のパラドックス』朝日選書，1996年
小坂井敏晶『民族という虚構』東京大学出版会，2002年（増補版　ちくま学芸文庫，2011年）
小坂井敏晶「開かれた国家理念が秘める閉鎖機構　フランス同化主義をめぐって」，石井洋二郎/工藤庸子編『フランスとその〈外部〉』東京大学出版会，2004年，105-126頁
小坂井敏晶『責任という虚構』東京大学出版会，2008年
小坂井敏晶『人が人を裁くということ』岩波新書，2011年
小坂井敏晶『答えのない世界を生きる』祥伝社，2017年
佐古秀一「同調行動の実験文化心理学的研究」大阪大学人間科学部　卒業論文，1975年
市民のためのテレビフォーラム『テレビ診断報告』1991，11号
新藤美香「同調行動に関する実験社会心理学的研究——集団主義・個人主義との関係」日本大学文理学部　卒業論文，1993年
杉本良夫／ロス・マオア『日本人論の方程式』ちくま学芸文庫，1995年
鈴木道彦「解説——橋をわがものにする思想」，フランツ・ファノン『黒い皮膚・白い仮面』所収（海老坂武訳），みすず書房，1968年，195-216頁
互盛央『エスの系譜』講談社，2010年
高橋和巳『悲の器』新潮文庫，1967年
高橋和巳『邪宗門』新潮文庫，上巻，1971年
高橋和巳『日本の悪霊』新潮文庫，1980年
鶴見和子『好奇心と日本人』講談社現代新書，1972年
土居健郎『「甘え」の構造』弘文堂，1971年
中尾良一『尿療法でなぜ病気がどんどん治るのか』KKロングセラーズ，1992年
長尾雅人「仏教の思想と歴史」『世界の名著2　大乗仏典』中央公論社，1967年所収，5-66頁
中島義道『時間と自由　カント解釈の冒険』講談社学術文庫，1999年
中島義道『哲学の教科書』講談社学術文庫，2001年
中島義道『観念的生活』文藝春秋，2007年
中村雄二郎・池田清彦『生命』岩波書店，1998年

of will", *American Psychologist*, *54*, 1999, p. 480–491.
Weingrod, A., "Recent Trends in Israeli Ethnicity", *Ethnic and Racial Studies*, *2*, 1979, p. 55–65.
White, B. W., Saunders, F. A., Scadden, L., Bach-y-Rita, P. & Collins, C., "Seeing with the Skin", *Perception & Psychophysics*, *7*, 1970, p. 23–27.
Wicker, A. W., "Attitudes vs actions. The relationship of verbal and overt behavior responses to attitude objects", *Journal of Social Issues*, *25*, 1969, p. 41–78.
Williams, T. P. & Sogon, S., "Groupe composition and conforming behavior in Japanese students", *Japanese Psychological Research*, *26*, 1984, p. 231–234.
Wittgenstein, L., *Philosophical Investigations*, 1953 [tr. fr. *Tractatus logico-philosophicus, suivi de Investigations philosophiques*, Gallimard, 1961, p. 294].〔ルートウィヒ・ウィトゲンシュタイン『ウィトゲンシュタイン全集 8　哲学探究』藤本隆志訳，大修館書店，1976〕
Wood, C. C., "Pardon, your dualism is showing", *Behavioral and Brain Sciences*, *8*, 1985, p. 557–558.
Zehr, H., *Changing Lenses. A New Focus for Crime and Justice*, Herald Press, 2005.
Zimbardo, P. G., *Quiet rage: The Stanford Prison Experiment Video*, Stanford University, 1989.
Zimbardo, P. G., Cohen, A. R., Weisenberg, M., Dworkin, L., & Firestone, I., "Control of pain motivation by cognitive dissonance", *Science*, *151*, 1966, p. 217–219.
Zimbardo, P. G., Weisenberg, M., Firestone, I. & Levy, B., "Changing appetites for eating fried grasshoppers with cognitive dissonance", *in* P. G. Zimbardo（Ed.）, *The Cognitive Control of Motivation*, Scott, Foresman, 1969, p. 44–54.

青木保『「日本文化論」の変容　戦後日本の文化とアイデンティティー』中央公論社，1990年
池田清彦『生命の形式　同一性と時間』哲学書房，2002年
一ノ瀬正樹『原因と結果の迷宮』勁草書房，2001年
犬田充「日本的集団主義の特性」『集団主義の構造――日本的集団主義の性質と効用』産業能率短期大学出版部，1977年（浜口恵俊編集・解説『集団主義』至文堂，現代のエスプリ16号，1980年に再録）
岩井克人『貨幣論』筑摩書房，1993年
岩井克人『資本主義を語る』ちくま学芸文庫，1997年
インフェルト，L.『アインシュタインの世界　物理学の革命』武谷三男・篠原正瑛訳，講談社ブルーバックス，1975年
大阪書籍編集部『中学社会（歴史分野）』大阪書籍，1991年
大塚久雄「緒言」，大塚久雄・高橋幸八郎・松田智雄編著『西洋経済史講座』I所収，岩波書店，1960年，3–42頁

Tajfel, H. & Wilkes, A. L., "Classification and quantitative judgment", *British Journal of Psychology, 54*, 1963, p. 101–114.

Tarde, G., *Les lois de l'imitation. Etude sociologique* (2e édition), Alcan, 1895.［ガブリエル・タルド『模倣の法則』池田祥英・村澤真保呂訳，河出書房新社，2007年］

Thomson, J. J., "The trolley problem", *Yale Law Journal, 94*, 1985, p. 1395–1415［tr. fr. «Le problème de tramway», *in* M. Neuberg (Ed.), *La responsabilité. Questions philosophiques*, PUF, 1997, p. 171–194］.

Tocqueville, A. de, *De la démocratie en Amérique*, Gallimard, 1961［première édition: 1835］.［アレクシス・ド・トクヴィル『アメリカのデモクラシー』全4冊，松本礼二訳，岩波文庫，2005–08年］

Todd, E., *Le destin des immigrés*, Seuil, 1994.［エマニュエル・トッド『移民の運命——同化か隔離か』石崎晴己・東松秀雄訳，藤原書店，1999年］

Trevor-Roper, H., "The invention of tradition: The Highland tradition of Scotland", *in* E. Hobsbawm & T. Ranger (Eds.), *The Invention of Tradition*, Cambridge University Press, 1996, p. 15–41.［エリック・ホブズボウム，テレンス・レンジャー編『創られた伝統』前川啓治・梶原景昭ほか訳，紀伊國屋書店，1992年］

Triandis, H. C., "The Self and social behavior in different cultural contexts", *Psychological Review, 96*, 1989, p. 502–520.

Triandis, H. C., Bontempo, R., Vilareal, M. J., Asai, M. & Lucca, N., "Individualism and collectivism: Cross-cultural perspectives on self-ingroup relationships", *Journal of Personality and Social Psychology, 54*, 1988, p. 323–338.

Tribalat, M., *De l'immigration à l'assimilation. Enquête sur les populations d'origine étrangère en France*, La Découverte/INED, 1996.

Valins, S., "Cognitive effects of false heart-rate feedback", *Journal of Personality and Social Psychology, 4*, 1966, p. 400–408.

Wachter, R. M. & Shojania, K. G., *Internal Bleeding*, RuggedLand, 2005.

Watts, W. A., "The effects of verbal intelligence on opinion change under conditions of active and passive participation", Paper presented at the Western Psychological Association, San Francisco, 1971.

Watzlawick, P., "Self-fulfilling prophecies", *in* P. Watzlawick (Ed.), *The Invented Reality: How Do We Know What We Believe We Know ?* (*Contributions to Constructivism*), 1981, p. 95–116［tr. fr. «Les prédictions qui se vérifient d'elles-mêmes», *in* P. Watzlawick, *L'invention de la réalité. Contributions au constructivisme*, Seuil, 1988, p. 109–130］.

Weber, M., *Wirtschaft und Gesellschaft*, Mohr, 1956［tr. fr. *Economie et société*, Plon, 1995］.

Wegner, D. M. & Whearley, T., "Apparent mental causation: Sources of the experience

p. 160–177.
Scubla, L., «Est-il possible de mettre la loi au-dessus de l' Homme? Sur la philosophie politique de Jean-Jacques Rousseau», *in* J. -P. Dupuy, *Introduction aux sciences sociales. Logique des phénomènes collectifs*, Édition Marketing, 1992, p. 105–143.
Shanab, M. & Yahya, K., "A behavioral study of obedience in children", *Journal of Personality and Social Psychology, 35*, 1977, p. 530–536.
Shanab, M. & Yahya, K., "A cross-cultural study of obedience", *Bulletin of Psychonomic Society, 11*, 1978, p. 267–269.
Shang, A., Huwiler-Müntener, K., Nartey, L., Jüni, P., Dörig, S., AC Sterne, J., Pewsner, D. & Egger, M., "Are the clinical effects of homoeopathy placebo effects? Comparative study of placebo-controlled trials of homoeopathy and allopathy", *The Lancet, 366*, 2005, p. 726–732.
Sherif, M., *The Psychology of Social Norms*, Harper, 1936.
Sherman, S. J., "Internal-External and its relationship to attitude change under different social influence techniques", *Journal of personality and Social Psychology, 26*, 1973, p. 23–29.
Simmel, G., *Philosophie des Geldes*, Duncker & Humbolt, 1907［tr. fr. *Philosophie de l'argent*, PUF, 1987］.［ゲオルク・ジンメル『貨幣の哲学』居安正訳，白水社，1999年］
Singh, S. & Ernst, E., *Trick or Treatment? Alternative Medicine on Trial*, Corgi Books, 2008/2009.［サイモン・シン，エツァート・エルンスト『代替医療のトリック』青木薫訳，新潮社，2010年］
Smiley, M., *Moral Responsibility and the Boundaries of Community. Power and Accountability from a Pragmatic Point of View*, The University of Chicago Press, 1992.
Smith, A., *The Wealth of Nations*, edited by R. H. Campbell, AS. Skinner and W. B. Todd, Clarendon Press, 1976［first edition: 1776］.［アダム・スミス『国富論——国の豊かさの本質と原因についての研究』上・下，山岡洋一訳，日本経済新聞出版社，2007年］
Snyder, M., "When belief creates reality", *in* L. Berkowitz（Ed.）, *Advances in Experimental Social Psychology*, vol. 18, Academic Press, 1984, p. 247–305.
Sombart, W.,*Warum gibt es in den Vereinigten Staaten keinen Sozialismus?*, Mohr, 1906［tr. fr. *Pourquoi le socialisme n'existe-t-il pas aux Etats-Unis?*, PUF, 1992］.
Sperling, H. C., *An Experimental Study of Some Psychological Factors in Judgments*, M. A. Thesis, New School for Social Research, 1946.
Spitz, J.-F., *John Locke et les fondements de la liberté moderne*, PUF, 2001.
Supa, M., Cotzin, M. & Dallenbach, K., "Facial vision: The perception of obstacles by the blind", *American Journal of Psychology, 57*, 1944, p. 133–183.

Press, 1973, p. 111–144.

Rosenbaum, R., *Explaining Hitler: The Search for the Origins of his Evil*, Random House, 1999.

Rosenberg, M., *Society and the Adolescent Self-image*, Princeton University Press, 1965.

Rosenthal, R. L. & Frode, K. L., "The effect of experimenter bias on the performance of the albino rat", *Behavirol Science*, *8*, 1963, p. 183–189.

Rosenthal, R. L. & Jacobson, L., *Pygmalion in the Classroom*, Holt, Rinehart & Winston, 1968.

Ross, L., "The intuitive psychologist and his shortcomings", *in* L. Berkowitz (Ed.), *Advances in Experimental Social Psychology*, Academic Press, Vol. 10, 1977, p. 173–220.

Rousseau, J.-J., *Œuvre complète. III. Du contrat social. Ecrits politiques*, Gallimard, 1964 [première édition: 1762]. [ジャン＝ジャック・ルソー『社会契約論』作田啓一訳，白水Uブックス，2010年]

Rugg, M. L., "Are the origins of any mental process available to introspection?", *Behavioral and Brain Sciences*, *8*, 1985, p. 552–553.

Sabini, J. R. & Silber, M., "Destroying the innocent with a clear conscience", *in* J. E. Dinsdale (Ed.), *Survivors, Victims, and Perpetrators: Essays on the Nazi Holocaust*, Hemisphere Publishing Company, 1980.

Sacks, O., *The Man Who Mistook His Wife for a Hat*, Gerald Duckworth & Co., 1985. [オリヴァー・サックス『妻を帽子とまちがえた男』高見幸郎・金沢泰子訳，ハヤカワ・ノンフィクション文庫，2009年]

Sand, S., *Comment le peuple juif fut inventé. De la Bible au sionisme*, Flammarion, 2008/2010. [シュロモー・サンド『ユダヤ人の起源――歴史はどのように創作されたのか』高橋武智監訳，佐々木康之・木村高子訳，ちくま学芸文庫，2017年]

Sandler, J., *L'analyse de défense. Entretiens avec Anna Freud*, PUF, 1985/1989.

Schlanger, J., *Les métaphores de l'organisme*, L'Harmattan, 1971/1995.

Schleiermacher, F., „Gelegentliche Gedanken über Universitäten in deutschem Sinn, nebst einem Anhang über eine neu zu errichtende", 1808 [tr. fr. «Pensées de circonstance sur les universités de conception allemande», in *Philosophies de l'Université. L'idéalisme allemand et la question de l'Université*, Payot, 1979, p. 253–318].

Schnapper, D., *La France de l'intégration. Sociologie de la nation en 1990*, Gallimard, 1991.

Schurz, G., „Experimentelle Überprüfung des Zusammenhangs zwischen Persönlichkeitsmerkmalen und der Bereitschaft zum destruktiven Gehorsam gegenüber Autoritäten", *Zeitschrift für experimentelle und angewandte Psychologie*, *32*, 1985,

Noiriel, G., *Le creuset français. Histoire de l'immigration, XIXe-XXe siècle*, Seuil, 1988.

Nørretrangers, T., *The User Ilusion. Cutting Consciousness Down to Size*, Penguin Books, 1991/1998.［トール・ノーレットランダーシュ『ユーザーイリュージョン――意識という幻想』柴田裕之訳，紀伊國屋書店，2002年］

Ogien, R., *Les causes et les raisons*, Jacqueline Chambon, 1995.

Ogorreck, R., *Die Einsazgruppen und der "Genesis des Endlösung"*, Metropol Verlag, 1996［tr. fr. *Les Einsatzgruppen. Les groupes d'intervention et la «genèse de la solution finale»*, Clamann-Lévy, 2007］.

Pascal, B., *Pensées*, Gallimard, 1977［première édition: 1669］.［ブレーズ・パスカル『パンセ』全2冊，前田陽一・由木康訳，中公クラシックス，2001年］

Pérez Siller, J.（Ed.）, *La «Découvert» de l'Amérique? Les regards sur l'autre à travers les manuels scolaires du monde*, L'Harmattan/Georg-Eckert-Institut, 1992.

Piaget, J, *Le structuralisme*, PUF, 1968.

Pichot, A., *La société pure. De Darwin à Hitler*, Flammarion, 2000.

Poincaré, H, *La science et l'hypothèse*, Flammarion, 1968［première édition: 1902］.［アンリ・ポアンカレ『科学と仮説』河野伊三郎，岩波文庫，1959年］

Popper, K. R., *Logik der Forschung*, 1934［tr. fr. *La logique de la découverte scientifique*, Payot, 1973］.［カール・R・ポパー『科学的発見の論理』上・下，大内義一・森博訳，恒星社厚生閣，1971−72年］

Popper, K. R., *The Open Society and its Enemies*, 1945［tr. fr. *La société ouverte et ses ennemies*, Seuil, 1979］.

Prigogine, I. & Stengers, I., *La nouvelle alliance*, Gallimard, 1979.［イリヤ・プリゴジン，イザベル・スタンジェール『混沌からの秩序』伏見康治ほか訳，みすず書房，1987年］

Rachels, J., "Killing and starving to death", *Philosophy*, *54*, 1979, p. 159−171［tr. fr. «Tuer et laisser mourir de faim», *in* M. Neuberg（Ed.）, *La responsabilité. Questions philosophiques*, PUF, 1997, p. 195−214］.

Randi, J., *The Truth about Uri Geller*, Prometheus Books, 1982.

Reason, J., *Managing the Risks of Organizational Accidents*, Ashgate, 1997.［ジェームズ・リーズン『組織事故――起こるべくして起こる事故からの脱出』塩見弘監訳，高野研一・佐相邦英訳，日科技連出版社，1999年］

Renan, E., *Qu'est-ce qu'une nation? et autres essais politiques*, Pocket, 1992［該当部分は1882年の演説］.［E・ルナンほか『国民とは何か』鵜飼哲ほか訳，インスクリプト，1997年所収］

Ricœur, P., «Aliénation», in *Encylopœdia Universalis*, 1990, vol. 1, p. 819−823.

Rosch, E., "On the Internal Structure of Perceptual and Semantic Categories", *in* T. E. More（Ed.）, *Cognitive Developement and Acquisition of Language*, Academic

ュ・モスコヴィッシ『自然の人間的歴史』上・下，大津真作訳，法政大学出版局，1988年］
Moscovici, S., *L'âge des foules. Un traité historique de psychologie des masses*, Fayard, 1981.［セルジュ・モスコヴィッシ『群衆の時代』古田幸男訳，法政大学出版局，1984年］
Moscovici, S., «Le ressentiment», *Le Genre Humain, 11*, Fayard, 1985, p. 179–206.
Moscovici, S., "Experiment and experience: an intermediate step from Sherif to Asch", *Journal for the Theory of Social Behaviour, 21*, 1991, p. 253–268.
Moscovici, S., *Chronique des années égarées*, Stock, 1997.
Moscovici, S., *Social Representations. Explorations in Social Psychology*, New York University Press, 2001.
Moscovici, S., *Raison et cultures*, EHESS, 2012.
Moscovici, S. & Doise, W., *Dissensions et consensus. Une théorie générale des décisions collectives*, PUF, 1992.
Moscovici, S. & Doms, M., "Compliance and conversion in a situation of sensory deprivation", *Basic and Applied Social Psychology, 3*, 1982, p. 81–94.
Moscovici, S., Mugny, G., & Papastamou, S., «'sleeper effect' et/ou effet minoritaire? Étude théorique et expérimentale de l'influence sociale à retardement», *Cahiers de Psychologie Cognitive, 1*, 1981, p. 199–221.
Moscovici, S. & Personnaz, B., "Studies in social influence V: minority influence and conversion behavior in a perceptual task", *Journal of Experimental Social Psychology, 16*, 1980, p. 270–282.
Moscovici, S. & Personnaz, B., "Studies in social influence VI: Is Lenin orange or red? Imagery and social influence", *European Journal of Social Psychology, 21*, 1991, p. 101–118.
Mugny, G. & Pérez, J. A., *Le déni et la raison*, DelVal, 1986.
Mugny, G. & Pérez, J. A., «L'effet de cryptomnésie sociale», *Bulletin Suisse des Psychologues, 7*, 1989, p. 3–5.
Murphy, S. T. & Zajonc, R. B., "Affect, cognition, and awareness: Affective priming with optimal and suboptimal stimulus exposures", *Journal of Personality and Social Psychology, 64*, 1993, p. 723–739.
Nagel, T., *The Last Word*, Oxford University Press, 1997.
Nelson, R. J., "Libet's dualism", *Behavioral and Brain Sciences, 8*, 1985, p. 550.
Nick, C. & Eltchaninoff, M., avec la collaboration scientifique de J.-L. Beauvois, D. Courbet, D. Oberlé, *L'Expérience extrême: Seul face à un pouvoir, l'individu est l'être le plus manipulable donc le plus obéissant*, Don Quichotte, 4 mars 2010.
Nisbett, R. E. & Wilson, T. D., "Telling more than we can know: Verbal reports on mental processes", *Psychological Review, 84*, 1977, p. 231–259.

Markus, H. & Kitayama, S., "Culture and the self: Implications for cognition, emotion, and motivation", *Psychological Review, 98*, 1991, p. 224–253.

Mauss, M., «Essai sur le don. Forme et raison de l'échange dans les sociétés archaïques», in *Sociologie et anthropologie*, PUF, 1983［première édition: 1950］, p. 142–279.［マルセル・モース『贈与論』吉田禎吾・江川純一訳，ちくま学芸文庫，2009年］

McGuire, W. J., "Attitudes and attitude change", *in* G. Lindzey & E. Aronson（Eds.）, *Handbook of Social Psychology*, Random House, 1985, p. 233–346.

McGuire, W. J., "The vicissitudes of attitudes and similar representational constructs in twentieth century psychology", *European Journal of Social Psychology, 16*, 1986, p. 89–130.

Meintel, D., «Tansnationalité et transethnicité chez les jeunes issus de milieux immigrés à Montréal», *Revue Internationale des Migrations Européennes*, *9*, 1993, p. 63–79

Merikle, P. & Cheesman, J., "Conscious and unconscious processes: Same or different?", *Behavioral and Brain Sciences, 8*, 1985, p. 547–548.

Merikle, P. M. & Daneman, M., "Psychological investigations of unconscious perception", *Journal of Consciousness Studies, 5*, 1998, p. 5–18.

Merton, R. K., *Social Theory and Social Structure*, The Free Press, 1957.［ロバート・K・マートン『社会理論と社会構造』森東吾他訳，みすず書房，1961年］

Milgram, S., *Obedience*, New York University Film Library, 1965.

Milgram, S., "Some conditions of obedience and disobedience to authority", *Human Relations, 18*, 1965, p. 57–76.

Milgram, S., *Obedience to Authority. An Experimental View*, Pinter and Martin Ltd., 2005［first edition: 1974］.［スタンレー・ミルグラム『服従の心理』山形浩生訳，河出書房新社，2008年］

Miranda, B., Caballero, B., Gomez, G. & Zamorano, M., "Obediencia a la autoridad", *Pisquis, 2*, 1981, p. 212–221.

Morin, E., *La rumeur d'Orléans*, Seuil, 1969.

Moscovici, S., *Psychanalyse, son image et son public*, PUF, 1976［première édition: 1961］.

Moscovici, S., *L'expérience du mouvement. Jean-Baptiste Baliani, disciple et critique de Galilée*, Hermann, 1967.

Moscovici, S., "Society and Theory in Social Psychology", *in* J. Israel & H. Tajfel（Eds.）, *The Context of Social Psychology. A Critical Assessment*, Academic Press, 1972, p. 17–68

Moscovici, S., *Social Influence and Social Change*, Academic Press, 1976.

Moscovici, S., *Essai sur l'histoire humaine de la nature*, Flammarion, 1977.［セルジ

–210.

Lerner, M. J., Miller, D. T. & Holme, J., "Deserving and the emergence of forms of justice.", *in* L. Berkowitz (Ed.), *Advances in Experimental Social Psychology*, vol. 9, 1976, p. 133–162

Lévi-Strauss, C., «Introduction à l'œuvre de Marcel Mauss», *in* M. Mauss, *Sociologie et anthropologie*, PUF, 1983 [première édition: 1950], p. IX-LII. [マルセル・モース『社会学と人類学』有地亨・伊藤昌司・山口俊夫訳，弘文堂，1973年所収]

Lewin, K., *A Dynamic Theory of Personality*, McGraw-Hill, 1935.

Lewin, K., "Group decision and social change.", *in* G. Swanson, T. Newcomb, E. Hartley (Eds.), *Readings in Social Psychology*, Henry Holt, 1952, p. 459–473.

Lewin, K., "Psycho-sociological problems of a minority group", in *Resolving Social Conflicts. Selected Papers on Group Dynamics*, Harper & Brothers Publishers, 1948, p. 145–158 [first edition: 1935]. [カート・レヴィン『社会的葛藤の解決——グループ・ダイナミックス論文集』末永俊郎訳，創元社，1954年所収]

Lewin, K., *Field Theory in Social Science: Selected Theoretical Papers*, Harper & Row, 1964.

Leyens, J.-P., *Sommes-nous tous des psychologues?*, Pierre Mardaga, 1983.

Libet, B., "The experimental evidence for a subjective referral of a sensory experience backwards in time", *Philosophy of Science*, *48*, 1981, p. 182–197.

Libet, B., *Mind Time. The Temporal Factor in Consciousness*, Harvard University Press, 2004. [ベンジャミン・リベット『マインド・タイム——脳と意識の時間』下條信輔訳，岩波書店，2005年]

Linder, D. E., Cooper, J. & Jones, E. E., "Decision freedom as a determinant of the role of incentive magnitude in attitude change", *Journal of Personality and Social Psychology*, *6*, 1967, p. 245–254.

Maass, A. & Clark, R. D., "Internalization versus compliance: Differential processes underlying minority influence and conformity", *European Journal of Social Psychology*, *13*, 1983, p. 197–215.

Maass, A. & Clark, R. D., "Conversion theory and simultaneous majority-minority influence: Can reactance offer an alternative explanation?", *European Journal of Social Psychology*, *16*, 1986, p. 305–309.

Maddox, J., Randi, J. & Stewart, W. W., "'High-dillution' experiments a delusion", *Nature*, *334*, 1988, p. 287–289.

Mairet, G., *Le principe de souveraineté. Histoires et fondements du pouvoir moderne*, Gallimard, 1997.

Manent, P., *Histoire intellectuelle du libéralisme*, Calmann-Lévy, 1987.

Mantell, D., "The potential for violence in Germany", *Journal of Social Issues*, *27*, 1971, p. 101–112.

Kuhn, T. S., *The Structure of Scientific Revolutions*, The University of Chicago Press, 1996［first edition: 1962］.［トーマス・クーン『科学革命の構造』中山茂訳，みすず書房，1971年］

Lakatos, I., "Falsification and the Methodology of Scientific Research Programms", in I. Lakatos & A. Musgrave（Eds.）, *Criticism and the Growth of Knowledge*, Cambridge University Press, 1974, p. 91–196.

Latané, B. & Darley, J. M., "Group inhibition of bystander intervention in emergencies", *Journal of Personality and Social Psychology, 10*, 1968, p. 215–221.

Latané, B. & Darley, J. M., *The Unresponsive Bystander: Why doesn't He Help?*, Appleton-Century-Crofts, 1970.［ビブ・ラタネ，ジョン・ダーリー『冷淡な傍観者——思いやりの社会心理学』新装版，竹村研一・杉崎和子訳，ブレーン出版，1997年］

Latané, B. & Rodin, J., "A lady in distress: Inhibiting effects of friends and strangers on bystander intervention", *Journal of Experimental Social Psychology, 5*, 1969, p. 189–202.

Laurens, S. & Kozakai, T., «Le bleu, le vert et le miracle. Quelle vérification? Quel objet?», *Cahiers Internationaux de Psychologie Sociale, 75–76*, 2007, p. 3–16.

Lawrence, D. H. & Festinger, L., *Deterrents and Reinforcement. The Psychology of Insufficient Reward*, Stanford University Press, 1962.

Le Bon, G., *La psychologie des foules*, PUF, 1963［première édition: 1895］.［ギュスターヴ・ル・ボン『群衆心理』桜井成夫訳，講談社学術文庫，1993年］

Le Breton, D., *La chair à vif. Usages médicaux et mondains du corps humain*, Métailié, 1993.

Le Monde, 04/09/2004.

Lee, S-H., *Social Anxiety in Korea*, First Cultural Psychiatry Symposium between Japan and Korea, Seoul, 1987.

Leib, E. L., "A comparison of criminal jury decision rules in democratic countries", *Ohiho State Journal of Criminal Law, 5*, 2008, p. 629–644.

Lemaine, G., "Social differenciation and social originality", *European Journal of Social Psychology, 4*, 1974, p. 17–52.

Lemoine, P., *Le mystère du placebo*, Odile Jacob, 1996.［パトリック・ルモワンヌ『偽薬のミステリー』小野克彦・山田浩之訳，紀伊國屋書店，2005年］

Leonard, G. B., "A Southerner Appeals to the North: Don't make our mistake", *Look, 28*, 1964.

Lerner, M. J. & Miller, D. T., "Just world research and the attribution process: Looking back and ahead", *Psychological Bulletin, 85*, 1978, p. 1030–1051.

Lerner, M. J. & Simmons, C. H., "Observer's reaction to the 'innocent victim': Compassion or rejection?", *Journal of Personality and Social Psychology, 4*, 1966, p. 203

Israel, J., "Experimental change of attitude using the Asch-effect", *Acta Sociologica, 7*, 1963, p. 95–104.

Jaccard, J., King, G. W., & Pomazal, R., "Attitudes and behavior: An analysis of specificity of attitudinal predictors", *Human Relations, 30*, 1977, p. 817–824.

Jacquard, A., *Au péril de la Science?*, Seuil, 1982.

Jones, C. & Aronson, E., "Attribution of fault to a rape victim as a function of respectability of the victim", *Journal of Personality and Social Psychology, 26*, 1973, p. 415–419.

Joule, R. V. & Beauvois, J.-L., *Petit traité de manipulation à l'usage des honnêtes gens*, Presses Universitaires de Grenoble, 1987.

Joule, R.-V. & Beauvois, J.-L., «Internalité, comportement et explication du comportement», *in* J.-L. Beauvois, R.-V. Joule & J.-M. Monteil（Eds.）, *Perspectives cognitives et conduites sociales 1, Théories implicites et conflits cognitifs*, DelVal, 1987, p. 99–117.

Jugon, J.-C., *Phobies sociales au Japon. Timidité et angoisse de l'autre*, ESF, 1998.

Kant, I., *Kritik der reinen Vernunft*, 1781, ［tr. fr. *Critique de la raison pure*, Gallimard, 1980］.［イマヌエル・カント『純粋理性批判』熊野純彦訳，作品社，2012年］

Kaplan, M. F. & Martin, A. M.（Eds.）, *Understanding World Jury Systems through Social Psychological Research*, Psychology Press, 2006.

Katz, E. & Lazersfeld, P., *Personal Influence: the Part Played by People in the Flow of Mass-Communications*, The Free Press, 1955.

Kelsen, H., *What is Justice? Justice, Law and Politics in the Mirror of Science. Collected Essays*, The Lawbook Exchange, 2001［first edition: 1957］.［ハンス・ケルゼン『ケルゼン選集3　正義とは何か』宮崎繁樹ほか訳，木鐸社，1975年］

Koestler, A., *The Act of Creation*, Penguin Books, 1964［tr. fr. *Le cri d'Archimède*, Calmann-Lévy, 1965］.［アーサー・ケストラー『創造活動の理論』上・下，大久保直幹ほか訳，ラティス，1966–67年］

Koestler, A., *The Sleepwalkers*, Macmillan, 1959［tr. fr. *Les somnambules*, Calmann-Lévy, 1960］.

Koyré, A., *Etudes d'histoire de la pensée scientifique*, Gallimard, 1973.

Kozakai, T., *Blanc d'honneur. Etudes sur l'occidentalisation des Japonais*, Mémoire du Diplôme de l'E.H.E.S.S., Paris, 1988.

Kozakai, T., *Les Japonais sont-ils des Occidentaux ? Sociologie d'une acculturation volontaire*, L'Harmattan, 1991.

Kozakai, T. & Plagnol, A., «Le Taijin Kyofusho（anthropophobie）: pathologie spécifique au Japon ou illusion scientifique?», *Cahiers Internationaux de Psychologie Sociale, 77*, 2008, p. 29–39.

Delachaux et Niestlé,1994.
Hacking, I., *Rewriting the Soul. Multiple Personality and Sciences of Memory*, Princeton University Press, 1995.
Hadamard, J., *Essai sur la psychologie de l'invention dans le domaine mathématique, suivis de H. Poincaré, L'invention mathématique*, Jacques Gabay, 1993 [première édition: 1975].
Haney, C., Banks, C. & Zimbardo, P. G, "Interpersonal dynamics in a simulated prison", *International Journal of Criminology and Penology, 1*, 1983, p. 69–97.
Haney, C. & Zimbardo, P. G., "The past and future of U.S. prison policy: Twenty-five years after the Stanford prison experiment", *American Psychologist, 53*, 1998, p. 709–727.
Harmon-Jones, E., & Mills, J. (Eds.), *Cognitive Dissonance. Progress on a Pivotal Theory in Social Psychology*, APA, 1999.
Hayek, F. A., *Law, Legislation and Liberty*, Routledge & Kegan Paul, 1979. [F・A・ハイエク『法と立法と自由Ⅰ-Ⅲ』西山千明・矢島鈞次監修，春秋社，2007–08年]
Heider, F., *The Psychology of Interpersonal Relations*, John Wiley & Sons, 1958. [フリッツ・ハイダー『対人関係の心理学』大橋正夫訳，誠信書房，1978年]
Hilberg, R., *The Destruction of the European Jews*, 1985 [tr. fr. *La destruction des Juifs d'Europe*, Fayard, 1988]. [ラウル・ヒルバーグ『ヨーロッパ・ユダヤ人の絶滅』上・下，望田幸男・原田一美・井上茂子訳，柏書房，1997年]
Hobbes, T., *Leviathan*, edited by Richard Tuck, Cambridge University Press, 1991 [first edition: 1651] [tr. fr. *Léviathan*, Gallimard, 2000]. [トーマス・ホッブズ『リヴァイアサン』全4冊，水田洋訳，岩波文庫，1954–85年]
Hobbes, T., "Of Identity and Difference" (ch. 11), De corpore in *The English Works of Thomas Hobbes*, vol. I, edited by Sir W. Molesworth, Hohn Bohn, 1839 [tr. fr. *L'Identité*, textes choisis et présentés par S. Ferret, GF-Flammarion, 1998, p. 113–114].
Hoess, R., *Le commandant d'Auschwitz parle*, La Découverte, 2005. [ルドルフ・ヘス『アウシュヴィッツ収容所』片岡啓治訳，講談社学術文庫，1999年]
Hollander, E. P., "Conformity, status, and idiosyncrasy credit", *Psychological Review, 65*, 1958, p. 117–127.
Hollander, E. P., "Competence and conformity in the acceptance of influence", *Journal of Abnormal and Social Psychology, 61*, 1960, p. 360–365.
Holton, G., *Thematic Origins of Scientific Thought. Kepler to Einstein*, Harvard University Press, 1988.
Hume, D., A *Treatise of Human Nature*. Edited with an Introduction by E. C. Mossner, Penguin Classics, 1987 [first edition: 1739–40]. [デイヴィド・ヒューム『人性論』全4冊，大槻春彦訳，岩波文庫，1948–52年]

nal of Abnormal and Social Psychology, *58*, 1959, p. 203–210.
Festinger, L., Riecken, H. W. & Schachter, S., *When Prophecy Fails*, University of Minnesota Press, 1956.
Fink, R. A. & Schmidt, M. J., "The quantitative measure of pattern representation in images using orientation-specific color aftereffects", *Perception & Psychophysics*, *20*, 1978, p. 289–298.
Finkielkraut, A., *Le Juif imaginaire*, Seuil, 1980.
Foot, P., "Killing and letting die", *in* J. Garfiled (Ed.), *Abortion: Moral and Legal Perspectives*, University of Massachusetts Press, 1985, p. 177–185.
Fox Keller, E., *Refiguring Life. Metaphors of Twentieth-Century Biology*, Columbia University Press, 1995.
Frager, R., "Conformity and Anticonformity in Japan", *Journal of Personality and Social Psychology*, *15*, 1970, p. 203–210.
Frémy, D. & Frémy, M., *Quid*, Robert Laffont, 1995.
Freud, A., *Das Ich und die Abwehrmechanismen*, 1936 [tr. fr. *Le moi et les mécanismes de défense*, PUF, 1949].
Freud, S., *Hypnosis*, the Standard Edition, vol. 1.
Friend, R., Rafferty, Y. & Bramel, D., "A puzzling misinterpretation of the Asch 'conformity' study", *European Journal of Social Psychology*, *20*, 1990, p. 29–44.
Gansberg, M., "Thirty-eight who saw murder didn't call the police", *New York Times*, March 27, 1964.
Gardner, M., *Science, Good, Bad and Bogus*, Prometheus Books, 1981/1989.
Gayon, J., *Darwin et l'Après-Darwin. Une histoire de l'hypothèse de sélection naturelle*, Kimé, 1992.
Gazzaniga, M. S., *Le cerveau dédoublé*, Dessart et Mordaga, 1970.
Gazzaniga, M. S., *The Social Brain: Discovering the Networks of the Mind*, Basic Books, 1985 [tr. fr. *Le cerveau social*, Odile Jacob, 1996]. [M・S・ガザニガ『社会的脳——心のネットワークの発見』杉下守弘・関啓子訳，青土社，1987年]
Gazzaniga, M. S., *The Mind's Past*, University of California Press, 2000.
Godbout, J. T., *Le don, la dette et l'identité. Homo donator vs homo œconomicus*, La Decouverte/M.A.U.S.S., 2000.
Greenbaum, C. W., "Effect of situational and personality variables on improvisation and attitude change", *Journal of Personality and Social Psychology*, *4*, 1966, p. 260–269.
Grey Walter, W., *Presentation to the Osler Society*, Oxford University, 1963.
Groeger, J. A., "Evidence of unconscious semantic processing from a forced error situation", *British Journal of Psychology*, *75*, 1984, p. 305–314.
Guimelli, C. (Ed.), *Structures et transformations des représentations sociales*,

18, 1988, p. 497–513.
Ellemers, N., Van Knippenberg, A. & Wilke, H., "The influence of permeability of group boundaries and stability of group status on strategies of individual mobility and social change", *British Journal of Social Psychology*, *29*, 1990, p. 233–246.
Ellemers, N., Wilke, H. & Van Knippenberg, A., "Effects of the legitimacy of low group or individual status on individual and collective status-enhancement strategies", *Journal of Personality and Social Psychology*, *64*, 1993, p. 766–778.
Fanon, F., *Peau noire, masques blancs*, Seuil, 1952.［フランツ・ファノン『黒い皮膚・白い仮面』海老坂武・加藤晴久訳，みすずライブラリー，1998年］
Farmelo, G., *The Strangest Man. The Hidden Life of Paul Dirac, Quantum Genius*, Faber and Faber, 2010.［グレアム・ファーメロ『量子の海，ディラックの深淵――天才物理学者の華々しき業績と寡黙なる生涯』吉田三知世訳，早川書房，2010年］
Farr, R. M., *The Roots of Modern Social Psychology*, Blackwell, 1996.
Farr, R. M. & Moscovici, S.（Eds.）, *Social representations*, Cambridge University Press, 1984.
Faucheux, C. & Moscovici, S., «Le style de comportement d'une minorité et son influence sur les réponses d'une majorité», *Bulletin du C.E.R.P.*, *16*, 1967, p. 337–360.
Fauconnet, P., *La Responsabilité. Étude de sociologie*, Alcan, 1928［première édition: 1920］.
Fayolle, B., «La procédure criminelle entre permanence et réforme», *in* AFHJ（Ed.）, *La cour d'assises. Bilan d'un héritage démocratique*, La Documentation française, 2001, p. 65–91.
Ferret, S., *Le bateau de Thésée. Le problème de l'identité à travers le temps*, Minuit. 1996.
Ferro, M., *Les tabous de l'Histoire*, Nil editions, 2002.
Festinger, L., "Experiments in suggestibility. A report of experiments conducted for honors I et II in psychology", Submitted on Tuesday, January 3, 1939.
Festinger, L., "Informal social communication", *Psychological Review*, *57*, 1950, p. 217–282.
Festinger, L., "A theory of social comparison processes", *Human Relations*, *7*, 1954, p. 17–140.
Festinger, L., *Theory of Cognitive Dissonance*, Row, Peterson, 1957.［フェスティンガー『認知不協和の理論――社会心理学序説』末永俊郎監訳，誠信書房，1965年］
Festinger, L., "Reflections on Cognitive Dissonance: 30 Years Later", *in* E. Harmon-Jones & J. Mills（Eds.）, *Cognitive Dissonance. Progress on a Pivotal Theory in Social Psychology*, APA, 1999, p. 381–385.
Festinger, L. & Carlsmith, J. M., "Cognitive consequences of forced compliance", *Jour-*

Doise, W., Deschamps, J.-C. & Mugny, G., *Psychologie sociale expérimentale*, Armand Colin, 1978.

Doise, W., *L'explication en psychologie sociale*, PUF, 1982.

Dubois, N., *La Psychologie du contrôle. Les croyances internes et externes*, Presse Universitaires de Grenoble, 1987.

Dumont, L., *Essais sur l'individualisme*, Seuil, 1983.［ルイ・デュモン『個人主義論考——近代イデオロギーについての人類学的展望』渡辺公三・浅野房一訳，言叢社，1993年］

Dumont, L., *Homo aequalis. Genèse et épanouissement de l'idéologie économique*, Gallimard, 1977.

Dupuy, J.-P., «Mimésis et morphogénèse», *in* M. Deguy & J.-P. Dupuy（Eds.）, *René Girard et le problème du Mal*, Grasset, 1982, p. 266–272.［M・ドゥギー，J・P・デュピュイ編『ジラールと悪の問題』古田幸男ほか訳，法政大学出版局，1986年所収］

Dupuy, J.-P., *Le sacrifice et l'envie. Le libéralisme aux prises avec la justice sociale*, Calmann-Lévi, 1992.［ジャン＝ピエール・デュピュイ『犠牲と羨望——自由主義社会における正義の問題』米山親能・泉谷安規訳，法政大学出版局，2003年］

Dupuy, J.-P., *Petite métaphysique des tsunamis*, Seuil, 2005.［ジャン＝ピエール・デュピュイ『ツナミの小形而上学』嶋崎正樹訳，岩波書店，2011年］

Durkheim, E., *De la division du travail social*, PUF, 1893.［エミール・デュルケム『社会分業論』上・下，井伊玄太郎訳，講談社学術文庫，1989年］

Durkheim, E., *Les règles de la méthode sociologique*, PUF, 1981［première édition: 1937］.［エミール・デュルケム『社会学的方法の規準』宮島喬訳，岩波文庫，1978年］

Durkheim, E., *Sociologie et philosophie*, PUF, 1996［première édition: 1924］.［エミール・デュルケーム『社会学と哲学』佐々木交賢訳，恒星社厚生閣，1985年］

Edwards, D. M., Franks, P., Fridgood, D., Lobban, G. & Mackay, H. C. G., *An experiment on obedience*, Unpublished student report, University of the Witwatersrand, Johannesburg, South Africa, 1969.

Einstein, A., *Comment je vois le monde*, Flammarion, 1979.

Einstein, A., «La mécanique de Newton et son influence sur la formation de la physique théorique», in *Œuvres choisies, vol. 5, Sciences, Éthiques, Philosophie*, Seuil/CNRS, 1991, p. 235–241.

Elkin, R. A. & Leippe, M. R., "Physiological arousal, dissonance, and attitude change: Evidence for a dissonance-arousal link and a 'Don't remind me' effect", *Journal of Personality and Social Psychology, 51*, 1986, p. 55–65.

Ellemers, N., Van Knippenberg, A., de Vries, N. K. & Wilke, H., "Social identification and permeability of group boundaries", *European Journal of Social Psychology,*

Chassing, J.-F., «L'appel des arrêts des cours d'assises: le poids de l'histoire», *in* AFHJ (Ed.), *La cour d'assises. Bilan d'un héritage démocratique*, La Documentation française, 2001, p. 135–143.
Cooper, J., *Cognitive Dissonance. Fifty Years of a Classic Theory*, Sage, 2007.
Cooper, J. & Fazio, R. H., "A new look at dissonance theory", *in* L. Berkowitz (Ed.), *Advances in Experimental Social Psychology*, Vol. 17, Academic Press, 1984, p. 229–266.
Cooper, J., Zanna, M. P. & Taves, P. A., "Arousal as a necessary condition for attitude change following induced compliance", *Journal of Personality and Social Psychology, 36*, 1978, p. 1101–1106.
Courbage, Y., «Qui sont les peuples d'Israël?», in *Israël. De Moïse aux accords d'Oslo*, Seuil, 1998, p. 487–495.
Croyle, R. T. & Cooper, J., "Dissonance arousal: Physiological evidence", *Journal of Personality and Social Psychology, 45*, 1983, p. 782–791.
Dantzer, R., *L'illusion psychosomatique*, Odile Jacob, 1989.
Darley, J. M. & Latané, B., "Bystander intervention in emergencies: Diffusion of responsibility", *Journal of Personality and Social Psychology, 8*, 1968, p. 377–383.
Davenas, E., Beauvais, F., Amara, J., Oberbaum, M., Robinzon, B., Miadonna, A., Tedeschi, A., Pomeranz. A., Fortner, P., Belon, P., Sainte-Laudy, J., Pointevin, B. & Benvéniste, J., "Human basophil degranulation triggered by very dilute antiserum against IgE", *Nature, 333*, 1988, p. 816–818.
Davidson, D., *Essays on Actions and Events*, Oxford University Press, 1980.
Davies, P., "Conditioned after-image I", *British Journal of Psychology, 65*, 1974, p. 191–204.
Davies, P., "Conditioned after-image II", *British Journal of Psychology, 65*, 1974, p. 377–393.
Decrop, G., «Préface à l'édition de 1995», *in* R. Hoess, *Le commandant d'Auschwitz parle*, La Découverte, 2005, p. 5–28
Delorme, A., *Psychologie de la perception*, Etudes Vivantes, 1982.
Dennett, D. C., *Consciousness explained*, Penguin Books, 1993. [ダニエル・C・デネット『解明される意識』山口泰司訳，青土社，1997年]
Descartes, R., *Discours de la méthode*, Editions sociales, 1983 [première édition: 1637]. [ルネ・デカルト『方法序説』山田弘明訳，ちくま学芸文庫，2010年]
Deutsch, M. & Gerard, H. B., "A study of normative and informational social influences upon individual judgment", *Journal of Abnormal and Social Psychology, 51*, 1955, p. 629–636.
Dodd, B., "The role of vision in the perception of speech", *Perception, 6*, 1977, p. 31–40.

lin, 2008.
Bardakdjian, G., «La communauté arménienne de Décines (1925–1971)», *Bulletin du Centre d'histoire économique et sociale de l'Universtité de Lyon-II*, 1973.
Barnavi, E., *Une histoire moderne d'Israël*, Flammarion, 1982/1988.
Bateson, G., *Steps to an Ecology of Mind: Collected Essays in Anthropology, Psychiatry, Evolution, and Epistemology*, University of Chicago Press, 1972 [tr. fr. *Vers une écologie de l'esprit*, Vol. 1, Seuil, 1977].
Bauman, Z., *Modernity and Holocaust*, Cornel University Press, 1989 [tr. fr. *Modernité et holocauste*, La Fabrique Éditions, 2000].
Beauvois, J.-L., *La Psychologie quotidienne*, PUF, 1984.
Beauvois, J.-L., *Traité de la servitude libérale. Analyse de la soumission*, Dunod, 1994.
Beauvois, J.-L. & Joule, R.-V., *Soumission et idéologies. Psychosociologie de la rationalisation*, PUF, 1981.
Bem, D. J., "Self-perception: An alternative interpretation of cognitive dissonance phenomena", *Psychological Review*, *74*, 1967, p. 183–200.
Bem, D. J., "Self-perception theory", *in* L. Berkowitz (Ed.), *Advances in Experimental Social Psychology*, Vol. 6, Academic Press, 1972, p. 1–62.
Benvéniste, J., *Ma vérité sur la «mémoire de l'eau»*, Albin Michel, 2005.
Bergson, H., *Les deux sources de la morale et de la religion*, PUF, 2003 [première édition: 1932].［アンリ・ベルクソン『道徳と宗教の二つの源泉』全2冊，森口美都男訳，中公クラシックス，2003年］
Bergson, H., *La pensée et le mouvement*, PUF, 1993 [première édition: 1938].［アンリ・ベルクソン『思想と動くもの』河野与一訳，岩波文庫，1998年］
Blass, T., "The Milgram paradigm after 35 years: Some things we now know about obedience to authority", *in* T. Blass [Ed.], *Obedience to Authority. Current Perspectives on the Milgram Paradigm*, Lawrence Elbaum Associates, Inc., 2000, p. 35–59.
Brehm, J. W. & Cohen, A. R., *Explorations in Cognitive Dissonance*, Wiley, 1962.
Browning, C. R., *Ordinary Men. Reserve Police Battalion 101 and the Final Solution in Poland*, Harper Collins Publishers Inc., 1992.［クリストファー・ブラウニング『普通の人びと――ホロコーストと第101警察予備大隊』谷喬夫訳，筑摩書房，1997年］
Bruner, J., *Acts of Meaning*, Cambridge, Harvard University Press, 1990.
Campbell, R. & Dodd, B., "Hearing by Eye", *Quarterly Journal of Experimental Psychology*, *32*, 1980, p. 85–99.
Chapanis, N. P. & Chapanis, A., "Cognitive dissonance: five years later", *Psychological Bulletin*, *61*, 1962, p. 1–22.

引用文献

Académie Nationale de Médecine, *Communiqué au nom de la commission II* （*Thérapeutique — Pharmacologie — Toxicologie*）, *Faut-il continuer à rembourser les préparations homéopathiques ?*, 29/06/1994.

Aebischer, V. & Oberlé, D., *Le groupe en psychologie sociale*, Dunod, 1990.

AFHJ（Association Française pour l'Histoire de la Justice, Ed.）, *La cour d'assises. Bilan d'un héritage démocratique*, La Documentation française, 2001.

Anderson, E. S., "What is the Point of Equity?", *Ethics*, *109*, 1999, p. 287–337.

Anspach, M. R., *A charge de revanche*, Seuil, 2002.

Arendt, H., *Between Past and Future*, Meridian, 1961.

Arendt, H., *Eichmann in Jerusalem. A Report on the Banality of Evil*, Penguin Books, 1994［first edition: 1963］.［ハンナ・アーレント『イェルサレムのアイヒマン――悪の陳腐さについての報告』新装版，大久保和郎訳，みすず書房，1994年］

Aristote, *Métaphysique*, Vrin, 1991.［アリストテレス『形而上学』上・下，出隆訳，岩波文庫，1959年，1961年］

Aristote, *Rhétorique*, Librairie Générale Française, 1991.［アリストテレス『弁論術』戸塚七郎訳，岩波文庫，1992年］

Aristote, *Éthique à Nicomaque*, Vrin, 1997.［アリストテレス『ニコマコス倫理学』高田三郎訳，岩波文庫，1971年］

Aronson, E., "Persuasion via self-justification: Large commitments for small rewards", *in* L. Festinger（Ed.）, *Retrospections on Social Psychology*, Oxford University Press, 1980, p. 3–21.

Asch, S. E., "Forming impressions of personality", *Journal of Abnormal and Social Psychology*, *41*, 1946, p. 258–290.

Asch, S. E., *Social Psychology*, Prentice Hall Inc., 1952.

Asch, S. E., "Studies of independence and conformity: A minority of one against a unanimous majority", *Psychological Monographs: General and Applied*, *70*, 1956.

Atlan, H., *Entre le cristal et la fumée. Essai sur l'organisation du vivant*, Seuil, 1979.［アンリ・アトラン『結晶と煙のあいだ――生物体の組織化について』阪上脩訳，法政大学出版局，1992年］

Atlas de la langue française, Bordas, 1995.

Baggio, S., *Psychologie sociale*, De boeck, 2006.

Balibar, F., *Einstein 1905. De l'éther aux quanta*, PUF, 1992.

Balibar, F. & Toncelli, R., *Einstein, Newton, Poincaré. Une histoire de principes*, Be-

小坂井敏晶 こざかい・としあき

一九五六年愛知県生まれ。一九九四年フランス国立社会科学高等研究院修了。パリ第八大学心理学部准教授。二〇二二年退官。著書に『異文化受容のパラドックス』（朝日選書）、『増補　民族という虚構』『増補　責任という虚構』（ともに、ちくま学芸文庫）、『格差という虚構』（ちくま新書）、『神の亡霊』（東京大学出版会）、『人が人を裁くということ』（岩波新書）、『答えのない世界を生きる』『矛盾と創造』（ともに、祥伝社）など。

筑摩選書 0070

社会心理《しゃかいしんり》学講義《がくこうぎ》 〈閉《と》ざされた社会《しゃかい》〉と〈開《ひら》かれた社会《しゃかい》〉

二〇一三年　七　月一五日　初版第　一　刷発行
二〇二四年一〇月　五　日　初版第一七刷発行

著　者　小坂井《こざかい》敏晶《としあき》

発行者　増田健史

発行所　株式会社筑摩書房
東京都台東区蔵前二-五-三　郵便番号　一一一-八七五五
電話番号　〇三-五六八七-二六〇一（代表）

装幀者　神田昇和

印刷 製本　中央精版印刷株式会社

 ISBN978-4-480-01576-1 C0311

筑摩選書 0011

現代思想のコミュニケーション的転回

高田明典

現代思想は「四つの転回」でわかる！「モノ」から「コミュニケーション」へ、「わたし」から「みんな」へと至った現代思想の達成と使い方を提示する。

筑摩選書 0014

瞬間を生きる哲学

〈今ここ〉に佇む技法

古東哲明

私たちは、いつも先のことばかり考えて生きている。だが、本当に大切なのは、今この瞬間の充溢なのではないだろうか。刹那に存在のかがやきを見出す哲学。

筑摩選書 0043

悪の哲学

中国哲学の想像力

中島隆博

孔子や孟子、荘子など中国の思想家たちは「悪」について、どのように考えてきたのか。現代にも通じるこの問題と格闘した先人の思考を、斬新な視座から読み解く。

筑摩選書 0044

さまよえる自己

ポストモダンの精神病理

内海 健

「自己」が最も輝いていた近代が終焉した今、時代を映す精神の病態とはなにか。臨床を起点に心や意識の起源に遡り、主体を喪失した現代の病理性を解明する。

筑摩選書 0054

世界正義論

井上達夫

超大国による「正義」の濫用、世界的な規模で広がりゆく貧富の格差……。こうした中にあって「グローバルな正義」の可能性を原理的に追究する政治哲学の書。

筑摩選書 0056

哲学で何をするのか

文化と私の「現実」から

貫 成人

哲学は、現実をとらえるための最高の道具である。私たちが一見自明に思っている「文化」のあり方、「私」の存在を徹底して問い直す。新しいタイプの哲学入門。